[美] 菲利普·津巴多（Philip Zimbardo）
[美] 理查德·索德（Richard Sword）
[美] 罗斯玛丽·索德（Rosemary Sword）著
赵宗金 译

津巴多时间心理学

Overcoming PTSD
with the New Psychology of
Time Perspective Therapy

The Time Cure

中信出版集团 | 北京

图书在版编目（CIP）数据

津巴多时间心理学 / (美) 菲利普 · 津巴多 , (美) 理查德 · 索德 , (美) 罗斯玛丽 · 索德著 ; 赵宗金译 . 北京 : 中信出版社 , 2025. 9. -- ISBN 978-7-5217-7673-7

Ⅰ . C935

中国国家版本馆 CIP 数据核字第 20258KU054 号

津巴多时间心理学
著者：　[美] 菲利普 · 津巴多　[美] 理查德 · 索德　[美] 罗斯玛丽 · 索德
译者：　赵宗金
出版发行：中信出版集团股份有限公司
（北京市朝阳区东三环北路 27 号嘉铭中心　邮编　100020）
承印者：　三河市中晟雅豪印务有限公司

开本：880mm×1230mm　1/32　　印张：12　字数：254 千字
版次：2025 年 9 月第 1 版　　印次：2025 年 9 月第 1 次印刷
京权图字：01–2025–2498　　书号：ISBN 978–7–5217–7673–7
定价：69.00 元

服务热线：400–600–8099
投稿邮箱：author@citicpub.com

目　录

第1部分
创伤与时间观的科学

第 2 部分
应用与方法

推荐序　洞察时间，重塑生命

吕厚超
（西南大学心理学部教授，时间心理学研究中心主任）

在斯坦福大学已故荣休教授菲利普·津巴多博士（1933 年 3 月 23 日—2024 年 10 月 14 日）著作等身的斐然成果中，他与索德夫妇合著的《津巴多时间心理学》占据着独特而重要的位置。这部著作将“时间”这一人类存在的根本维度置于核心，深刻揭示了人们感知、解释并最终被时间所塑造的心理机制。津巴多教授提出的时间理论是其心理学研究的核心贡献之一，描述了人们如何无意识地划分个人和社会的经验流并将其归入不同的时间范畴（过去、现在、未来），以及这种划分如何深刻地影响我们的态度、决策、行为、人际关系乃至社会文化。他将时间观分为六种基本取向，不仅为我们提供了一把理解自我与他人、自我与社会、自我与世界的新钥匙，更指明了一条基于时间的通往更健康、更平衡、更富意义生活的实践路径，并据此提出了时间观疗法。

时间观：塑造生命的无形之手

时间观，国内常称为时间洞察力，是一种重要的时间人格特质。时间观不仅涵盖过去、现在和未来三个心理时间框架，还包括认知、情绪、行为或行为倾向等内容，是在环境影响下形成的相对稳定的个体差异变量。津巴多认为，时间观并非简单的钟表刻度认知，而是个体对过去、现在和未来时间的心理态度、情感偏向与行为倾向的复杂综合体。该著作系统性地阐述了“津巴多时间洞察力量表”所测量的六种基本时间取向，这也是时间观疗法最重要的理论基础。

1. 过去积极：珍视温暖的回忆、传统和家庭纽带，从中汲取安全感和力量，带来稳定感和归属感，成为家庭故事、传统和历史的守护者。

2. 过去消极：被痛苦、失败、遗憾的阴影笼罩，对过去持有消极、痛苦的态度；关注创伤、失败、遗憾、失望和错失的机会。

3. 现在享乐主义：追求即时满足和快乐、活在当下和新奇体验中，倾向于寻求快乐、刺激和冒险，不太考虑长远后果。容易使人冲动、出现冒险行为（如物质滥用、危险驾驶），可能难以坚持长期目标。

4. 现在宿命论：认为当下无法改变，一切都是命中注定，命运由外部力量主宰，感到无助和绝望。持有宿命论观点，认为努力无法改变结果，倾向于放弃努力。

5. 未来取向：目标明确，善于规划，愿意为长远目标延迟满足，注重责任和成就，是高效和成功的驱动力。成就动机强，有责任感，善于管理时间和资源。

6. 超然未来：关注超越个体生命期限的未来，特别是死后或来世的生命（如宗教中的天堂、灵魂不朽或精神遗产），行为受死后奖惩预期的强烈影响。

津巴多认为，并不存在所谓“最好”的时间观，每个人都在不同程度上拥有六种时间观，这六种时间观共同构成时间观的“剖面图”。时间观具有情境依赖性，不同的情境需要不同的时间观主导（如工作需要未来取向，度假需要现在享乐主义）。时间观虽然相对稳定，但并非静止不变，而是一种动态发展的心理结构，受到童年经历、文化背景、社会阶层、重大事件等多重因素深刻影响。例如，快速变化的社会可能有助于现在享乐主义的产生；而竞争激烈的内卷环境则可能催生高度未来取向，并因此影响人们日常的行为和思想。

失衡陷阱：时间观如何扭曲我们的生活

《津巴多时间心理学》深刻剖析了“时间观失衡”带来的巨大代价。津巴多指出，任何一种时间取向过度发展或缺失，都会导致心理困扰和生活功能障碍。

过度未来取向的陷阱：如“工作狂”。他们可能取得显著成就，却常常被慢性压力、健康透支（心血管疾病风险增高）、人际关系疏离以及“时间贫困”的窒息感伴随。他们似乎永远在追逐未来目标，无法享受当下片刻的美好。

消极过去取向的枷锁：被过去阴影（如童年创伤、重大失败）牢牢锁住的人，如同活在无形的牢笼中。他们可能深陷抑郁症、焦虑障碍、创伤后应激障碍，不断重复消极的思维模式，难以建立健康的亲密关系，对机会视而不见。津巴多指出，沉溺于无法改变的过去，是对当下生命最彻底的浪费。

现在享乐主义的代价：过度追求即时快感可能导致成瘾行为（物质滥用、赌博）、财务困境（缺乏储蓄和规划）、意外风险增加（如危险驾驶）以及难以实现长期目标。极端享乐主义者可能陷入“今朝有酒今朝醉”的循环，难以积累人生资本。

现在宿命论的泥潭：感到无力改变现状，容易导致被动、依赖、低自尊，放弃努力，身心健康状况堪忧（与较高抑郁水平相关）。个体在逆境中缺乏韧性，容易接受不公平的境遇。

忽视时间维度的后果：缺乏积极的过去连接（无根感）、无法享受当下（麻木感）或对未来毫无期待（绝望感），同样是病态的表现，与低生活满意度和心理健康问题紧密相连。

津巴多认为，许多现代人的心理困境——焦虑障碍、抑郁症、压力过大、关系冲突、意义感缺失——其深层根源往往可以追溯到时间观的扭曲与失衡。此时，时间不再是承载生命的河流，而是压迫心灵的巨石或令人迷失的漩涡。

重塑平衡：构建弹性健康的时间观

针对时间观失衡的困境，《津巴多时间心理学》向创伤后应激障碍患者提供了切实可行的解决方案，即利用时间观疗法（time perspective therapy，TPT）发展健康的平衡时间观。津巴多认为，时间观的理想状态并非平均分配时间关注度，而是能够根据情境需要，灵活而恰当地调用不同的时间取向，其最佳组合是：高“过去积极”+适度“未来取向”+中度“现在享乐”，同时降低“过去消极”与“现在宿命”。

时间观疗法是由菲利普·津巴多教授与临床心理治疗师索德夫妇共同开发的一种心理治疗方法。该疗法突破了传统创伤后应激障碍治疗让患者不断重复回忆和再现创伤的弊端，以津巴多时间理论为基础，通过调整个体对过去、现在和未来的认知与态度，帮助创伤后应激障碍患者摆脱消极心理状态的束缚，重建平衡的生活观。其核心思想就是把患者的过去消极时间观和现在宿命时间观，转化为平衡时间观。

津巴多所描绘的平衡时间观图景是：第一，以积极过去为基石，能够从温暖的回忆和传统中汲取力量，拥有稳定的身份认同和归属感。第二，以适度的现在享乐为活力源泉，能开放地感受、欣赏并投入当下的美好与新奇，保持生命的热情和创造力。第三，以目标明确的未来为导向，有清晰的方向感，能够制订计划、延迟满足、承担责任，为人生创造价值。第四，灵活转换、适配情境，例如，在周末聚会时能切换到现在享乐，在工作计划中能有效运用未来取向，在家庭团聚时能沉浸于积极过去。同时，能有效管理消极过去和现在宿命的影响，不被其主导。

时间观治疗分为四步。

1. 尊重创伤。就是不逃避，正视曾经经历过的创伤，解开患者的心锁。而正视创伤最主要的方式，就是倾诉创伤，可以找心理咨询师倾诉，也可以找身边的朋友倾诉，用文字倾诉。

2. 增强过去的美好回忆。创伤后应激障碍患者处在过去消极时间观里，要把患者的过去消极时间观转变为过去积极时间观，要用一些积极记忆来替换患者的创伤记忆。

3. 培养健康的享乐主义时间观。津巴多认为，享受当下，最重要的是尽量保持有事可做的状态。选择要做的事情时，需遵循三个原则：第一，从兴趣出发。第二，从简单的事情做起。第三，尽量做一些与人互动的事情。

4. 规划未来。当患者逐渐从过去消极时间观中走出来，能够获得一些行动的能量，在当下做一些积极的事情时，就可以做一些关于未来的规划。对未来的规划越具体、越有趣，对创伤后应激障碍的恢复越有帮助。时间观治疗的这四个步骤，分别从过去、现在和未来入手，让过去的糟糕记忆尽量减少，然后立足当下，规划未来。这个步骤可以让创伤后应激障碍患者减少过去的心理垃圾，逐渐获得相对平衡的时间观，这也是津巴多时间观疗法的最终目标。

超越个体：时间观的社会文化意蕴

津巴多的时间理论并非局限于个体心理，他认为时间观也渗透并塑造着社会文化、教育发展甚至国家发展轨迹。

在社会文化差异方面，西方文化（尤其是美国）强烈的线性时间观、未来导向和个人主义，与许多东方文化（如中国、日本）更强调循环时间观、过去传统（尊祖敬宗）和集体主义和谐的观点形成鲜明对比。理解这些差异也许是跨文化交流与合作的关键。例如，在强调长期关系和集体利益的商业环境中，过度激进、短期未来导向的行为可能适得其反。

在社会问题方面，津巴多用时间理论理解贫困、犯罪、教育差距等社会问题。例如，贫困环境可能会强化现在宿命和现在享乐取向（因为未来充满不确定性），进而影响教育投入和健康行为，形成恶性循环。有效的社会干预需考虑重塑相关人群的时间观。

在当前教育启示方面，教育体系的时间观导向，例如，教师强调死记硬背过去知识、应对当下考试，还是培养学生面向未来的能力和品格将直接影响学生的发展。津巴多倡导，教育应帮助学生建立积极的过去连接、培养学生享受学习过程（当下）的能力，为未来生活做好准备。这也许能对当下严重内卷的中国社会提供参考。

时间智慧：通往丰盈人生的感悟

《津巴多时间心理学》似乎也让读者体验到一种深邃的“时间智慧”。首先，这部著作让读者深刻认识时间的塑造力，明白个体如何被时间观所塑造，并主动承担起重塑时间观的责任。第二，这部著作让读者学习如何活在完整的时间流中，既不割裂过去，也不逃避未来，更不虚度当下，让三者和谐共振。健康的过去是根系，滋养当下；充实的当下是枝干，鲜活有力；清晰的未来是方向，向阳生长。第三，在有限的时间中创造无限的意义，认识到生命的有限性（死亡意识），反而能使我们珍惜时间，选择将精力投入真正重要、符合自身价值观的事物上，从而在有限中创造不朽的意义（超然未来的积极面）。第四，时间观不是命运，而是能够认知并加以塑造的力量。我们无法控制时间的流逝，但可以选择我们感知、管理和利用时间的方式。通过持续的觉察、反思和实践，每个人都有能力打破失衡的时间枷锁，构建更灵活、更积极、更具弹性的时间框架，最终在这不可逆转的时间长河中，活出更自由、更幸福、更有深度和广度的生命。

因此，《津巴多时间心理学》不仅是一部杰出的时间心理学著作，更是一部深刻的重塑生命的指南。在这个时间被空前加速和碎片化的时代，津巴多呼唤我们重新审视与时间的关系，探讨这门关于生命节奏的终极艺术，从而在时光的河流中，真正成为自己航船的清醒舵手。

“你如何回忆过去，决定了你如何经历当下；你如何设想未来，决定了你如何活出此生！”

序一　一个年轻人的来访

很多年前，有一个年轻人到我在斯坦福大学的办公室拜访我，姑且称他为詹姆斯吧，他想咨询他在人前感到羞怯的问题。当他身处人群之中时，他感到非常尴尬，我们讨论了这种情况的起因。在交谈过程中，他告诉我，几乎他碰到的每个人都会让他想起在过去曾经伤害或拒绝过他的某个人，所以他不敢冒险对他人敞开心扉。接下来他提到了一个耐人寻味的情况，用他的话来说：他的生活就像 80 张幻灯片，这些幻灯片安置在他所谓的"心理幻灯机"上。一旦开始投影，这些图片就被投影到他当前的意识中，而且遵循着一个可预测的、可靠的顺序。由此，他的当前感是他心理屏幕中的幻灯片，他的过去感是刚刚看过的幻灯片，而他的未来感则由接下来的幻灯片决定。听完他的描述，我马上想到，这看起来是一个非常合理的记忆的隐喻。

接下来他告诉我的情况令人非常不安：詹姆斯的幻灯片盘里全是消极经验的幻灯片，充斥着被拒绝、失败、错失机遇、失误、错误、经营失败等内容。于是，他的当前感总是一桩过去的消极事件；他的过去感总是一桩消极事件；他的未来感幻灯片，也总是一桩消极事件，因为他可以从过往经历中预测到！还有比这更糟糕的，他的心理幻灯片投影超出了意识控制的范围——这种意识控制本应该在任何时刻都可以被经验激活。由此，他会不断地观看那些由过去消极经验构成的可怕图片，而它们如此清晰、逼真地被播放，最终会使过去的消极经验深深地刻在詹姆斯的脑海里。

我绞尽脑汁地琢磨治疗计划，最后拿出了一套方案。这套方案看起来很符合詹姆斯特殊的表象。我告诉詹姆斯，柯达公司已经研制出一个可以播放 120 张幻灯片的幻灯机。这意味着，他可以给他的幻灯片盘增加 40 张新的幻灯片。我鼓励他回顾他的记忆，找到任何具有积极色彩的事件：成功事件、生日宴会、亲朋好友、可口美食、电影和图书等。针对每一个他能回忆起来的积极图像，我们创建了相应的崭新的、清晰明亮的幻灯片，然后随机地插入他的心理幻灯片盘中。尽管那些消极的东西仍旧盘踞在那里，但是詹姆斯终归能偶尔得到些放松。他应该能够看到有许多正面人物、积极经验、成功事例存在于他的生活中，这些能够帮助他对抗生活中负面的东西。

渐渐地，我们从最近的积极经验出发，用越来越多好的幻灯片替换坏的幻灯片。经过一个月的时间，这个即兴产生的治疗程序开始发挥作用。它给了詹姆斯一个更平衡也更细致的生活概念，提高了他改变自己生活的能力。这件事也对我产生了显著的影响，鼓励我更深入地思考我们的时间取向特性的问题，以及每个个体对过去、现在和未来的概念对生活的真正影响。

20 世纪 70 年代早期，我开始热切地探索时间观各方面的问题。20 多年之后，时间理论诞生，津巴多时间洞察力量表也编制了出来（可以阅读第 2 章的相关内容）。这是一个有信效度并且容易施测的工具，能够测量时间观方面的个体差异。

到 2008 年，津巴多时间洞察力量表已经为全球的众多研究者所使用。是时候了——为公众提供心理学图书，而不仅仅是为心理学家出版学术图书。与约翰·博伊德合著的《时间的悖论》①可谓是令人振奋的集大成之作，汇集了众多理论探索和最新开展的研究项目。我原本想那可能是我在时间观问题上专业探索的结束，但事实并非如此——我还没有见到索德夫妇在创伤后应激障碍和时间观方面的工作。

索德夫妇在创伤后应激障碍和时间观方面的工作

2008 年，我针对《时间的悖论》的第一次公开演讲被列入一个工作坊的计划。那个工作坊是由夏威夷心理学会在檀香山创办的，这让我异常兴奋。在演讲结束时，我对讨论过程非常满意，并且非常期待在怀基基海滩上来个日光浴。然而，我整装待发时，一个与会者走向我，看起来对我讲到的某点极感兴趣，激动得好像无法呼吸。事实上，他对我讲的所有内容都极感兴趣。

他告诉我，他叫理查德，是一名来自毛伊岛的治疗师。他说，多年来，他和妻子兼同事罗斯玛丽（昵称露丝）一直遵循的工作路线和我在《时间的悖论》里的建议极其类似。他的工作对象是战后退伍军人，这些人患有创伤后应激障碍多年，有些患者从二战开始，患病甚至超过了 70 年。这种疗法的疗效很好。他

① 已由中信出版集团于 2018 年出版。——编者注

说，他将尝试将我的建议作为治疗的策略，来对付那种可怕的折磨。我礼貌地给了他我的名片，并邀请他保持联系。我告诉他，如果他在信件的标题中注明“紧急”的字样，即使我很忙，也会及时回复他的信件。我原本想，他会和许多人一样，一开始被我激动人心的演讲鼓动，热情不久后就会渐渐消退。就这点而言，我大错特错了。

事实证明，理查德是一个言出必行的人。他的话语充满了让人着迷的乐观和智慧。他有着不同寻常的奉献精神，促使他献身于拯救那些美国退伍军人于苦难之中的事业。他绝不满足于仅仅把他们从苦难与创伤中解救出来，而是要控制住他们的创伤后应激障碍，使他们重返充实而富有意义的人生。对他而言，仅仅把他们的消极状态转变为没有坏焦点的归零状态，是远远不够的。只有当这些英勇的退伍军人恢复到他们参军、献身国家之前的积极状态的时候，他才能真正地感到满意。这就是理查德对于给退伍军人进行完整的创伤后应激障碍“治疗”下的定义。

我不得不承认，我最初认为他的看法有些过激。我知道创伤后应激障碍尚未有任何完全奏效的治疗方案，他的方案应该最多只是让人更能忍耐煎熬。不过我仍然是个思想开放的怀疑主义者，期望我的上述判断被证明是错误的（这被认为是成为一个好的科学家所必需的；早在耶鲁大学心理学系接受研究生训练的时候，我就接受了这一观点）。我们通过电子邮件做了大量的交流，各种想法喷涌而出。

现在，遵循着时间理论模型，索德夫妇开始把一种新形式的时间隐喻疗法付诸实践，用来治疗毛伊岛的来访者。虽然这让我深受鼓舞，但我也没有变成信奉者。他们的时间隐喻疗法围绕着来访者对其问题的重构展开，这个重构过程是在想象中进行的。在这个过程中，来访者从创伤性的过去中被“解放”出来，顺利过渡到更为积极的现在和未来。索德夫妇将这些都放置在下述语境之中：强调生活中时间的重要性，以及在过去、现在和未来的时间观之间取得平衡的重要性。他们的构想——能够灵活地进行时间范畴的转换——似乎正推动津巴多时间洞察力量表进入一个崭新且令人激动的实践应用领域。和以往一样，过去的那种科学家的观念使我对这种简单的治疗方法依旧保持怀疑的态度。

行动中的时间观疗法

从工作坊回到家后，我开始不断地收到索德夫妇患者的来信，他们向我描述了在治疗中体验到的那些惊人的变化。他们非常欣喜，多年来第一次能够享受来自妻子、家庭、朋友的快乐，享受各类活动、外出购物等。他们不再深陷于恐怖的过去，那些过去控制他们太久了。现在，他们已经开始计划着休假，去看望多年来忽略的人。他们告诉我，他们已经不再停滞在过去，笑容也重新出现。他们非常期望能够分享这种转变的经验，来帮助那些仍然承受创伤后应激障碍痛苦的患者。

对于任何一种心理治疗而言，这种令人震惊的证据都是非常罕见的，短短几个月治疗就有如此惊人的效果更加罕见。然而，我的研究训练让我再次强调，这些个人陈述的背后必须有坚实的证据支撑。于是，我鼓励索德夫妇和他们的同事使用多种标准化的创伤后应激障碍测量工具，收集更多治疗前和治疗后的测试数据，以得到采用时间观疗法治疗的大样本证据。他们做了上述工作，获得的证据也支撑了患者告诉我的那些结论：时间观疗法的影响是可测量的，而且若干标准化的测试结果都显示这种影响具有统计学上的显著意义。它的确奏效！

它不仅行之有效，而且具有长期的积极疗效，目前的疗效存续期至少三年。对大部分经过时间观治疗的退伍军人而言，最初的积极疗效在存续期内基本得到了保留。可以预测，如果之后继续测量，在情况出现倒退的情况下偶尔进行补救，这些疗效将持续更久，理想情况下会永久保留。

与此同时，其他的证据也不期而至。2009 年在多伦多举行的美国心理学会大会上，我的报告围绕时间观问题展开，谈到了索德夫妇和他们针对退伍军人开展的突破性工作。当我扫视与会听众的时候，看到一位坐在轮椅上的女士正在向我挥手。她看起来非常兴奋，而且很明显想和我说些什么。我结束演讲后，她来到演讲台前，非常兴奋地告诉我，她就是曾经罹患创伤后应激障碍的退伍军人，也曾跟随索德夫妇进行时间观治疗。她说她因此获得了巨大的帮助，而且已经开始了新的人生。可以想象我有多么惊讶，就是在这里，在多伦多，一个退伍军人证实了我在这个屋子里刚刚分享的观点，屋子里可是有数以千计的心理健康专家！

现在，我们需要做一个决定：我们要不要立刻把这个新型的治疗方法通告全世界，要不要让那些已经放弃的人重燃希望？我们是否应该给治疗师们提供这种新型疗法的指导，来补充他们的治疗方案？这种治疗方案不仅仅针对创伤后应激障碍，也包括其他与时间同步相关的创伤和痛苦。或者更好的办法是迟一些宣布这个疗法，先开展正式的临床试验——招募数百人为被试，使用随机分配和系统评估的方法，对时间观疗法和其他目前常用的疗法开展对比测验？

通常，我会极力游说同事们同意后一个观点。但是，这个颇有野心的项目需要数百万美元的资助才能开展。这将是异常耗时费力的，至少要有一年的时间申请，以及数年的时间来开展具体工作。所以，我们选择申请军队基金，将我们的治疗计划放在军队内可测量的实践环境中；接下来就是写作这本书。现在，我们期待着从军队中获得符合期望的好消息。但是，在等待和期望的同时，我们也提前进行了一些工作，就是写作了现在你手里的这本书。

从这本书中，你能享受和学习的东西非常独特。它的目标很简单：展示我所创立的时间理论，然后详述索德夫妇如何将这些观念付诸实践，形成目前最为有效的治疗方法，从而减轻创伤后应激障碍造成的那些痛苦。你将发现陈述清晰的治疗计划和尽可能多的支撑证据，这些证据来自清晰的、容易记忆的案例研究和坚实的量化数据。

时间观疗法的疗效显而易见，它的影响也相对快速——仅需几个月或更短的时间，而且它的花费也很少。它不需要较多的医学博士甚或哲学博士来负责，硕士水平的从业者也可以有效地使用它，就像有经验的护士或者聪明且负责任的看护者那样。

在所有词汇、概念、计划和日程的背后，是索德夫妇这两位治疗师推动时间观疗法发展的激情。他们的人生使命就是利用他们已经获得的训练和天赋，使来访者摆脱痛苦，不知疲倦地去改善每一位来访者的日常生活质量。他们宽广的胸怀不仅向那些退伍军人张开，也向众多寻求帮助的人张开——这些人中既有身体虐待和性虐待的幸存者，也有患有心脏疾病的患者，以及经历过创伤性自然灾害等的来访者。我很高兴能被他们富有激情的智慧，以及关于人性优点的乐观主义所感动。

我们期望，你在这里阅读的东西能够帮助你和你所爱的人走向更为积极的人生，也期望你能向你关心的人分享你的收获。正是你所做的行为重新强调、强化和扩展了人们之间的联系。

菲利普·津巴多

加利福尼亚州旧金山市

序二　运用时间观找回自我

近 30 年来，我一直在夏威夷的毛伊岛上当心理医生，专攻创伤后应激障碍，也就是 PTSD。七年之前，我的妻子罗斯玛丽也加入了这项工作。大多数人将夏威夷视为天堂，但是我们每天都会接触到仍在与恐怖的战争经历阴影抗争的退伍军人，遭受家庭暴力、强奸、交通事故和职场意外创伤的平凡男女，以及那些因自己必须面对恐怖遭遇而受到精神创伤的抢险救援人员。

多年以来，我们的事业蒸蒸日上，这是因为我们运用了认知行为疗法（CBT）、积极心理学和“荷欧波诺波诺”（ho'oponopono）的方法——一种夏威夷式的心理疗法，通过宽恕让事情变好。在这些传统方法的基础上，我们倾尽全力去挖掘一种简单但更有效的方式，以帮助那些受到精神创伤的人。这是我们一直以来所构建的愿景。我们尤其受到二战中著名的 442 军团的日裔美籍退伍军人的启发。尽管这些军人历经磨难和折磨，但他们依靠自身非常独特的思想观念，找到了穿越创伤后应激障碍迷宫的有效路线。同我们治疗过的其他退伍军人相比，他们所选的路线是非常不同的。

差别很简单：其他的美国退伍军人会倾向于谈论战争中不好的事情，以及战争是如何影响他们的，并且他们无法抛开这些恐怖画面继续前行。相比之下，那些日裔美籍退伍军人会谈论战争中发生过的美好的事、有趣的事，他们如何享受互相的陪伴，以及他们正如何为更美好的未来而奋斗。他们会将精力集中于过去经历过的积极回忆，以此创造积极向上的未来。这也正是我们从他们身上学到的非常本质的东西：我们通过回顾过去来学习至关重要的经验；但是，当我们想要让自己和孩子们过上更好的生活时，我们必须聚焦未来。

自从我们在檀香山的那场研讨会上第一次见到菲利普·津巴多，Z 团队——一个由多名研究者、临床医生、专家和学生组成的骨干队伍——一直在孜孜不倦地开展工作，他们收集数据并不断地对治疗效果进行评估。

我们已经将津巴多的时间理论运用到工作中，创造了时间观疗法。到目前为止，我们已经治疗了将近 400 名患者。在这些人当中，有 275 人是罹患创伤后应激障碍的退伍军人，他们绝大多数获得了美国退伍军人事务部所做的与服役有关的创伤后应激障碍伤残评定。非退伍军人创伤后应激障碍患者也从时间观治疗中受益。许多患者都非常乐意分享他们的故事，你将会在本书中看到那些故事。为了保护他们的隐私，书中已经对他们的名字和某些细节做了改动。

尽管时间观疗法脱胎于认知行为疗法和积极心理学，它与目前应用于创伤后应激障碍治疗的其他方法之间，还是存在着本质差别的。时间观疗法最显著的不同体现在它使用的语言上，也体现在它看待创伤后应激障碍的角度上。

时间观疗法是在普通语言的基础上使用专业术语的。我们发现患者对常见的心理学术语会产生自发反应，例如，术语“焦虑”和“抑郁”会让他们感到不安，而且似乎会阻碍他们继续前进。所以，在时间观治疗中，我们使用具体的时间观术语，将过去的想法和经历分为积极或消极两类。这听起来可能没有多大意义，但是对患者参与治疗的影响是直接的。例如，我们已经发现，说“困在过去的消极回忆中”（你会在本书后面的章节对此有所了解）令人更容易理解和关联。比起焦虑和抑郁，这么说引起的争议没那么强烈，而且更容易找到解决方法。

第二个，也是一个很大的差异，时间观疗法将创伤后应激障碍视为一种精神创伤，而非一种精神障碍。创伤后应激障碍是由创伤引起的，创伤损害了你的思维过程，与一场车祸可能对你造成的躯体性伤害几乎一样。它看起来像一件小事，对创伤后应激障碍的患者来说却是件大事。带着精神障碍生活会使他们感觉压抑、理解困难以及无助，而带着精神创伤生活会让他们感到自己还有治愈的希望。

过去几年在夏威夷，我们已经举办了几次时间观疗法研讨会。参与研讨会的人包括精神健康专家、学生以及感兴趣的其他行业人员。拉里·博林斯是多伦多的一位教授正念认知疗法和认知行为疗法的独立精神治疗师（他在一个精神健康机构的门诊工作），已经参加过两场这样的研讨会了。他在谈到关于正念认知疗法与时间观疗法之间的不同时，说了下面的话：

正念治疗的手段之一是识别想法并对想法贴标签，要明白想法不

是事实，它们只是头脑的产物。

有时候想法是理智的，有时候则不然。一种使患者从困惑中抽身并且变得更清醒的方法是帮他们学会将想法与事实分离。当人们处于抑郁或焦虑状态时，他们的想法是困惑的，这会使他们对作为一个人的自己究竟是谁产生疑问。使用正念是踏出自动化思维和反应状态的一种方法。另一种方法则是通过时间观疗法改变你的观念。我认为时间观疗法正在成为一件认清一个人与其处境、当前时刻的关系的简单而又有效的工具。

我刚用时间观疗法治疗了一个病人，她有了显著的恢复。我甚至没有使用正念——我只使用了时间观疗法，很管用！她选择了时间观疗法……

时间观疗法是对认知行为疗法和正念疗法的完美补充。

时间观疗法是一个简单、有效且非常成功的工具，甚至能帮助那些受到创伤事件极大消极影响的人形成平衡的时间观，从而允许他们从过去的困境中抽身，并能坚定地步入更加积极的未来。在第 1 部分每一章的最后，你会发现我们提供的建议，这些建议可以让你开始探索在本书中读到的简易技巧，并将其运用到自己的人生体验中。

但是，本书不能替代治疗，它是你找回自我之旅的向导。如果你正在接受治疗，而且受到所读内容的启发，请与你的主治医生分享这个信息。

时间观疗法的确适用于每一个人。它已经改变了我们的生活，也改变了许多人的生活。我们希望它也能帮助你，让你大步向前——用一种积极的方式推动你的人生旅程。

理查德·索德和罗斯玛丽·索德
夏威夷州毛伊岛

FUTURE

NOW

PAST

第 1 部分

创伤与时间观的科学

第 1 章

悬停在时间中：创伤影响我们对时间的感知

在 45 岁的时候，卡拉的生活非常充实完美。她和丈夫巴德结婚已有 20 年了，他们很早就决定不要孩子，这让他们之间更加亲密，能够一起享受生活。事实上，他们也做到了这些。他们非常喜欢阿拉斯加的户外生活，喜欢骑自行车、海上垂钓、野外露营和打猎等。卡拉的工作也很好，她在阿拉斯加交通局的高速公路分处工作。她开着一辆皮卡车，拖着一个指示灯牌，引导公路上的驾驶员变道。那是一份不错的工作，让她能够过上她想要的生活——直到有一天，一个年轻的女人开着一辆更大的卡车，沿着这条公路超速行驶，直接撞上了卡拉的小卡车。卡拉的卡车直接飞上了天，在空中翻转后猛烈地撞向地面，四轮朝天，整个过程伴随着玻璃的破碎声和金属刮擦沥青地面的声音。卡拉的同事们扔下手里的东西冲过来帮忙。

他们发现卡拉被卡在了车里面，安全带还绑在身上，倒挂着卡在车内，还活着，但是受伤严重。对卡拉而言，所有的事情似乎发生在一瞬间。她还在震惊中，她知道自己的头、脖子、肩膀和后背都受伤了。她很想爬出车外，很想知道撞到她的小卡车的驾驶员是什么情况。同事考虑到她的生命安全，告诉她不需要担心那个驾驶员，在医护人员到来之前不要移动。

但是，卡拉能够闻到汽油的刺鼻味道，她担心自己的卡车爆炸。她疯狂地尝试解开安全带，但是安全带卡死了，无法解开。即使在同事的帮助下，她也不能从车子里出来。车子受撞击后变得非常扁，他们根本没有办法把卡拉解救出来。在震惊之后，卡拉冷静下来，知道只有自己解开安全带才能找到出去的办法。于是她伸手打开了工具箱，找到了车内的安全刀具，割断了安全带。然后，本来就受伤的头、脖子和肩膀先重重地落了下来。

卡拉爬出车后努力爬向另一辆车。尽管她遍体鳞伤，即使同事极力阻止，她还是极为担心另一个驾驶员。卡拉挣扎着走出了人群，最终看到了那个年轻女性生命的最后时刻。那辆车的车厢后面散落着一个家庭的生活印记——一个婴儿座椅，一个尿片袋，许多婴儿的衣服。但是车里、车祸现场周围都没有发现婴儿的踪迹。卡拉后来才知道，撞她的这个女人是一个学步期孩子的妈妈，好在事故发生时这个孩子并没有在车里。但让卡拉崩溃的是，她发现这个年轻的妈妈已经怀孕了。

这个事故改变了卡拉的生活。她的颅骨、颈椎、脊柱、肩膀、腹部和膝盖都受伤严重。经过了一系列的手术和治疗，她在生理上慢慢地恢复了。但是她的心理创伤非常严重，并且持续恶化。她开始寻求心理治疗，包括精神病学和心理学的专业治疗。

心理治疗进行了四个月，卡拉的心理医生非常担心。心理测试证实了卡拉存在极度创伤、严重抑郁、严重焦虑和恐怖的症状。卡拉罹患严重的创伤后应激障碍。而且，当时正处于阿拉斯加死寂、寒冷的冬季，一天几乎没有阳光照射。在这种情况下，让卡拉不管在室内还是室外都能感受到一个没有黑暗的世界，几乎是不可能的。她的心理医生认为，换一个更温暖、拥有更多阳光的地方可能会对卡拉的恢复有一些帮助——很多阿拉斯加人在冬季迁徙到夏威夷。卡拉的部门主管同意了这个计划。卡拉的心理医生做了些调查，发现在毛伊岛有个心理学家叫索德，正在实践一种心理治疗方法，这种方法看起来对和卡拉情况类似的患者非常有帮助。

卡拉和巴德在毛伊岛的海滨公寓度过了第一天，然后卡拉开始接受治疗。第一个疗程旨在与索德夫妇互相熟悉，巴德告诉索德夫妇自己妻子的变化。他说，在事故发生前，卡拉是一个非常浪漫的伴侣，是一个活泼和敢于冒险的女人——一个喜欢与朋友交往、积极向上、喜欢说笑的人。她很有魅力，对自己的容貌非常自信，能够很好地照顾自己。但是，在事故之后，这个女人变得和以前非常不同。

现在的卡拉是个抑郁的、偏执的陌生人。她不关注自己的外表，不希望被触碰，不知道什么事是有趣的，看起来也不关心他人——或者说任何事物。此外，巴德也非常不信任这个毛伊岛的医生。既然其他人都不能帮助妻子，索德为何能够做到呢？

索德夫妇解释说他们的治疗方法基于一个全新的认知：人们关于过去、现在和未来的感受，影响了我们知觉生活中各种可能性的方式。这种治疗方法对于创伤后应激障碍似乎更加有效——那些经历过二战的退伍军人已经八九十岁，战争的恐怖经历造成了他们的创伤后应激障碍，这种令人衰弱的病症已经影响他们超 70 年。这种新的治疗方案能够在其他干预方案都不奏效的时候获得成功，能够让患者的心理状态和生活质量显著改善。

巴德和卡拉同意做个尝试。"我们已经没有什么可以失去了。"巴德说。事实上，就像他们所学到的，接受时间观治疗，他们将有更多的收获。

什么是创伤后应激障碍

创伤后应激障碍是一种焦虑障碍。它始于创伤——恐怖的即时事件，就像卡拉经历的事故；持续的创伤，例如躯体和语言的虐待；或者一个可怕事件，例如战争。一个人甚至可能因为是一名护理者（急救病房的医生与护士）或援助者（海地大地震或卡特里娜飓风后的救援人员）而罹患创伤后应激障碍。

不管是什么事件引发了创伤后应激障碍，那种可怕的、令人恐惧的事件都完全超出了一个人的应对能力，让患者无法有效地应对日常生活，并且可能导致以下所有类型的症状，包括丧失信任，高度警觉（总是等待着灾难的降临）而且过度兴奋。好莱坞经常将创伤后应激障碍刻画成梦魇、闪回[①]、迷失在过去的经验中

① 闪回，是对创伤事件的一种侵入性回忆。——译者注

以至于在当下功能失调。就如索德夫妇的一个患者描述的，“如果没有各种闪回，我将失去所有记忆”。

所有这些甚或更多的表现都是真实的，但是这些症状仅仅是发生在患者内部的各种混乱中的一小部分。他们在心里一遍一遍地重复着这些事件，重复体验着类似的情绪；他们将这些恐惧和情绪填充进每个时刻，用同样的暗色墨水绘制他们的过去、现在和未来。

官方定义：《精神障碍诊断与统计手册》中创伤后应激障碍的诊断标准

创伤后应激障碍——一度被称为“弹震症”或者战斗疲劳，曾经被忽视或被认为会随着时间逐渐消失——现在被美国精神病学会认定为一种真实的精神障碍。目前也不再要求患者直接暴露于创伤事件了：

> 一旦某个人面临的情境中包含的事物，对他或他人的自我躯体完整形成了威胁，并且他体验到了害怕、恐惧或无助的情绪，那么，这种体验就被视为暴露于符合创伤后应激障碍诊断标准的应激源。

2000 年，美国精神病学会在《精神障碍诊断与统计手册》中，修改了关于这个精神障碍的诊断标准。

标准 A

患者暴露于创伤事件，符合下列两项条件。

1. 患者经历、目睹或面临一件或者一些事件，这些事件导致或可能导致患者本人或他人死亡、重伤；在这些事件中，患者本人或他人的躯体完整遭到威胁。
2. 患者的反应包括极度的害怕、无助或者恐惧。注：如为儿童，则可能表现为紊乱或者焦虑的行为。

标准 B

创伤事件以以下一种或者多种形式持续出现。

1. 对创伤事件反复和强迫性的痛苦回忆，包括影像、思维或知觉。注：如为儿童，可能表现为反复进行表达创伤事件主题和相关片段的游戏。
2. 对创伤事件反复而痛苦的梦魇。注：如为儿童，可能出现内容不可辨识的噩梦。
3. 行为或者感觉上好像创伤事件再次发生（包括再次体验那种经历，错觉、幻觉和解离性闪回，无论患者处于清醒还是麻醉状态）。注：如为儿童，可表现为特定创伤的重演。
4. 暴露于模拟或象征创伤事件片段的心理或外部暗示时，产生强烈的心理痛苦。
5. 暴露于模拟或象征创伤事件片段的心理或外部暗示时，产生生理反应。

标准 C

对与创伤有关的刺激的持续回避和对一般事物普遍的反应麻木（遭遇创伤事件以前无此表现），符合下列三项或三项以上条件。

1. 努力回避有关创伤事件的想法、感觉或言语。
2. 努力回避能唤起对创伤事件回忆的活动、地点或人物。
3. 不能回想起创伤事件的一个重要方面。
4. 对重要活动的兴趣和参与显著减少。
5. 与别人分离或者疏远。
6. 情感受到限制（如不能产生爱的感觉）。
7. 感觉前途暗淡，来日无多（如不期望能够工作、结婚、生育或者活到平均的寿命）。

标准 D

持续存在易于唤醒的症状（遭遇创伤事件以前无此表现），符合下面两项或两项以上条件。

1. 入睡困难或睡后易醒。
2. 易被激怒或者容易愤怒爆发。
3. 注意力难以集中。
4. 过分警觉。
5. 夸张的惊跳反射。

标准 E

困扰的持续时间超过 1 个月（符合上述标准 B、C、D）。

标准 F

困扰导致临床显著的痛苦，或对患者的社会、工作及其他重要领域产生明显损害。

悬停在时间中

“创伤后”这个术语说明了一切：创伤发生在过去，但是患者不能把它丢在后面并继续前进。他们反而会一遍一遍再现这个事件——在梦魇中再次体验，使得睡眠不再安稳；穿越时间闪回到过去恐怖的那一刻；不断陷入消极思考而且无法停止。这种让人无法睡眠的梦魇让他们停滞在时间中，尝试逃离创伤却总是找不到方向。就像索德的一个来访者说的，“你离开了战争，但是战争从来没有离开你”。

那么，我们毫不惊讶，患者会极力躲避现实生活中让他们回忆起过去创伤的事物。他们不得不逃避相关的人物、事件、地点、声音、气味，甚至逃避那些仅仅有可能让他们不得不谈起创伤的事件。这让创伤后应激障碍患者变得与社会孤立。

他们时刻警惕着，因为创伤事件已经将他们的大脑中控制潜意识驱力的开关——趋避反应所急需的肾上腺素——永久“打开”了。“关闭”的按钮已经烧坏了，这让他们永远运转着、清醒着。他们很难放松、睡眠、安静和复原。对有效反应非常必要的“暂停”按钮也出了故障，这自然会导致他们疲劳和衰竭。他们不能持续深入思考，觉得生活会像纸牌屋一样倒塌。

他们正常的应对技能也开始短路，被非理性、退缩和异化的行为所取代。荒谬的是，他们会一遍又一遍地倒退回那些创伤经历。这些经历是如此清晰和真实，和它们最初发生时的情境一模一样——不管其发生在上一周，还是发生在60年前。最后，患者开始沉迷于自己的肾上腺素和兴奋性。创伤后应激障碍的状态开始变成自然状态，他们的焦虑、易怒的创伤后应激障碍人格开始成为一种真实的存在，为他们自身和其他人所接受。

灾难引起的心理反应

由自然和人为的灾难引起的心理反应分为几个阶段，包括体验到震惊，产生强烈的情绪体验，努力重新组织生活。基本上，幸存者要经历五个阶段。

1. 心理麻木。事件发生后的那一刻，幸存者体验到心理麻木，包括震惊和迷惑，并且会有一段时间不能全面理解所发生的事情。严重的、突然的和破坏性的灾难毁掉了我们关于世界良好运作的基本预期。对许多人而言，这些不可想象的东西变成了一种被迫接受的新体验事件。
2. 自动化活动。在自动化活动阶段，幸存者对自己的经历很少有意识，并且后来无法回忆所发生事情的许多细节。

3. 共同努力。在共同努力阶段，幸存者和其支持网络竭尽各种资源开展合作。在这个过程中，他们会对成就产生自豪感，但也会非常疲倦，并认识到他们宝贵的能量储备已经消耗殆尽。
4. 失望放弃。接下来，幸存者可能会体验到失望。在能量消耗殆尽之后，他们意识和体验到悲剧的结果。公共利益和公众关注开始衰减，幸存者感觉自己被遗弃了。即使公共危机仍在持续，这种状况还是会发生。
5. 恢复。当幸存者开始适应灾难引发的各种变化时，恢复阶段也就到来了。

这些阶段并不必然发生在每个经历过创伤的人身上，但是它们的确总结了个体经历的一系列过程的共同点。从这个意义上说，它们帮助了我们去理解幸存者所体验到的那些东西，并且帮助了我们去理解他们可能需要什么样的帮助。此外，它们也反映了导致创伤后应激障碍的各种显著变化。

创伤后的大脑

大脑是宇宙中最为复杂的组织，《隐藏的自我》一书的作者——神经科学家大卫·伊格曼在书中这样讲：

大脑是由被称为神经元和胶质细胞的细胞构成的——大脑内存在数亿个这样的结构。每个细胞都复杂得像个城市……每个细胞都向其他细胞发出电脉冲……细胞之间互相联结，形成了超级复杂的网络，以至于人类语言难以描述，必须依靠新的数学类型……考虑到存在着数以亿计的神经元，那么，每立方厘米的大脑组织中的网络联结，都和整个银河系中的星星一样多。

那可真是让人叹为观止的联结数量！一旦认识到大脑的复杂和多样，我们就会很容易理解，为什么与创伤后应激障碍类似的包罗万象的问题如此难以被清除出我们的大脑，如此顽固地盘踞在人的灵魂中。

当创伤事件出现时，我们会进入一种意识改变状态。在这种状态里，我们正常的思维功能将被另一个操作系统取代，不能发挥作用。例如，如果你突然发现自己面临着一种情境，你必须奋不顾身地冲进正在燃烧的楼房挽救某个人的生命，或者冒着生命危险在火灾中拯救队友。这是很英勇、伟大的事情，但你的正常心理也会告诉你，这件事情是非常疯狂的。有时候这种意识改变状态是必然的，比如你必须倾尽全力来挽救自己生命时，像是从马上摔下来，被虐待狂配偶暴打，或者在功能严重失调的家庭里艰难地度过每一天。

让我们成为英雄或者帮助我们在极端情境中生存的同一个大脑化学系统，也会将创伤事件深深地刻在我们的记忆、情绪、意识和潜意识之中。事实上，神经科学告诉我们，困扰性的记忆不是存储在大脑的某一个位置，而是分布在大脑中的多个位置；不仅分布在前额叶皮质中的思维区域，也存储在海马旁回的杏仁核。

大脑存储和编码了不同类型的记忆。有些记忆是长期持续的，有些则可以通过使用化学物质被替代。例如，你昨天吃的午饭的细节可能是用铅笔被记录的——非常容易被擦掉，即用今天晚宴的细节替代——在未来，它的香味可能被提取和回忆出来。你刚刚接触到的那个人的姓名、你昨天放车钥匙的地方，都有可能是用隐形墨水写在短时记忆中的。但是，创伤时刻如同文身，你本期望能够永久摆脱，现在却永久地存储在你的皮肤里。它是用永不褪色的墨水写下的，终将成为你长时记忆的永久组成部分。

这种复杂的编码意味着，各种创伤记忆就像由创伤后应激障碍产生的记忆一样，是多维度的、潜伏的，很难被清除和终结。这些记忆将用不可阻挡的重新体验来攻击受害者，窃取他们的未来，让他们失去对生活的控制感，使他们悬停在消极的过去和宿命论的现在。我将以卡拉为例，分析那些由交通事故导致的创伤经验是如何在大脑中存储的：

- **视觉**。她看到的那些可怕的视觉图像编码和存储在视觉皮质，位于大脑的后部。
- **声音**。她听到的那些刺耳的金属刮擦声、痛苦呻吟声和受惊吓的哭声存储在颞叶，位于耳朵上方的大脑两侧。

• **嗅觉**。事故发生时的刺鼻气味——炎热的路面上沥青的味道、燃烧的汽油味道和血腥味——清晰地存储在嗅觉皮质，位于双眼后面大脑的部分。

• **触觉**。她体验到的生理疼痛存储在遍布全身的肌肉记忆中，影响着大脑的疼痛和情绪中心。

• **思维与记忆**。对另一个女人的遭遇的恐怖记忆，同时还有对她的孩子和未出生的胎儿的担忧，被记录在前额叶皮质和边缘系统中。思维发生在前额叶中，情绪存储在边缘系统中。毫不夸张地说，不管在哪里，创伤经验都让卡拉背负着令人筋疲力尽的巨大包袱。

图 1-1 表明，创伤经验影响大脑的不同部位。

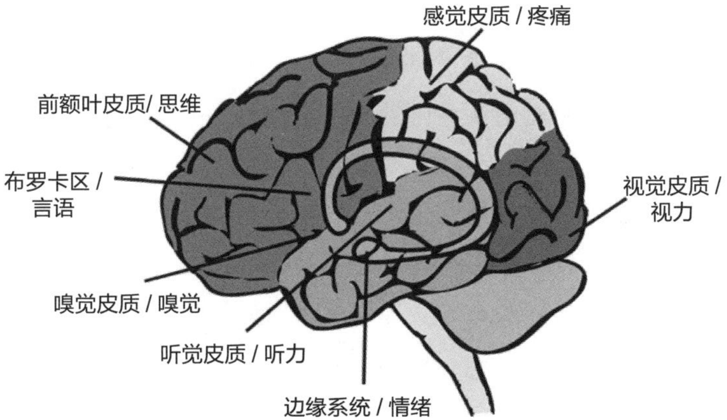

图 1-1　**创伤后应急障碍患者的大脑**

注：这个图和其他图都是基于诺厄·米利奇的图制作的。

创伤可能导致负面情绪

创伤后应激障碍的体验对于每个人而言并不是一样的。就像一个人可以体验到轻微或严重的抑郁或焦虑，他也会遭受轻微或严重的创伤后应激障碍。比如你看到的蓝色，它有一个颜色强度的范围。在这个例子中，创伤后应激障碍的光谱强度的分布范围，可能从浅灰蓝色（轻微的创伤后应激障碍）到深蓝色（严重的创伤后应激障碍）。

经历轻微的创伤后应激障碍的人，其症状可能会随着时间的消逝而逐渐好转。例如，一个人可能经历过汽车事故的惊吓，事故中有人受伤，但他自己并没有受到躯体伤害。汽车很快就修好了，所以他不会在每次看到车的时候都回忆起那次事故。此外，在其后的时间里，他可能会开车经过事故发生的地点，但是不会总是考虑各种“如果”的问题：如果我早五分钟离开家呢？如果我开车走另外一条路去上班呢？如果护栏里的树篱被仔细地修剪过呢？随着时间的推移，你能将这种浅蓝色漂白。

但是，如果你曾遭受过残忍的攻击和强奸，受到了躯体伤害，你的记忆可能会被深深地浸染在最灰暗的深蓝色中，时间不可能将你的这个颜色漂洗干净。它可能会褪色一点点，但颜色会一直存在；而且在某些情况下，蓝色将加深，转化为严重抑郁。就在一刹那，你会开始根据晦暗的情绪调整思维和行为，这些调整将让你付出惨重代价。你把它当成秘密，不想向任何人谈及，也不想见任何人。既然你的自我感觉非常不好，那么还有必要尝试让自己看起来更漂亮吗？既然你不想见任何人，也不关心自己的形象是否良好，那么还有必要去健身、去散步或起床吗？很显然，卡拉已经不再关心外表，因为她心里的风景是如此混乱。

最终，那些你本来为他人或与他人一起做的事情——外出工作、做晚餐、享受生活——开始变得非常困难。这些困难最终会转化为怨恨，会让你感觉烦躁和愤怒。在遭受创伤之前，来自工作和家庭的琐事——铅笔敲击桌子的声音，同事将文件扔在你桌子上，在拥挤的停车场找一个停车位，冲进电梯去办公室——从前不会干扰你，现在它们则变成了不折不扣的障碍。这些情形会以“如果”的形式，不断地在你头脑中盘旋，萦绕不散，在你像婴儿一样蜷缩起来前，你必须解决它们。

创伤后应激障碍患者看起来是完全自我封闭、异常冷漠的。但是，在内心的深处，他们知道自己需要帮助。有时候，获得帮助的想法似乎也是混乱的来源。这种混乱如此有力，以至于创伤后应激障碍患者无法去思考它。通常，创伤后应激障碍患者并不去寻求帮助，因为他们非常害怕被评判、被区别对待、被认为有精神障碍。此外，宿命论观点和犬儒主义观点也会掺和进来，使你形成这样的观念：“有什么必要呢？不管你做什么，不管他们怎么说，事情都不会发生改变。”

罹患严重创伤后应激障碍的患者，如果不接受治疗，有可能堕入最深重、最晦暗的抑郁中，看不到任何走出去的光亮。他们不关心自己的形象，害怕那丑恶的创伤回到他们身上。

创伤后应激障碍是一种精神创伤，而不是精神障碍

我们认为，创伤后应激障碍应该被看作一种精神创伤，而不是精神障碍。研究结果也支持了这个观点。研究表明，创伤经验能够改变整个大脑的结构，同时形成化学上的变化（以特定的神经甾体的方式，它能够表明对压力的躯体反应状况），最终形成和导致创伤后应激障碍。

耶鲁大学医学院的亚历山大·诺伊迈斯特开展的一项研究发现，在被诊断为创伤后应激障碍的同时具有其他并发症状（一个或多个确诊的精神障碍，如抑郁、焦虑、儿童期创伤或者自杀观念）的患者，他们通过功能性磁共振成像（fMRI）和正电子发射体层成像（PET）获得的大脑图像，与那些仅仅罹患创伤后应激障碍的患者存在显著差异。简而言之，“创伤后应激障碍、抑郁和药物滥用，都可以被看作对大脑的物理或化学性伤害，它们发生在大脑暴露于创伤事件的时候”。

创伤后应激障碍患者过激的心理和生理状态，当然也可以通过药物治疗来缓解。最近的研究表明，与控制组相比，在药物治疗基础上附加认知行为治疗，能够有效提升整体疗效。这项研究弄清楚了一点，就是单独使用药物不是最好的治疗方法。

这个研究结果与我们通过时间观治疗创伤后应激障碍的

理念和经验是完美吻合的：它更有效地教会人们控制自身的生理状况，平衡自己的时间观念，进而通过自然的控制来降低应激水平。如果药物疗法奏效了，那是药物——而不是患者自身——所起的改善作用。当你做的事情促成了生活质量方面的改变，那么是你在自我改善。

怎样影响他人

十分常见的情形是，创伤后应激障碍患者之所以同意接受治疗，是因为家人和朋友的担忧——他们面临丢掉工作的危险，他们打架斗殴，滥用药物或酒精，或者他们的怒气让周围的人难以平静地生活。患者通常不太可能自行寻求治疗，基本上都是受家人或朋友鼓励和劝说去尝试治疗。对于与创伤后应激障碍患者有关联的任何一个人而言，这都是十分常见但不太好接受的事情。

想象一下，创伤后应激障碍患者就像被创伤经验及其症状污染的一滴水，这些症状包括抑郁、焦虑、逃避、恐惧、愤怒、感到被孤立等。像眼泪一样的水滴掉进了清澈而平静的池塘——患者家庭和朋友的圈子——引起了不断扩散的涟漪，搅乱了池塘的平静，并把创伤形成的毒害扩散到了整个池塘。创伤后应激障碍患者并不想制造涟漪，但是它就这样发生了——不断地持续和循环。他们对社交圈子的影响是巨大的，也是非常有破坏性的。他们如此频繁地逃避，他们的朋友最终逃离被污染的环境，也就毫不奇怪了。

然而，创伤后应激障碍患者通过这种方式把自己孤立起来的时候，也让自己离开了正常的活动和社会情境——这也会对他们所爱之人产生负面影响。这可能意味着，他们的孩子不能和父母正常交流，不能把朋友带到家里；他们的配偶感觉自己被排斥，眼看着他们的社交圈子变得狭小；他们的同事不再容忍粗鲁或者经常不出现的他们。

罹患严重创伤后应激障碍的人，会经常丧失处理简单任务和情境的能力。由于只能看到不断盘旋在自己大脑中的创伤，他们不能把注意力放在正在发生的事情上。他们就是人质，被强制性地捆绑在创伤时刻的记忆上。处于这种状态中时，他们会回到易激惹甚或愤怒之中，并在最接近他们的人或事物上爆发。严重的患者甚至可能在生活中表现出来，会迁怒于服务员、售货员、同事，或者超车的司机。

这种涟漪效应可能会成为消极的、破坏性的情绪波浪。朋友、家人和同事会很快了解这个情况，并学会适应。他们调整行为，并且形成敏感的直觉和对麻烦的警觉。他们的家人会在患者再次出现愤怒迹象的时候抓紧逃避，他们的孩子学会了在做作业时不寻求帮助，在从上层抽屉里拿花瓶时不寻求帮助。他们的朋友最终不会再打来电话，因为创伤后应激障碍患者根本什么事情也不想做，他们“非常忙”，从不露面，或者做事出人意料。在柜台后面的服务员会耸着肩膀想，“真是个怪胎！”创伤后应激障碍患者的同事会避开这个我行我素的人。其他司机可能会尾随这个看似有攻击性的司机回家，并且狠揍他一顿。创伤后应激障碍不仅仅影响到患者自己，在某种程度上也会影响到患者世界中的每一个人——当然这是最坏的情况。

为什么难以治疗

据美国国家心理健康中心估计，大约有 750 万美国成年人正在遭受创伤后应激障碍的折磨。它不仅仅是伊拉克战争和阿富汗战争中退伍军人“最常见的心理健康障碍”，而且是所有战后退伍军人的共同问题。

因为大部分士兵是男性，创伤后应激障碍也就主要与丈夫和儿子联系在一起：他们离开家奔赴战场，回到家后变成了“行尸走肉”或者我行我素的人——战争的经历似乎永久地改变了他们。但是，正如在这一章里大家看到的，女性也会罹患创伤后应激障碍。美国国家创伤后应激障碍中心的研究显示：

大规模的国民心理健康研究表明，超过一半的女性会在一生中遭遇至少一件创伤事件……最常见的创伤是性侵犯或儿童期遭受性虐待。三名女性中就有一人在一生中遭遇过一次性侵犯。女性也更可能在儿童期遭受忽视和虐待，更可能遭受家庭暴力，也更可能遭受爱人的突然死亡。

基于各种原因，大量的美国成年人——既包括男性也包括女性——罹患创伤后应激障碍。迄今为止，心理学在帮助人们克服创伤后应激障碍方面还存在很多困难，只能做到让患者学会适应他们的症状，使用药物治疗最强烈的痛苦。下面是目前用以治疗创伤后应激障碍的几种治疗方法。

认知行为疗法

认知行为疗法是一种结合了行为疗法和认知疗法的治疗方案。它聚焦于“此地和现在”。迄今为止，这种疗法在治疗创伤方面是最为成功的。作为一种基于谈话的疗法，认知行为疗法的目标是：通过系统的、目标导向的方法，围绕变态情绪、行为和观念来解决问题。这种技术使用个体和群体治疗，一方面要形成记录，记录下有关事件与相关的情感、思维和行为；另一方面，还要实施不同的反应和行为。

认知加工疗法、延迟暴露疗法和虚拟现实疗法

认知加工疗法（CPT）、延迟暴露疗法（PE）、虚拟现实疗法是目前美国退伍军人事务部使用的新治疗方案，用来治疗罹患创伤后应激障碍的退伍军人。在这三种疗法的治疗过程中，退伍军人都需要再次回忆过去的军事创伤，目的是尝试消除那些与造成创伤的军队经历相关的负面情绪。

不幸的是，在进行延迟暴露疗法和认知加工疗法的时候，许

多退伍军人反而遭受了心理创伤。只有一名退伍军人——他是索德的来访者，表示这些治疗给了他积极的体验，帮助他形成了关于自己和未来会更好的体验。其余来访的退伍军人（如亚历克斯，下文将介绍他）报告说，这些治疗让他们在时间观治疗过程中获得的改善消失了。他们还报告自己的梦魇、闪回、愤怒和感到被社会孤立都有所增加；同时，自杀和杀人倾向有所增加。有些退伍军人报告说，这些过程让他们变得非常愤怒，以至于他们在应对敌意和暴力攻击时退行到了较早的阶段。

亚历克斯的视角：
沙漠风暴行动后退伍军人的认知加工治疗和延迟暴露治疗经历

沙漠风暴行动是海湾战争中的一个军事行动，发生在1990年8月到1991年2月。对于一场战争而言，它很短暂；但对于像亚历克斯一样的退伍军人而言，这场战争从未结束。

通过四年的治疗，亚历克斯认为他的状态得到了很大的改善，能够有效应对他那慢性的、严重的创伤后应激障碍。为了获得更大的进步，他打算尝试认知加工治疗和延迟暴露治疗。2010年9月，在完成认知加工治疗之后，他尝试了延迟暴露治疗。他给美国退伍军人事务部的陈述如下：

我想，（认知加工疗法）应该是个获得改善的好方法，但是并非如此。本来那些让人棘手的问题已经过去了很久，现在它们又回到眼前。我本来可以控制的那个盒子被撕开了，阻拦各种情绪和惨象的闸门打开了，洪水再次淹没了我。我遭受了闪回和噩梦的不断攻击——看到伊拉克战争和阿富汗战争的新闻片段和死亡统计数字的时候，这些症状更加严重。负罪感和愧疚感快要将我吞没。因为我知道，如果在 1991 年我们就完成了这些工作，现在的情形就可以避免。认知加工治疗的过程让我回到了最初经历时的状态。我知道我要怎么做，但是情绪攻击完全占了上风，控制了我所有的思考过程。

在认知加工治疗之后，我被要求参与延迟暴露治疗，我其实非常不愿意参加。完成第三个疗程后，我的状态证明这完全是灾难。每一次治疗，以及不得不应付每天来自工作和家庭生活的折磨，我的精神状态不堪重负。我一直处于愤怒状态，任何事情都会让我无法自控地愤怒，无法自控地对面前的任何人大发雷霆。这让我遭受了极大的挫折。我发现自己作为“大块头”的男人（身高 6 英尺 7 英寸[①]）竟然不能走出困境和反抗这一切。我

① 1 英尺＝30.48 厘米，1 英寸＝2.54 厘米，换算下来，这个人身高约 2 米。——译者注

倒退回过去自我治疗时的老习惯，用酒精来缓解痛苦和恐怖记忆带来的刺痛，这种刺痛再次抓住了我，夜以继日地折磨着我。这让我的妻子难以忍受，她曾经目睹了我在沙漠风暴行动后至 1991 年年底酗酒行为的后果。那是一段让我的妻子和家庭都非常难过的时间。她直截了当地告诉我，她拒绝再次经历这种事情，如果我还继续这样的话，我将一个人承受。

我不断接到上司的电话，在电话里他责骂、批评我，因为客户抱怨我太过严厉和刻板，不愿意付出，过于强势，客户威胁说，如果我不让步的话就要取消交易。我了解到，在客户流失之前我就将被辞退。我的工作必须驾驶汽车……但是，自从开始认知加工治疗和延迟暴露治疗后，驾驶汽车就让我处于危险的边缘。如果我驾驶汽车，我的妻子就拒绝和我同行，也非常讨厌我坐她的车。但是，我毫不在意。我觉得自己太累了，总是挣扎着去达到所有标准。如果我不能达到所有标准，其中还包括我为自己设定的标准——还有什么要做的呢……毫无疑问，这个过程对于退伍军人而言是不友好的。

对于亚历克斯这样的退伍军人，认知加工疗法和延迟暴露疗法都是心理学的水刑。

药物疗法

在过去的几十年里，药物疗法已成为一种常见方法，被用来治疗焦虑、抑郁、创伤和其他行为障碍或失调。我非常赞同扬斯敦州立大学的斯蒂芬·拉伊·弗洛拉教授的观点。他的专业领域是应用行为分析、行为干预技术和人类学习。他断言：“当行为丧失平衡时，躯体包括大脑也就失去了平衡。”一旦行为恢复平衡，那么躯体和大脑也就恢复了平衡。但是弗洛拉的陈述非常独特，他认为：“行为问题不存在所谓的药物‘治疗’。”药物提供了一些帮助，但是药物不是包治百病的。此外，大量的研究已经发现，在认知行为疗法的基础上附加药物治疗，并不能提升或改善整个治疗效果。药物最多也就是让症状情况不再变得更加糟糕，但是不会改善治疗效果。

最初的假设是，药物治疗会打破非功能性的思维模式，使得个体的心理健康状况能够自然恢复，但这是过于乐观的假设。药物并没有触及这个问题的根本，仅仅是转变行为的暂时性解决方案，却没有强调问题的成因。可以预见的是，一旦药物治疗结束了，行为方式还会恢复到最初的状态。这会让创伤后应急障碍患者感觉没有发生任何变化，或者想通过药物来掩饰痛苦。同样，一旦药物治疗没有效果，就会进一步刺激宿命论观念的萌生，让患者认为没有任何方法能够改变那些经历过的深层次的痛苦。

关键事件应激报告法是否能够预防创伤后应激障碍

关键事件应激报告法（Critical Incident Stress Debriefing, CISD）[①] 最初由杰弗里·米切尔开发，在警察和消防部门等组织中，它被确定为针对第一反应者和受害人的治疗方法。这种早期干预策略的要点是，在事件发生后把创伤迅速清除出大脑，在创伤后应激障碍生根之前，减少它发生的可能性。但是，虽然关键事件应激报告法广泛流行，它是否真的起作用仍在被研究者激烈讨论。

关键事件应激报告法的基础是弗洛伊德的心理宣泄疗法。这种疗法是在一个安全的环境里，让患者和受过训练的心理医生建立联系。心理宣泄疗法是非常谨慎、受到严格控制的，与患者的状态紧密相连。当治疗师认为时机成熟的时候，治疗师会鼓励患者释放情绪，这时心理宣泄将会非常有效。相较而言，关键事件应激报告法则是施加在一群陌生人身上，发生在一般创伤事件之后。倾听他人的创伤，会使创伤后应激障碍患者本来就已经非常灰暗的世界观更加阴郁，这会进一步体现在他杏仁核中的负面情绪体验上。

---

① 关键事件应激报告法通过介绍、发现事实、想法、反应、症状、指导、再进入等七个阶段对当事人进行干预，常在伤害事件 24 小时内进行，可有效减轻各类事故引起的心理创伤。——译者注

尽管关键事件应激报告法针对的是创伤后应激障碍，防患于未然，但是仍然至少有七项研究和一项元分析揭示出，它根本不起任何作用，或者会让创伤后应激障碍的症状更加恶化。根据最近的一项报告，使用最为广泛的心理宣泄疗法受到了越来越多的实证考察，结果让人失望。尽管大部分通过心理宣泄治疗康复的患者都描述了这种经历是有帮助的，但仍然没有令人信服的证据表明，心理宣泄疗法能够降低创伤后应激障碍产生的概率。此外，有些实验室研究表明，它甚至有可能阻碍创伤的自然恢复。大部分研究表明，接受心理宣泄治疗的个体并不比那些没有接受相应治疗的人康复得更好。

再现创伤会让人反复痛苦

研究证明了故事或者叙事在克服灾难性体验方面的重要性。为了从灾难的损失中学习并获得意义，我们的大脑会自然形成解释，来描述到底发生了什么以及原因是什么。当遭遇到令人惊讶和不愉快的事情时，或者当发生的事件违背了我们的基本预期时，我们尤其可能形成叙事。叙事能够帮助我们找到损失中的意义，这可能反而有助于治疗。考虑到这一点，你可能会疑惑，为什么传统的心理学——经常使用生活叙事——在治疗创伤后应激障碍的时间观问题上如此困难。

原因可能是对这些叙事的过度信赖。

一般而言，这些方法的目标是让患者脱敏：患者一次又一次回到可怕的事件身上，而这些事件发生在过去。例如，从事认知加工治疗的心理医生可能会无数次地要求卡拉讲出和写出她的创伤，接下来还会要求她从不同的角度做这件事。最开始，她可能要描述出创伤；接下来，她可能会描述创伤造成的生理影响；之后，卡拉可能需要写下与创伤过程有关的情绪状态，包括在创伤后她是如何感受自身的生理状态的，如何感受自身情绪的……

传统的创伤后应激障碍治疗要求患者不断地重复回忆和再现创伤。尽管这对某些患者是有效的治疗，但索德夫妇发现，这种疗法对他们的许多来访者常常是有害的。重新经历创伤是非常痛苦的。事实上，不管清醒还是睡着，创伤后应激障碍患者每时每刻都在重复着它。它的确有害，所有的人都想逃避痛苦。回到过去的时光是痛苦的，然而现在和未来看起来也没有希望。那么，在创伤后应激障碍的治疗上，传统的治疗方法收效甚微也就毫不令人惊讶了。

重构时间观

时间观疗法采取了一条完全不同的路径。它始于对创伤的尊重，重视创伤教给我们的东西，而不是纠结于创伤如何伤害了我们。这种积极地重构事件的观念反映了日本人的古老传统，这种传统体现在 442 军团的退伍军人身上。这个著名的军团主要由日裔美国人和日裔夏威夷人构成——他们许多人被界定成敌国侨民，而他们是美国公民的事实被无视了。

居住在美国大陆的数以千计的日裔美国人，被美国政府强迫离开家园、学校和企业，居住在战时集中营。在整个二战期间，他们的父母、姐妹、兄弟、表亲、堂亲都居住于此。然而，许多年轻的日裔美国人还是志愿参军为美国军队效力。这些人是真正的爱国者。他们不仅表现出色，而且“因其规模和服役时间而成为美国军事史上获得荣誉最多的部队，超过18 000人获得个人勋章，并且共获得了9500块紫心勋章，以及7次总统杰出团队嘉奖”。442军团的许多成员，虽然在恐怖的二战战场上劫后余生，但是饱受未经诊断的创伤后应激障碍的折磨。然而，和其他战争的退伍军人不同，他们能够克服创伤，在生活中继续表现出他们积极向上、“全力以赴”的精神。

能够见到他们中的许多人，并且接受其中一些人作为来访者，索德夫妇感到非常荣幸。夫妇俩也非常好奇为什么这些人能够保持乐观，而其他的美国退伍军人可能会讨论战争中不好的方面，讨论这些方面如何影响了他们自己。442军团的退伍军人愿意追忆战争中发生在他们身上好的事情、有趣的时刻，以及他们如何互相扶持；他们也愿意谈及如何为美好的未来做准备。他们聚焦于过去的积极方面，这帮助他们创造积极的未来。“我们通过回顾过去来获得经验，”他们告诉索德，“但是，我们更关注为自己和孩子们创造更加美好的未来。”

对于这种取向，有一点是非常重要的，那就是认识到我们总是拥有如何看待自己生命的机会。在这个让人兴奋的新疗法的实施过程中，创伤后应激障碍患者开始发生变化。之前他们仅仅聚焦于创伤性的过去和悲观的现在，拒绝拥有有希望未来的可能性，因此不能走向平衡的时间观；现在，在平衡的时间观里，所有可能性又回来了，这能够让他们实现充实而有希望的人生。

这个概念反映在时间观治疗师使用的普通语言之中。大多数罹患创伤后应激障碍的人已经被贴上了标签，诸如焦虑、抑郁或心理疾病。一旦他们听到这些词语并且开始认同，那么从这种状态中走出来的可能性就非常小了。把他们的"疾病"重新塑造为"伤害"，把他们的抑郁和焦虑重新塑造为"消极的过去"，这种过去能够被"积极的现在"和"光明的未来"所取代，最终能够为平衡的时间观所取代。所有这些看起来过于简单了，特别是对经过心理治疗专业训练的我们而言。但是，对于创伤后应激障碍患者，拥有学习向前看的框架，在其中理解和解决他们的问题——这种观念常常是一种巨大的安慰，是刺破黑暗的一束光亮。

追求平衡

时间观疗法的目标，是要在过去、现在和未来之间建立一种平衡的时间观念。治疗师帮助创伤后应激障碍患者远离精神障碍——从时间观的角度看，就是严重地倾向于消极的过去——转向一种新的时间观，让患者能够想象一个光明的未来并努力实现。为了理解这一点，可以参看图 1–2。

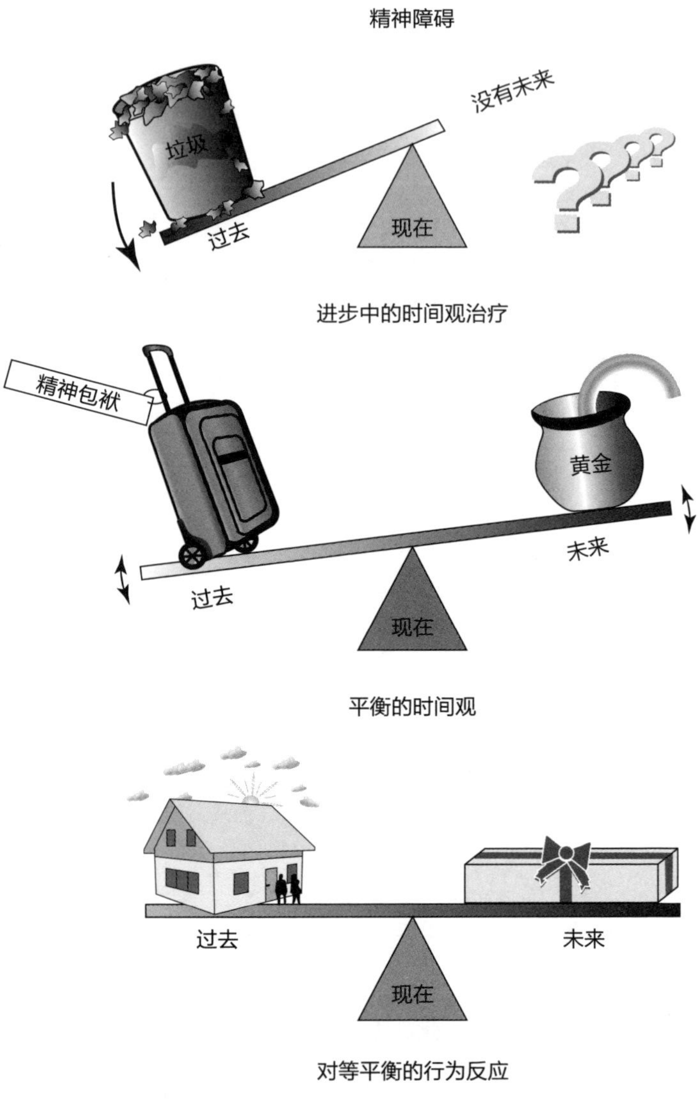
精神障碍
没有未来
垃圾
过去
现在
进步中的时间观治疗
精神包袱
黄金
未来
过去
现在
平衡的时间观
过去
未来
现在
对等平衡的行为反应

图 1–2 **平衡的问题？**

图 1–2 最上部的图形表现了创伤后应激障碍患者具有的一种典型时间观：过去的诸多消极方面——我们随身携带的所有垃圾——远远超出了对更好的未来的各种期望。事实上，未来似乎充满了没有满意答案的问题。“现在”这个平衡点被过去远远地抛开了，并没有给未来留下任何空间。这通常是大多数创伤后应激障碍患者刚开始接受时间观治疗时的情况。

然而，随着时间观治疗的开展，充斥在我们过去的那些垃圾开始被整理出来。同时，我们还会携带一些坏的记忆，但是它们已经变成更加可控、更加微小且负担更轻的“包袱”，而不是充满失望的垃圾箱。随着负荷减轻，当前的平衡点开始向中心移动。于是我们开始有空间容纳未来，也能够创造更多积极的期望、计划，以平衡消极的过去。

当开始迈向更为平衡的时间观时，我们学会了活在当下。过去的垃圾已经被清除，允许我们取回更多积极的回忆。现在我们拥有非常充足的空间来容纳未来，不仅可以形成计划、编织梦想，还可以在时限来临之前实现其中一些计划。当现在开始充当平衡点时，时间的跷跷板开始完美地平衡起来。活在当下允许我们为未来做出计划，并且对过去保持和平。

现在我们能够再次与自己、家庭、文化和传统和谐共处。面对当下，我们获得了探索宇宙的能量，能够去探索新奇和刺激的新鲜事物。从未来，我们获得了广阔的视野，飞向全新的经验领域，成为想象中的理想自我。在平衡的时间中，我们不仅找到了治疗创伤后应激障碍的理想疗法，也发现了最能充分欣赏生命的准则，找到了充分实现所有人潜能的新指南。

时间观疗法的积极影响是实实在在的。时间观疗法不仅在治疗时展现出疗效，而且这种疗效会长期持续下去。

在本书中，你将了解到卡拉在进行时间观疗法时的各种体验，也会遇到其他来访者从创伤后应激障碍中康复的故事。在下一章里，你将了解到一种革命性的心理学架构，它将赋予时间观疗法以力量，那就是时间悖论，一种全新的时间心理学。你将获得一个发现自身时间观的机会，使用津巴多时间洞察力量表（Zimbardo Time Perspective Inventory，ZTPI）——一种价值非凡的心理学工具，可以用来治疗创伤后应激障碍和其他问题。

小结

→ 创伤后应激障碍是一种焦虑障碍。它始于创伤，并且掩盖了个体应对日常生活的能力。估计有 750 万美国成年人罹患创伤后应激障碍。这是几乎所有经历过战争的退伍军人都会遇到的一个问题。

→ 创伤后应激障碍患者“悬停在时间中”，不断地体验着创伤而无法自拔，无法把它抛到过去，继续前进。

→ 对创伤后应激障碍患者而言，创伤事件存储在大脑的不同区域，这也是它难以被治疗的原因之一。

→ 相较于把创伤后应激障碍作为精神障碍来看待和治疗，把它视为精神创伤更为有益。现有研究也支持这个观点。创伤后应激障碍不仅仅影响患者，也对患者的家庭、朋友、同事乃至整个社会网络产生负面影响。

→ 迄今为止，在克服创伤方面，认知行为疗法是最为有效的治疗方法。这种疗法聚焦于当下和现在。药物也能提供一些帮助，但是不足以解决问题。它们都是转变行为的暂时性处方，并没有触及问题的根源。

→ 既然所有的治疗方法都是基于时间的，时间观疗法就采取了一条不同的途径。它始于对创伤的尊重，并且寻求在过去、现在和未来之间创造出一种平衡，从而能够让创伤后应激障碍患者将过去置于身后，走向一个更富有朝气和希望的未来。时间观疗法在津巴多的时间悖论的情境中运作良好，可谓是一种全新的时间心理学。

现在轮到你了：从消极的过去转向积极的未来

在一个安全的地方，找到一个舒适的位置，给自己不会被打扰的五分钟，开始用积极的记忆来替代你那些消极的或不好的记忆吧。

闭上你的眼睛，缓慢、有节奏地深呼吸。让你的身体随着每一次呼吸越来越放松。

完成了四次呼吸放松后，开始想象自己回到过去的时间里，想象进入你脑海的第一个美好记忆。这个回忆可能来自昨天、上周、去年，或是来自你的童年。尽你所能地唤起你那时候的经历或体验：那个时刻都有谁、当时的具体时间、你所在的位置、与这个事件有关的特殊气味或香味等。

现在，开始转到第二个进入你头脑的记忆上来。然后再进行下一个。

你很可能会发现，第一个回忆的任务很难完成；如果你遭受了严重的精神创伤的话，这种情况更难实现。所以，在你首次进行尝试的五分钟里，它可能不会顺利发生。但是，我们发现，一旦你开始提取第一个美好记忆，后面的就会变得越来越容易。

詹姆斯学会了替换头脑中的“心理幻灯投影机”中的幻

灯片，开始能够用好的幻灯片来替代许多不好的幻灯片（参见序一中关于这个故事的介绍）。你也可以绘制属于你自己的美好记忆，让它们在你困难的时候给予你支持。

第2章
时间心理学

在生活被这场事故完全改变之前，卡拉能够享受当下时刻的各种快乐，这些快乐来自过去那些美好记忆。她和丈夫巴德喜欢各种活动，钓鱼、打猎、骑自行车……他们经常一起投入这些活动中。和我们大多数人一样，她也经历过糟糕的日子，经历过痛苦与难过；但是，她都能克服它们，而且可以继续看到过去经历中那些积极的方面。和当下一样，未来也是光明的，不需要过多地筹划什么。但是，接下来的事故，把她猛地推进一种黑暗而痛苦不堪的现实，一种欲逃无门的现实。

在遭受创伤后应激障碍折磨的最坏时光里，卡拉深陷在一个时间循环中，这个循环里充满了强迫性的观念，包括那场事故、遭受的伤害，还有死亡的年轻妈妈——她感觉自己被这个女人诅咒了。而当她暂时不再执着于这场事故和可怕后果时，她又会反复体验到幸存者的负罪感，体验到生活发生了如此糟糕的、翻天覆地的变化。这些强迫性的意念，将她多年来形成的美好记忆和积极经验一扫而空。卡拉觉得自己再也不值得拥有任何一种生活乐趣了。

回忆过往，卡拉充满了恐惧和负罪感。她正承受着痛苦的折磨，感到毫无希望。她对未来也不抱任何期望，感觉时间已经停滞了。在过去的记忆、现在的行为和将来的计划之间，她不能取得平衡。她对时间的理解已经局限在一个狭窄的地方，那里容不下任何希望和改变。

从卡拉的案例来看，一个人对时间的理解会强有力地影响到他的思维、情感和行为。不管在现实世界中时间意味着什么，在心理意义上，我们都生活在三个主观的心理时间范畴里：过去（曾经是什么）、现在（当下是什么）和未来（将来是什么）。每个时间范畴都被很多因素影响着：文化偏见、精神信仰、希望、梦想、记忆和生活经历。毫无疑问，在我们的心灵中，每个人对时间的认识都不太一样。很多时候，我们并没有意识到，不管我们有意识地还是无意识地解决问题，这个过程在很大程度上都是在个人的心理时间范畴内进行的。

时间理论被用来帮助创伤后应激障碍患者，帮助他们从各种情绪创伤中恢复，对这些人的生活、家庭成员和人际圈子产生了巨大且持续的影响。

时间理论的历史简介

20世纪70年代早期，菲利普·津巴多开始对时间观的各方面进行探索。令人惊奇的是，他的第一项研究是通过催眠，把一个人的时间观从未来取向转变为现在取向。在这些实验中，经过测量被界定为“可被催眠的”，并且可能是未来取向的（毫无疑问，大多数斯坦福学生对于未来的思考都是认真和持续的）斯坦福学生，接受了用以改变其时间范畴的催眠后暗示。他们被告知他们的过去和未来是久远且遥不可及的，同时，现在将开始充斥他们的大脑并且会随着实验过程而持续扩大。这个实验的控制组则在催眠和未催眠状态下，均被告知只去思考他们生活中的时间。接下来，所有这些学生被置于各种测试情境中，来确定新的时间焦点的内化是否改变了他们的时间观。

的确，实验证明了这一点。那些“扩大的现在”条件的学生立刻开始表现得像个孩子——更多地大笑、搞笑、喜欢玩耍，变得完全沉浸于捏泥团的游戏，并且丧失了时间感知。这些可测量的变化与控制组存在显著的不同。后者并没有生活在那种扩大的现在的时间里。

他们的时间知觉的改变是不是持续的呢？较之过去，他们是否更加倾向于现在呢？这些基本的问题还不能被回答，因为还没有一个可以评估各种转变的量表来研究各种时间观的差异。津巴多研读了相关的测量学文献，但是希望破灭了。现有的所有量表既不足以被信赖——没有对同样的行为得出相同的分值，也并不足够有效——同其他与时间相关的测验、指标间表现出相关。

津巴多开始着手通过一个长期的历程去编制一个新的量表，用来测量时间观的各种个体差异。这个量表将是有效的、可信的，并且容易施测和评分。经过多次尝试和试错，他和他的研究团队决定编制一个新的量表，这个量表能够在过去、现在和未来时间范畴的各种维度上给出精确评分。最后，一个因素分析的量表产生了，经过测量，这个量表与数十个标准化心理量表存在显著相关，并且能够在新的实验中预测各种行为结果。

就这样，经过大象生产一般艰难的过程，在津巴多的研究生助理约翰·博伊德的协助下，津巴多时间洞察力量表在1999年诞生了。接下来这个团队开始高速运转，将ZTPI作为许多相关和实验研究的测量工具。他们做的所有工作都取得了实效。

很快，津巴多从全世界的同行以及毕业生们那里获得反馈。他们以ZTPI为主题进行的各种研究获得了巨大的影响，这些研究涵盖了从能量的物理守恒到学校和工作绩效问题，从戒烟、毒品成瘾到其他问题等领域。时至今日，众多像他们一样的年轻学者组成了一个跨文化的研究团队，通过标准化量表的应用，针对不同国家、不同文化背景的人对量表进行各种必要的修订，极大地促进了 ZTPI 作为研究工具的进展。

时间理论

我们可以将我们的复杂生活归结为一个简单的公式：

已经发生的行动 + 尚未发生的行动 = 我们当前的经验

有些行动是按照计划进行的，我们能够因此获得自豪感（“为了那个测验，我学习刻苦并且得了 A”）；另一些行动并非出自我们的意愿，并且产生了坏结果，所以我们感觉不好（“在工作面试之前喝酒到凌晨 3 点是错误的”）；即使我们没有采取任何行动，也会产生不同的后果。有些事情我们正确地拒绝了，这让我们意识到自己是多么英明（“我太高兴了，我并没有和贝尔出去而是和哈维出去了，因为哈维后来成为我生命中的挚爱”）。还有些事情，我们事后才意识到早应该参与，这导致我们

的遗憾和自怨自艾（“如果几年前买了那只抢手的科技股，我现在的生活早就高枕无忧了”）。

我们解决问题的这种模式，最核心的部分是大量在潜意识中进行的决策。这些决策又是根据我们对时间的感觉而产生的，也就是我们的时间观。它始于日常生活中每个个体的经验，时间观形成后，我们进而无意识地通过个人时间观的镜片看待这些经验。另外，如果我们佩戴的镜片不同，我们的行动——包括我们对行动的期望以及是否采取行动的原因——也会截然不同。

津巴多的观点：在过去和现在的张力中成长

津巴多写道：

我成长在一个贫穷的西西里岛移民家庭，在20世纪30年代居住在纽约的南布朗克斯贫民区。尽管很贫穷，但几乎所有的人都能够获得当下的快乐，享受美食、美酒、交际、歌唱、舞蹈、谱曲、浪漫和自然。他们也热衷于讲述各种故事、吟诵辉煌的过去——但是我总不自觉地意识到没有明天存在的空间。没有人预先进行计划，没有人为将来做储备，没有人做日程表或待办事项清单。今天和昨天是清晰的现实，而明天是不确定的。

由于贫穷，生活并非总是美酒和鲜花；对某些人而言，生活是无尽的苦酒，导致他们质疑自己能否通过行动改善生活。总有那么一个持有宿命论的人说："没有什么会改变，我们的生活被残酷的命运控制着。"但是过着快乐主义的或宿命论的现在，或者深陷于消极过去的体验，不管是更好还是更坏，都遗漏了一个东西：精力充沛的未来感。而这对于生活的进步、学校和商业的成功、目标的实现以及现实的改变而言，都是最重要的。为什么要为美好的明天而奋斗？这是没有理由的。

最终，我的家庭哲学可以归结为通常的西西里岛格言："世事不可强求。"我们只能寄希望于好的时代。

我发现家人的态度令人十分恼火。受教育、努力工作、实现既定目标、设定短期和长期目标……显而易见，这些对于生存而言是重要的。带着这种驱力聚焦于高速运转的未来，我能够在学校获得成功，也终将在职场获得成功。我为这种成就付出了什么？在当下寻找各种乐趣和愉悦，玩耍、找乐子，像小孩子一样、无所事事地活着。

过去我一直强烈地意识到我生命中的这个矛盾：未来的工作与当前的玩乐，在我的头脑中也一直存在着这个困惑。很多年来我一直想弄明白这种折中是多么普遍，而一个更为平衡的时间焦点又应该是怎样的。

很早以来，津巴多就很痴迷心理时间这个问题。作为一位成熟的心理学家，他想知道这种模糊的人类观念是否能够被研究、测量，并且被人们了解。最后，他意识到这确实是可行的，而且发现了时间知觉在我们的生活中确实扮演了一个非常核心的角色：

> 最近，我认识到一个非常有趣的事实：在西西里岛方言中不存在具有未来感的动词！现在终于弄明白了：如果没有“将会是什么”或“可能是什么”来平衡“现在是什么”和“曾经是什么”，又怎么能够执行一个计划呢？

六种主要的时间观

三种基本的主观时间范畴——过去、现在和未来——每一个都可以划分为两个部分。我们由此得出六种主要的时间观：

1. 过去积极的人聚焦于“曾经美好的日子”。他们会保存相册、收集图片并且希望庆祝传统节日。
2. 过去消极的人聚焦于在过去出错的所有事物。“不管我怎么做，我的生活将永无改变。”
3. 现在享乐主义的人生活在这样的时刻里——寻找快乐、新奇和感受，并且逃避痛苦。

4. 现在宿命论的人认为决策都是无意义的，因为预定的宿命在生活中发挥导向作用——“世事不可强求”。
5. 未来取向的人为未来做计划并且相信他们的计划终将实现。
6. 超然未来取向的人认为，人死后将出现在更好的时代，应在整个生命中都为死后做计划。

如图 2-1 所示，过去取向的人依据对相同情境的消极或积极记忆做出决策。现在取向的人则是基于享乐或规避的原则快速采取行动，不考虑后果。未来取向的人基于对后果的推理、评估，通过成本 - 收益推理进行决策。

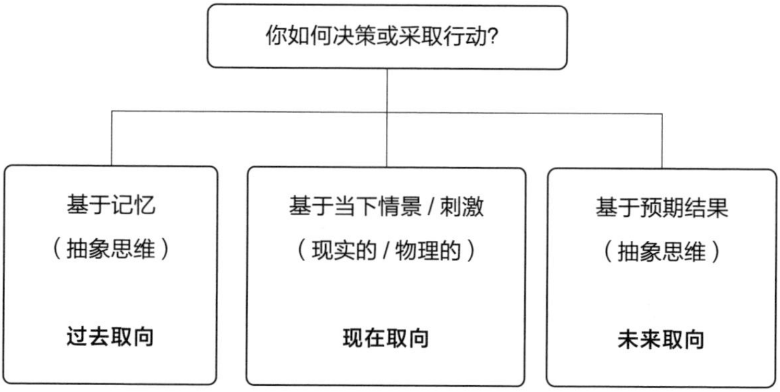

图 2-1 **时间观的概念模型**

这就是对时间理论——时间观的理论——的简要介绍。它很简单，甚至可能是显而易见的，但是理解了时间观的结果并且运用这种理解意义非凡。带着这个目的，让我们进一步检视一下具有不同时间观的个体是如何看待这个世界的。

过去取向

好的事情和坏的事情总会发生在每个人身上，但是每个人并非以同样的方式看待世界，也不会给予不同经验同样的权重。简单点讲，我们中有些人很自然地透过玫瑰色的（过去积极的）镜片看世界，而其他人则透过灰暗的（过去消极的）镜片看世界。我们已经发现，那些聚焦于过去的人在评价过程中认为，旧的事物高于新的事物，熟悉的事物高于新奇的事物，谨慎的、保守的方法高于果敢的、自由的和冒险的方法。

过去积极取向：记住“过去的美好时光”

具有过去积极时间观的人不断地想起那些曾经美好和奇妙的事物，那些被视为珍宝的纪念品；也看到了生活本来和本应该成为的样子。他们通过既往幸福经历的记忆来判断、评估和反应当前时刻的任何事物。一般而言，相较于对过去持有消极情绪的人，那些对过去持有积极情绪的人更少地体验到焦虑。后者更加快乐，更加健康，也更加成功——而不管他们通过玫瑰色镜片看到的事件是否真实地发生了。

过去消极取向：生活总让你失望

津巴多的老姨妈是一个持有过去消极时间观的人的典型例子，她透过过去的灰暗镜片来看待这个世界。透过这个镜片看世界的人，对当前时刻的判断、评估和反应，是带着不愉快的过去经验的记忆来进行的。他们居住在一个充满恐怖的博物馆中，这个博物馆被他们的失败、遗憾、疾病、轻信和欺骗所点缀。他们一旦不可避免地经历了悲剧或个人创伤，将无法自拔和超越。他们将不断重演那幕心理影像，让它焕然一新，不论多少年过去也如在当下。创伤后应激障碍患者通常具有较高的过去消极评分。

过去取向的人居住在一个记忆幻觉的世界，在那里每个新的“此”都使他们回忆起一个过去的“彼”。但是，在过去积极取向的人和过去消极取向的人之间，还是存在着相当大的差别，具体参见表 2–1。

表 2–1　**过去积极取向与过去消极取向的人的决策比较**

过去积极取向	过去消极取向
我将约她出去——她让我想起我喜欢的表妹	我的前任也喜欢那部电影——我再也不能和她在一起了
法律是我父亲擅长的领域，所以我将成为一名律师	我的父亲喜欢辱骂他人，所以我此生最好单身过日子
当然，为什么不呢？我能胜任大部分事情	我经常犯错误——我不应该管这件事
生活中我拥有如此多的美好事物——我真是太幸运了	年龄越大，我发现我错过的事情越多
我祝福你——这个家庭里并不是所有人都是坏的，只有爷爷的商业伙伴是	不，你不能与那个家庭的人成婚——他们要对你爷爷生意的失败负责

现在取向

活在当下的人更少地——或者完全不会——受过去经历和未来考虑的影响。他们只关注即刻的现在——现在正在发生的事物。他们做出决策依赖的是此刻刺激情境中的内部驱力和外部压力：内部的激素信号、情感、气味、声音、期望物体的吸引力，以及他人促使他们做的事情。想想那个古老的来自父母的问题，"如果你所有的朋友都跳下了桥，你也会那么做吗？"对那些现在取向的人来说，可能答案就是"会的"。

不管创伤后应激障碍患者是享乐主义者还是宿命论者，通常在现在取向上得分较高。这使得冒险性行为和创伤后应激障碍经常联系在一起。

现在享乐主义取向：为今天而活

现在享乐主义者是快乐的寻求者，延迟满足绝不在他们的心理词汇表。你肯定听过他们的座右铭："机不可失，时不再来！""抓住今天，及时行乐！""花开堪折直须折！""生命只有一次！"对他们而言，百鸟在林，不如一鸟在手；宁收当年麦，不收来年秋。

当考虑是否要在派对结束前再喝一杯酒，或者是否要与一个刚刚认识的人上床时，他们会立即做出决定。尽管过去相同的行为曾使他们入狱、意外怀孕或者碰上麻烦，他们也不去考虑这些问题，他们似乎没有从过去的经历中学到什么，也不担心未来。他们就是这样，想要什么的时候，立刻就要。

适度的现在享乐——有选择性的现在享乐——是件好事。但是过度的享乐会让我们感觉生命被困在了一辆失去控制的过山车上。与宿命论者相比，现在享乐主义者会更加开心、更有创造力，这一点也不奇怪，因为现在享乐主义者积极地寻求快乐。

现在宿命论取向：该是什么，就是什么

另外一种现在取向时间观与现在享乐主义取向极为不同：他们相信人的任何决定都是命中注定的，命运是由超能力者或者宗教领袖决定的。现在宿命论者认为没有必要花时间计划和考虑如何行动，因为他们的决定早就命中注定了。该是什么，就是什么。他们将所有的决定权交给了上帝或者宇宙，相信每一个两难困境的选择结果已经被提前决定了。

现在宿命论者与享乐主义者都聚焦于现在，但他们大不相同。现在宿命论者认为生命有既定的命运安排，他们无法掌控。现在享乐主义者则通过沉迷于当下的快乐，频繁地避免痛苦，不顾后果等做法来不顾一切地寻求摆脱控制。这两种类型的人都不关注过去或者现在，仅关心现在的状况。对于那些长期生活在贫困中的人，努力改变命运但收效甚微的人，已经患上或者相信自己患上绝症的人，或者听从宗教宣称、有一种更好的精神力量在为他们做决定的人，这种时间取向是可以理解的。创伤后应激障碍患者通常用这种方法放弃对命运的掌控。

现在取向的人活在当下，过去不存在，未来也无所谓（见表 2-2）。

表 2-2 **现在享乐主义取向与现在宿命论取向的人的决策比较**

现在享乐主义取向	现在宿命论取向
当然，为什么不呢？活得快，死得早（生活节奏快，英年早逝和一具漂亮的尸体）是我的座右铭	当然，为什么不呢？如果它要发生，那么它就会发生
上大学？不，那里工作太多，派对太少	为什么我要费神去读大学？如果上帝想让我富有，那我就会富有
我爱写作、艺术、音乐等任何可以让我感受到创造性的东西	我等待着灵感出现，我知道它早晚会来的
是的，我在商店偷了那条项链——它太漂亮了，我必须拥有它	是的，我在商店偷了那条项链。如果我被抓了，那是我的命
我爱冲动——你不会知道当你开着门离开时，会发生什么	为什么要做大计划，命运常常会伸出手
我从不做任务清单！那只会限制我的言行	我从不做任务清单！该出现的总会出现

第三种路径：扩大的或整体性的现在

对于现在，还存在与现在宿命论及现在享乐主义不同的第三种态度——扩大的或整体性的现在。它是一种绝对的现在，是一个以佛教和冥想为中心的概念，并且与西方的线性时间观极不相同。绝对的现在包括了过去和未来。现在既不受过去控制，也不是通往未来的手段。每日的冥想给了参与者活在当下的体验，但不受过去和未来的镜片影响。

当你敞开思绪，徜徉于现在的时刻时，你放弃了期盼和渴望未来的种种可能，并屈从于对过去的悔恨和责任感，这种形式的现时关注或注意会填满你的整个身心，用一种“所有的事情都是同一件事”的感觉来替代你对过去或未来的感觉。依据这种观点，过去、现在、未来，生理、心理以及生命中的精神元素都不是分离的，而是在你的生命中紧紧相连的。整体性的现在反映的不是寻求快乐的现在享乐主义，也不是愤世嫉俗和无可奈何的现在宿命论。

梵文——印度人的传统语言——用古老谚语概括了这种关于时间的独特态度。

> 昨天已经是一个梦想，
> 明天只是一个幻境。
> 今天的幸福生活，
> 会让每一个昨天都是幸福的梦想，
> 每一个明天都是希望的幻境。

虽然整体性的现在在西方思维中并不常见，许多西方的哲学家和神学家还是将它作为一种观念写了下来。现在包括重构已经逝去的时间和建构即将成为现在的虚拟时间。过去和未来是抽象概念，是一种处于曲解、一厢情愿中且伴有抑郁、焦虑和担忧等心理失调症状的心理结构。

扩大的或整体性的现在是我们应该拥有的健康的时间观！

未来取向

没有人天生就有未来时间观。生活在温带（那里必须提前考虑季节的变化）、生活在稳定的家庭或社会、受过教育等各种状况都可以产生未来取向的人。通常来说，未来取向的人做得非常好，他们待人和善，积极向上，精力充沛，关注健康，有良好的冲动控制能力并且自尊心强。

美国人通常都关心对未来的规划。但是创伤后应激障碍的患者被困在了消极的回忆中，已经基本上丧失了构想充满希望的未来的能力，必须向着建立这种时间观的方向努力。

未来取向：为明天计划

未来取向的人极少关注过去的经历，而且他们摆脱了叫嚷着“立即行动”的现在。相反，他们在大脑中计算现在的行动可能的未来结果。如果他们发现预期的成本高出预期的收益，他们就不会继续行动——意识到的风险胜过考虑中的行动。但是如果预期的收益高于成本，那他们就会去做。

未来取向的人生活在一个抽象的世界中。这个世界充满偶然性、可能性，并且在人们看来是一个虚拟世界的精神表现。人们不会被当下快乐但随后会发生意外的事情所诱惑——例如，可能会导致性传染病、意外怀孕或者损害声誉的没有保护的性行为。他们不会被轻易说服，去购买售货员极力兜售的问题产品或服务。他们可能选择在新想法上碰碰运气。

毫不奇怪，未来取向的人倾向于为达到目标去创造可供选择的策略，并解决问题。未来取向的人善始善终，并且他们虽然明白任何事情都可能发生，还是一步步地去计划健康、成功的生活。但是他们也可能过分受限于未来的计划，喜欢疯狂地同时处理多项任务，抱怨“没有足够的时间”或者为追求支撑家庭的物质成就而牺牲与家人在一起的时间。

世界各地的人的时间观和行为

人类的时间观各不相同。以下我们选择的关于时间观和行为的研究结果是通过津巴多时间洞察力量表获得的，并且在《时间的悖论》一书中有详细的介绍。

- 未来取向的大学生在心理学导论课程上的得分最高，现在宿命论的大学生得分最低，现在享乐主义的大学生得分居中。
- 未来取向的人更长寿，因为尽责是他们最主要的特点。研究显示，这让他们比那些责任心低的人多了几年寿命。
- 在康奈尔大学和斯坦福大学就读的现在取向的大学生（包括男生和女生），与未来取向的同学相比，酗酒和危险驾驶的可能性更高。
- 海洛因成瘾者在现在享乐主义和现在宿命论上的测试分数显著高于未成瘾者，而在未来取向上的测试分数则显著低于未成瘾者。

- 在以上两所美国高校的学生样本中，现在取向与高风险、高唤醒行为之间存在显著的正相关关系。与此相反，未来取向的学生则与危险驾驶、酒后驾驶、赛车、不系安全带驾车、看限制级电影、性行为、骑高风险自行车和玩高风险滑板之间存在负相关。
- 在诱导艺术创作的实验中，现在取向的大学生在专注于创造过程时表现出极高的创造性，当他们专注于他们的作品时，他们的创造性最低。与此相对，未来取向的学生，当他们专注于他们的作品时，能够在艺术方面表现出出色的技术水平。
- 研究发现，在罗马，未来取向的女人比现在取向的女人更有可能去免费的乳腺癌检查诊所。
- 研究发现，在巴西和墨西哥，未来取向的人比他们的同辈群体更有可能参与水和能源的保护，并且更有可能拥有亲环境的行为态度。
- 研究发现，与现在和未来取向的学生相比，在过去消极测试中得分高的学生，在面临压力时最不可能去寻求建构性的社会支持。
- 未来取向的加拿大人被发现更有可能将健康和营养置于优先地位。
- 无家可归的英国人更有可能在过去消极和现在宿命论上获得较高的分数。

超然未来取向：相信死后会进入更好的世界

正如我们所见，未来取向的人对目标充满雄心和激情。他们完全主宰自己，并且根据相对较短或者很长的时间跨度——关注下周、下个季度的回报，或者下个季节，又或者考虑留给下一代的遗产而做出自己的决定。但对那些具有超然未来取向的人来说，理想愿景主导着他们对回报的期待，但这种理想生活不会出现在自己或者他们的子孙的一生中。

宗教信仰

这种超然未来的取向产生于宗教或者精神信仰（在世界上最主要的几个宗教中，基督徒和穆斯林在超然未来取向测试上的得分较高，而犹太教徒和佛教徒的得分较低）。对于这些信徒来说，真正的未来始于凡间肉体死亡后、生命得以延续的来世：与已逝的爱人重聚、得到永恒的生命、投胎到更美好的家庭等神圣的奖励。这激发了（通常被认为是）不合理行为的积极性。不过这种认为奖赏会在人生下一个阶段中等待他们的想法，使得人们可以忍受现实生活中的挣扎及苦难。

世俗的信仰

没有宗教信仰的人也可以有超然未来取向：你可以依据未来后代的需要来做决定。例如，恒今基金会已经创造出了万年钟，以促进人们对未来的长期思考。一些人试图保护未来仅仅是因为他们感觉“这是一件要去做的正确事情”，如试图永久保护地球自然资源的持续性运动。不过这种看法并不新鲜。易洛魁人是美国印第安人的一支，他们的秩序大法典规定“对于每一个细节，我们都必须考虑到对未来七代人的影响……要经得起时间的考验”。

未来取向的人，在未来的计划中会考虑过去和现在的经验。表 2–3 举例说明了未来取向的人和超然未来取向的人在想法上的不同。

表 2–3　**未来取向与超然未来取向的人的决策比较**

未来取向	**超然未来取向**
我必须完成明天截止的工作	唯一重要的事情是来世
如果我出对了牌，我可以赢得人生的成功	不管发生什么，我会在天堂得到奖赏
我今晚将不吃饭后甜点，因为我想明天好好享受感恩节	如果今天吃得不好那也没关系——上帝会在来世给我提供好吃的
我想到了解决那个问题的几种办法，让我来做出这几种方案	解决那个问题的最好办法是长期来看最有益的那一种

津巴多时间洞察力量表

这些有关时间观差别的有趣推测是言之有理的。但是时间理论中最令人兴奋的部分在于，我们可以精确测量时间观的每一方面，用一种独特的方法，去指出个体在我们刚刚讨论过的每个时间观上与他人有怎样的不同。津巴多时间洞察力量表是使用焦点小组、对许多不同的群体进行访谈及对上千名学生和老人进行调查并反复修正形成的。这种在某种程度上涵盖了这些难懂的心理特质的测量工具，被证明是可信的（在后来的研究中发现了相似的结论）及有效的（它可以预测一系列其他的特征和行为）。

这个量表刚开始仅限于对未来和现在的因子进行比较。因为它假定，美国人（尤其是美国学生）并不是那种过去取向的人，而且极为未来取向的人和现在享乐主义的人之间的比较是最有趣的。但是当研究团队开始对老人进行访谈时，他们发现这种假定目光短浅，而且是错误的。

在 ZTPI 中找出你自己

津巴多时间洞察力量表包含 56 个混合了五种时间观的简单语句：未来、过去积极、过去消极、现在享乐主义和现在宿命论（研究者编制了一个单独的量表测量超然未来倾向，以使 ZTPI 的长度可控）。每个人都能在 ZTPI 中找到自己，我们希望你也可以。你现在就可以做一下津巴多时间洞察力量表（见后文），去看看你在不同时间观上的分数。你也可以在网上做津巴多时间洞察力量表（www.thetimeparadox.com/surveys/）及超然未来时间洞察力量表（www.thetimeparadox.com/surveys/ttpi），做完整个测试可以很快获得系统自动算出的结果。

当你答完这些问题后，请翻看评分规则。你会得到一组呈现每个时间观在你身上表现程度的五个分数。虽然我们倾向于描述明显的、一概而论的时间观，但你整体的时间观实际上是你分配在五种时间观的程度。当你将你所得的分数与每个时间观的平均分进行比较时，结果在一定程度上反映出你在每个时间观上有多高或者多低。通过这种方式，你可以确定生活经历对你的时间观产生了怎样的影响。这个测量工具的效度是显而易见的，它已在全球范围内被翻译为30多种语言，来自不同国家的研究者在许多研究项目中使用了它，并发现了许多显著的影响。

阅读下面的每个项目，诚实地回答问题：这是我的特征吗？在表右侧相应的空格处打钩，请答完表中所有的问题。

	1 极不符合	2 不符合	3 中间状态	4 符合	5 极为符合
1. 我相信，和朋友聚会是生活中很重要的乐趣					
2. 童年熟悉的场景、声音和气味往往会带来很多美好的回忆					
3. 命运常常决定我的生活					
4. 我常常想，有些事我本不该那么做					
5. 我的决定大多受到我周围人或事物的影响					
6. 我相信，一日之计在于晨					
7. 对我来说，回忆过去是件快乐的事情					
8. 我做事很冲动					

续表

	1 极不符合	2 不符合	3 中间状态	4 符合	5 极为符合
9. 即使事情没有按时完成，我也不会担心					
10. 为了达成梦想，我会制定目标，并会考虑具体的实现步骤					
11. 总的来说，在回忆过去时，好的记忆比坏的记忆多得多					
12. 当我听最喜欢的音乐时，我会沉浸其中以至于忘记时间					
13. 在晚上玩乐之前，我会完成明天必须结束的工作和其他必要工作					
14. 既然以后要发生的事总归要发生，那么我做什么并不十分重要					
15. 我喜欢听那些关于“美好旧时光”的故事					
16. 过去的痛苦经历时常在我的脑海中浮现					
17. 每一天，我都试着让自己的生活尽可能充实					
18. 约会迟到会让我烦躁不安					
19. 理想地说，我想把每一天当作我生命的最后一天来过					
20. 美好时刻的快乐记忆很容易浮现在我的脑海					
21. 我按时兑现我对朋友和权威人士的承诺					
22. 我已经为自己过去的胡作非为和自暴自弃付出了代价					

续表

	1 极不符合	2 不符合	3 中间状态	4 符合	5 极为符合
23. 我经常在冲动之下做出决定					
24. 我的每一天都是顺其自然，而不是提前计划好的					
25. 过去有着太多不好的回忆，我宁愿一辈子都不再回忆					
26. 给自己的生活寻求刺激是最重要的					
27. 但愿我在过去做的那些错事能一笔勾销					
28. 我觉得更重要的是你喜欢你做的事，而不是按时完成它					
29. 我很怀念我的童年					
30. 在做决定之前，我会充分衡量成本和收益					
31. 冒险能使我的人生避免乏味					
32. 对我来说，生命重在享受过程而非结果					
33. 事情极少以我所期望的那样发生					
34. 我很难忘记青少年时期不开心的经历					
35. 如果我必须考虑目的、后果以及产出，那么我在行动过程中就会失去乐趣					
36. 即使我对现状很满意，我也忍不住将它与过去相似的经历做比较					

续表

	1 极不符合	2 不符合	3 中间状态	4 符合	5 极为符合
37. 未来的变数太大，我们无法规划未来					
38. 我的生活被我所不能改变的力量控制着					
39. 既然无论如何我都不能改变什么，那么我无须为将来的事情担心					
40. 我会按部就班地规划时间进度，按时完成任务					
41. 当家人聊起往事的时候，我退出了谈话					
42. 我敢于为自己的生活寻求刺激而冒险					
43. 我做事情习惯列出清单					
44. 我做事更常顺从情感而不是理智					
45. 当我知道有工作等着完成时，我能抵制住其他诱惑					
46. 我发现自己一旦兴奋起来就顾不上其他了					
47. 现在的生活太复杂了，我还是喜欢过去那种简单的生活					
48. 我更喜欢那些随意而行的朋友，而不是那些有板有眼的朋友					
49. 我喜欢那些定期举办的家庭庆典和传统活动					

续表

	1 极不符合	2 不符合	3 中间状态	4 符合	5 极为符合
50. 我会想那些过去发生在我身上的不好的事情					
51. 如果那些艰难乏味的工作有助于我进步，我会坚持干好它					
52. 我喜欢及时行乐，明天的事明天再想					
53. 好运气比努力工作更重要					
54. 我会想那些我在生活中已经错过的美好事物					
55. 在我与别人建立亲密关系后，我喜欢让它充满激情					
56. 时间总会有的，我能及时做完自己的工作					

计分要点

计分说明

在对津巴多时间洞察力量表进行计分之前，你需要将第9、24、25、41及56题的分数进行转换，这意味着将1变成5，2变成4，3变成3，4变成2，5变成1。

转换完答案之后，分别将这些组合成各种时间观的问题的分数相加。加完之后，分别除以各自的题目数，这样就得到五种时间观各自的平均分。

过去积极的时间观

将第 2、7、11、15、20、25、29、41 及 49 题的分数相加，然后除以 9。

问题	得分
2. 童年熟悉的场景、声音和气味往往会带来很多美好的回忆	
7. 对我来说，回忆过去是件快乐的事情	
11. 总的来说，在回忆过去时，好的记忆比坏的记忆多得多	
15. 我喜欢听那些关于“美好旧时光”的故事	
20. 美好时刻的快乐记忆很容易浮现在我的脑海	
25. 过去有着太多不好的回忆，我宁愿一辈子都不再回忆	
29. 我很怀念我的童年	
41. 当家人聊起往事的时候，我退出了谈话	
49. 我喜欢那些定期举办的家庭庆典和传统活动	
总得分：	

过去消极的时间观

将第 4、5、16、22、27、33、34、36、50 及 54 题的分数相加，然后除以 10。

问题	得分
4. 我常常想，有些事我本不该那么做	
5. 我的决定大多受到我周围人或事物的影响	
16. 过去的痛苦经历时常在我的脑海中浮现	
22. 我已经为自己过去的胡作非为和自暴自弃付出了代价	
27. 但愿我在过去做的那些错事能一笔勾销	
33. 事情极少以我所期望的那样发生	
34. 我很难忘记青少年时期不开心的经历	
36. 即使我对现状很满意，我也忍不住将它与过去相似的经历做比较	
50. 我会想那些过去发生在我身上的不好的事情	
54. 我会想那些我在生活中已经错过的美好事物	
总得分：	

现在享乐主义的时间观

将第 1、8、12、17、19、23、26、28、31、32、42、44、46、48 及 55 题的分数相加，然后除以 15。

问题	得分
1. 我相信，和朋友聚会是生活中很重要的乐趣	
8. 我做事很冲动	
12. 当我听最喜欢的音乐时，我会沉浸其中以至于忘记时间	

续表

问题	得分
17. 每一天，我都试着让自己的生活尽可能充实	
19. 理想地说，我想把每一天当作我生命的最后一天来过	
23. 我经常在冲动之下做出决定	
26. 给自己的生活寻求刺激是最重要的	
28. 我觉得更重要的是你喜欢你做的事，而不是按时完成它	
31. 冒险能使我的人生避免乏味	
32. 对我来说，生命重在享受过程而非结果	
42. 我敢于为自己的生活寻求刺激而冒险	
44. 我更常顺从情感而不是理智去做事	
46. 我发现自己一旦兴奋起来就顾不上其他了	
48. 我更喜欢那些随意而行的朋友，而不是那些有板有眼的朋友	
55. 在我与别人建立亲密关系后，我喜欢让它充满激情	
总得分：	

现在宿命论的时间观

将第 3、14、35、37、38、39、47、52 及 53 题的分数相加，然后除以 9。

问题	得分
3. 命运常常决定我的生活	
14. 既然以后要发生的事总归要发生，那么我做什么并不十分重要	

续表

问题	得分
35. 如果我必须考虑目的、后果以及产出，那么我在行动过程中就会失去乐趣	
37. 未来的变数太大，我们无法规划未来	
38. 我的生活被我所不能改变的力量控制着	
39. 既然无论如何我都不能改变什么，那么我无须为将来的事情担心	
47. 现在的生活太复杂了，我还是喜欢过去那种简单的生活	
52. 我喜欢及时行乐，明天的事明天再想	
53. 好运气比努力工作更重要	
总得分：	

未来的时间观

将第 6、9、10、13、18、21、24、30、40、43、45、51 以及 56 题的分数相加，然后除以 13。

问题	得分
6. 我相信，一日之计在于晨	
9. 即使事情没有按时完成，我也不会担心	
10. 为了达成梦想，我会制定目标，并会考虑具体的实现步骤	
13. 在晚上玩乐之前，我会完成明天必须结束的工作和其他必要工作	
18. 约会迟到会让我烦躁不安	

续表

问题	得分
21. 我按时兑现我对朋友和权威人士的承诺	
24. 我的每一天都是顺其自然，而不是提前计划好的	
30. 在做决定之前，我会充分衡量成本和收益	
40. 我会按部就班地规划时间进度，按时完成任务	
43. 我做事情习惯列出清单	
45. 当我知道有工作等着完成时，我能抵制住其他诱惑	
51. 如果那些艰难乏味的工作有助于我进步，我会坚持干好它	
56. 时间总会有的，我能及时做完自己的工作	
总得分：	

解释你的分数

当你做完津巴多时间洞察力量表和超然未来时间洞察力量表，并计算分数之后，你可能想知道这些分数意味着什么。图 2–2 是我们在对大量被试的时间观分数进行整合的基础上编制的。它代表了每种时间观的平均分和理想时间观。

平均分（50%）：每种时间观的平均分在表中以 50% 为分隔线进行标示。例如，过去消极时间观的平均分是 3.0，过去积极时间观的平均分是 3.7。

理想时间观（圆点）：圆点代表了我们所认为的理想

时间观的分数——它们与数据资料之间不存在任何关系。我们总结出了这些理想时间观，以便你了解如何改善自己的时间观。

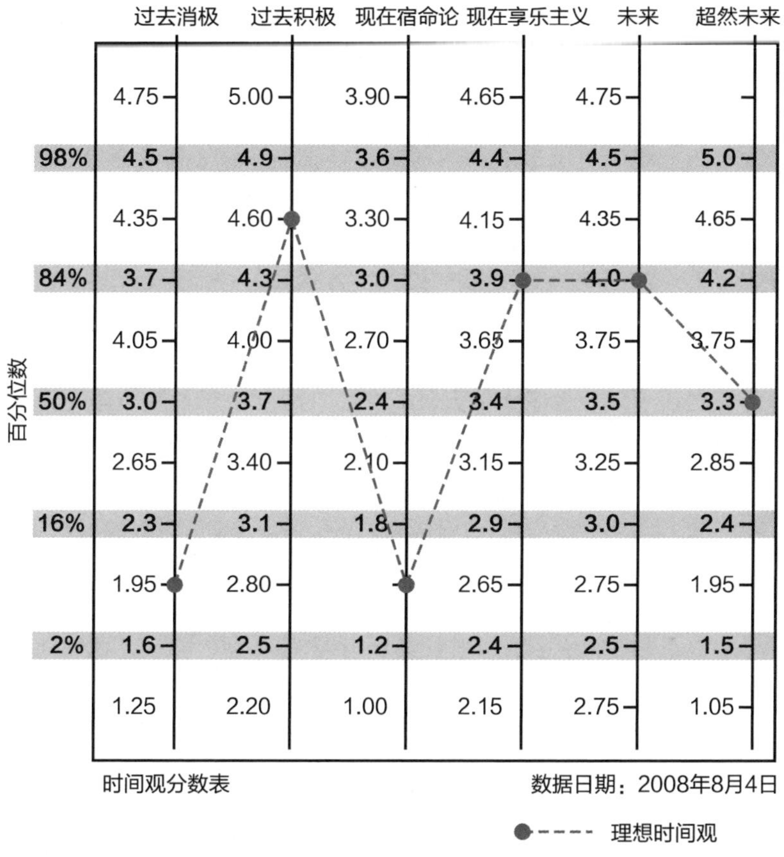

图 2-2 **津巴多时间洞察力量表和超然未来时间洞察力量表的平均分与理想时间观**

建立一种平衡的时间观

我们相信多数情况下，个体对时间的态度是习得的，并且个体对时间的反应源于无意识的、主观的态度。实际上，我们每个人都有一个极倾向于使用的时间观——我们过度使用其中一个时间观，而忽略了其他时间观，即使它们可能更适于在既定的情境下做出一个特别的决策。然而，我们发现，当意识到我们的时间取向后，我们可以采取一些行动改变它们，建立一种平衡的时间观。

我们将自己一连串的经历以时间为序进行分割，这令事件有顺序性和连贯性，并且更有意义。这些时间框架可能出现循环和重复，比如四季交替、日月变化、孩子的生日，或者那些非同寻常的生活事件，像亲人的祭日、交通事故发生日、战争爆发日。运用时间观来编码、存储、提取你的经历，来感知、感受并且生活，来形成期望、目标，来想象情境。

在工作和生活中，我们经常发现时间观扮演着重要角色。人们倾向于过分发展和使用一种特别的时间观，例如聚焦于未来、现在或者过去。虽然没有哪一种时间观一开始就是“更好的”，但我们还是可以看到它们的一些显著特征。

未来取向的人们往往更容易在职业上和学术上获得成功、保持合理膳食、坚持规律的锻炼，并按期进行预防性体检；现在取向的人往往愿意帮助其他人，但不愿意或者不太会帮助他们自己。大体上来讲，与未来取向的人们相比，现在取向的人们更容易参与冒险行为，如赌博、吸毒以及酗酒。对他们而言，参加锻炼、合理膳食、自我保养（如刷牙或者参加医生建议的常规性体检项目）都没有成为习惯。

因此，未来取向的人更容易获得成功而最不愿助人。具有讽刺意味的是，最有能力助人的人是最不愿意提供帮助的人。相反，现在取向的人较不容易获得成功但是更愿意帮助他人。同样有趣的是，那些最乐于助人的人或许是最不愿意帮助自己的人。

过去取向人群的情况更为复杂。对过去迥异的态度——积极或者消极——在每日的决策中扮演着重要的角色，因为它们与过去取向人群的积极或者消极观念如影随形。过去积极的人们通常比较友好、顾家并且乐于帮助有需要的人，不过主要是帮助一些熟悉的人；过去消极的人们则被牢牢困在了自我痛苦中，以至于他们通常不能给予他人或家庭、社区任何帮助。

如果这些特征听起来与目前你所知道的创伤后应激障碍类似，那么非常正确，拥有任何一种时间观的人群都可能因为创伤而被过去消极或者现在享乐主义的时间观牢牢困住。为了充分理解时间观对于那些患有创伤后应激障碍的人有着怎样的影响，我们再来回顾一下卡拉的经历：

在事故发生前，卡拉的时间观是现在享乐主义以及过去积极的。

像我们大多数人一样，她在生命中也经历过过去消极的部分，但是她克服了它们并且聚焦于她过去中积极的方面。她的未来，像她的现在一样，看起来很光明，但是不需要大量的计划。

在卡拉的创伤后应激障碍最糟糕的那段时间里，她的时间观包含了极端的过去消极及现在宿命论取向。她的思维强迫她将过去建构的所有积极的方面全部替换，她的未来也停滞不前了。

经过两个月的集中治疗（一周三次），卡拉的时间观又回到了以前。她曾受过的伤依然会让她感到痛苦，但是她已经重获了享受生活的渴望，并且十分庆幸自己拥有生命。她最近的津巴多时间洞察力量表分数显示，她在现在享乐主义上的分数已经有了显著提高，过去积极的时间观有了恢复的迹象，而且未来积极的时间观取向也有所增强。（注：在时间观治疗中，我们发现，像过去的时间观可以分为积极和消极一样，未来的时间观也可以进行区分。因此，我们将未来时间观划分为未来积极、未来消极和未来宿命论三种类型。）

在下一章中，我们将看到索德夫妇如何应用津巴多时间理论来治疗在战争中受过创伤的老兵，展示一种帮助创伤后应激障碍的患者走向光明未来的新方法。

小结

生活中的三个主观的心理时间范畴是：过去（曾经是什么），现在（当下是什么）和未来（将来是什么）。每一个这样的时间范畴都被下列因素着色和进一步区分：各种文化偏见、精神信仰，以及各种各样的希望和梦想、记忆和生活经历。

过去取向的人依据相同情境中消极或积极的记忆来做决策；现在取向的人则基于享乐或规避的原则快速采取行动，不考虑后果；未来取向的人基于对未来后果的推理评估、通过成本－收益推理来进行决策。

塑造人类看待世界方式的六种主要时间观是：

1. 过去积极的人聚焦于“曾经美好的日子”。他们可能保存相册、收集图片并且希望庆祝传统的节日。
2. 过去消极的人聚焦于过去出错的所有事物。“不管我怎么做，我的生活将永远无法改变。”
3. 现在享乐主义的人生活在这样的时刻里——寻找快乐、新奇和感受，并且逃避痛苦。
4. 现在宿命论的人认为决策都是无意义的，因为预定的宿命在生活中发挥导向作用。“世事不可强求。”
5. 未来取向的人为未来做计划，并且相信他们的计划终将实现。
6. 超然未来取向的人相信死后将有一个更好的时代到来，他们在整个人生中都在为死后做着计划。

津巴多时间洞察力量表使得我们可以对每个时间观做出精确的测量，形成一种独特的方法，去指出个体在每个时间观上与他人有怎样的不同。

现在轮到你了：有选择性的现在享乐主义

在一个安全的地方，找到一个舒适的位置，给自己不会被打扰的五分钟。

闭上你的眼睛，缓慢、有节奏地深呼吸。让你的身体随着每一次呼吸越来越放松。

完成了四次呼吸放松后，开始想象自己喜欢做的一些事情。如果说你经历过创伤并且不能让自己感到愉悦，那你可能需要回到创伤之前，回忆一些曾经带给你欢乐的事情。

现在，尽快给自己一个坚持这种选择性现在享乐主义活动的承诺，没有什么时刻比现在更好了！

如果说你已经有了某些障碍并且再也不能做那些曾让你感觉愉悦的事情，那么现在就到了发掘一些可以带给你愉悦的新鲜事物的时候了。可以是简单的事情，比如晒太阳，逛花店，与喜欢的人共进晚餐，编织，读好书，享受自然，抚摸爱犬。这些事情等待着你去挖掘。

第 3 章
时间观疗法

卡拉说：

时间观疗法的第一个疗程是漫长的，因为索德博士想要了解我们的夫妻关系。

一直都是巴德在说。他说，我们是一对恩爱的夫妻，并且喜欢一起做事……然后索德博士问我现在怎么样了。令我很震惊的是巴德告诉他，我就像一个陌生人，消沉、偏执，一点儿也不注重自己的形象。接着我感到一种羞耻感，因为他说我现在再也不想被他碰；我看起来不知道干什么才有趣，对什么都不在乎。听巴德谈论我过去的状态以及现在的状况，是我经历过的最难过的事情之一。我只能坐在那里静静地哭泣。卡拉变成什么样子了？以前的她去哪儿了？巴德和我能将她挽回吗？

像卡拉这样的创伤后应激障碍患者会陷入时间的困境中：他们认为过去发生的事情就在自己身后，让人恐惧不安。患者会想：未来正在朝我逼近，而我只能看到恐怖的过去在不断地重复。换句话说，还没有发生的未来已经变成一种糟糕的记忆。他们认为，如果自己因为过去太恐怖而不能回到过去，又因为美好的事情可能不会发生而不能前行，那么他们当然不能做出计划、采取行动，因为“我做什么事情都无关紧要，对我来说最安全的地方就是进退两难的这里”。

大多数传统的治疗方式为了使创伤后应激障碍患者对创伤脱敏，将患者带回恐惧之中或者让患者将现在的价值深深植根于过去的经验之中。这可能意味着（患者）要在过去经验的任何地方停留数小时、数周、数月乃至数年，从不同的视角观看自己的痛苦经验并得到自我解脱。正如我们所看到的，这感觉像是酷刑，且似乎效果有限。

时间观疗法采用一种与众不同的方式进行情绪和心理康复。我们认为“你要到达的地方比你已经去过的地方更加重要”“你的过去不是你的潜质——你的未来才是你的潜质”。我们以点明他们心灵的创伤并给予其应有的尊重为出发点，但是我们不会停留在那里。相反，我们追溯到更远的时间，从患者的过去中收集积极的勇气，从而使他们发现自己在遭受创伤之前的样子。然后，我们回到现在，帮助我们的来访者找到能够享受即将到来的每一天的方式。最后，我们继续朝着平衡的时间观和更加光明的未来全速前进。

时间观疗法的疗效需要多长时间才能出现

理查德·索德说：

所有的来访者都想知道在他们感到好一些之前要花费多长时间。这是一个再正常不过的问题！我们的一些创伤后应激障碍来访者已经承受这种煎熬长达 70 年了。对于其他人来说，这种煎熬可能只出现了几年，或者仅仅几个月。但到目前为止，他们所有的尝试都不大有用，因此他们感到非常绝望。

有时会发生这样的情况：一个自觉、有决心的来访者能够领悟时间理论（Temporal Theory，TT）的基本原理，能够理解时间观疗法是怎样运行的，并且在一个疗程内学会了平衡自己的时间观。我们遇到过一些这样的来访者，他们备受鼓舞，他们学会了平衡自己的时间观，并且继续前行。我们也可能在诊疗室外遇到他们，并且发现他们适应得很好。但令人遗憾的是，这种情况是非常罕见的，尤其是那些患有慢性的、严重的创伤后应激障碍的来访者。

在实践中，我们已经发现，来访者获得关于时间理论的实用知识，并将这些理念应用到他们的生活中，一般需要 4~8 个疗程。然而，这个过程也可能需要更多的疗程和更长的时间。这取决于来访者的创伤后应激障碍的严重程度以及他们对变化的抵抗力。

时间观疗法的基本原理

不管来访者参与治疗的原因是什么，时间观疗法的基本目标都是相同的，那就是获得一个平衡的时间观。但是，这可以通过不同的方式来实现。这一历程长短不一，它可以通过个性化的设置来适应治疗师和来访者的情况。

时间观疗法是一种从认知行为疗法中演变而来的、目标明确的谈话治疗。与认知行为疗法一样，时间观疗法使来访者和治疗师之间保持一种积极的、互敬的联合治疗关系。就所有的治疗关系而言，治疗师和来访者之间的信任是必不可少的。患有创伤后应激障碍的来访者必须相信他们的治疗师，要知道，他们要把与自身相关的那些非常敏感、痛苦和可怕的信息，吐露给他们刚刚认识的一些人。来访者希望感受到被倾听和理解，而不是被审问。所以，建立一种信任关系是非常必要的。

在时间观疗法的过程之中，我们会与来访者一起做到：

理解时间观本身，理解时间观建构我们的自我观念和自我潜力的方式。

尊重创伤。我们认为这是很重要的事件，不应被忽视。

认识到创伤后应激障碍患者是精神上受创伤，而不是患有精神障碍。

学会自我放松行为，包括呼吸训练和可视化训练。

强化过去的积极方面。尤其是针对创伤后应激障碍，我们希望最终能够淡化过去的各种消极影响。

鼓励健康的现在享乐主义。我们鼓励特定的活动，这些活动令人愉快、安全可靠、没有生命危险。

鼓励亲社会行为，通过在一个轻松的小组环境中进行社会互动，将创伤后应激障碍患者带回健康的人际关系之中。如果可能的话，家庭成员以及其他重要的人也会被邀请参与治疗。

为了积极的未来和更美好的未来，帮助他们制订并执行一系列短期或长期的计划。

我们和每一个来访者都紧密合作，在整个治疗过程中进行随访和记录。如果该来访者已经完成治疗，在看到他外出或将要外出参与社区活动、社交或购物时，我们会寻找机会进行记录。当以前的来访者将家庭成员、朋友或同事带来治疗的时候，我们经常有机会进行随访。

以下步骤概括了时间观疗法的治疗过程，进一步解释了刚才提到的要点。

第一步：认识时间观

能够认识时间观以及时间观如何决定个体看待生命和生活的方式，是时间观疗法成功的关键。因此，这是我们治疗来访者的起点。这个简单的概念既具有启发性又简单易懂，是来访者理解自身行为的一种新方式。

我们解释说，一个人要么放弃一些时间观（她过去积极的、现在享乐主义的、未来积极的），被困在一种或两种时间观（如过去消极的或现在宿命论的）之中，要么在所有三种主要的时间区之中保持平衡。一个大体上平衡的时间观通常会让情绪更健康，所以，这就是我们的治疗目标。根据我们的经验，对来访者而言，针对他们的时间观开展学习、理解和讨论，比针对他们的临床症状更有帮助。讨论过去的消极事件比讨论焦虑和抑郁更轻松，而且更容易被接受和理解。我们认为，他们的问题不属于精神病学领域的精神障碍，而是日常生活中需要解决的个人问题。

接下来，我们解释一下津巴多时间洞察力量表。它是一种用来测量个人时间观的心理学研究工具。我们可以用它来测量来访者的时间观。进一步说，我们认为，当一个人学会去理解自己的时间观以及他人的时间观的时候，他的生活质量就会提高，情绪受损程度也会显著降低。

对于创伤后应激障碍患者而言，消极的过去是他们的一切。他们清晰的、反复的记忆和梦魇，使过去比当前发生的任何事情都更加真实。鉴于此，我们专注于帮助他们进入更有希望的时间观：过去积极的时间观、有选择性的现在享乐主义时间观以及未来积极的时间观。我们专注于设定目标，为完成这些目标而做出明确的计划，执行这些规划，并且使他们生活中的那些重要人物参与进来，帮助来访者完成这些计划。

最近，与索德共事的一个股票经纪人用股票术语理解了这个概念。他说："是的，我明白了。克服过去损失的唯一方法就是保证未来的收益。"一个喜欢钓鱼的人也许会说："如果没有得到你想要的，你可以索性不在这儿钓了，把船划到一个更好的钓点。"不管你用什么比喻，努力地享受当下，努力地获得积极的未来，都代表着能够战胜消极过去的强大动力。

创伤后应激障碍、焦虑和抑郁的时间观特征

患有创伤后应激障碍的人遭受着创伤、抑郁和焦虑的三重折磨，他们也在某种程度上共有一种特殊的时间观特征。不得不说的是，没有经历过创伤或焦虑障碍的人可能患有抑郁症，没有经历过创伤或抑郁症的人也可能患有焦虑障碍。然而，我们在工作中已经发现，患有创伤后应激障碍、焦虑障碍和抑郁症的人有一种相似的时间观特征。以下是从他们的津巴多时间洞察力量表得分中总结出来的结论：过去消极的时间观强、过去积极的时间观弱、现在享乐主义的时间观强或弱、现在宿命论的时间观强、未来的时间观弱。

第二步：时光倒流

第一个疗程与建立密切的关系相关。治疗师解释创伤后应激障碍的构成、时间理论以及时间观疗法的基础知识。在解释时间理论以及时间观疗法的过程中，许多来访者都有一个“啊哈”的时刻。他们发现创伤已经使他们失去了平衡，并且导致他们朝着过去的方向看。当他们发现时间观疗法的最终目标是让他们渐渐地掉过头来，能向前看，并朝着未来开始旅程的时候，他们通常会发现一线希望。然而，首先我们必须回到过去，解开来访者心中的枷锁，让他们能面对现在的问题：我们需要去聆听来访者的故事。

无论时间观治疗师的方法或者来访者的目标是怎样的，我们都要从来访者接受治疗的原因（即导致他失去平衡的创伤）开始。一旦来访者对时间观治疗师产生好感，他们就会开始分享他们的故事。来访者的故事占据了第一个疗程的剩余时间不是什么新鲜事。这不仅取决于创伤的严重程度，而且取决于来访者的创伤后应激障碍的严重程度。如果来访者经历过与伤害别人有关的极度创伤，可能需要几个疗程才能完整地叙述他们的故事。

还有一些来访者将他们的故事简化，可能是因为他们觉得自己和亲人已经遭受太多折磨；是因为他们习惯了快速推进式描述；或者是因为他们太不舒服或者太过陷入抑郁情绪，以至于他们不想去详谈那些创伤。这些来访者告诉时间观治疗师的故事，包括他们的创伤，通常是克里夫笔记式的事件缩略版。

重新讲述经历过的创伤会让来访者感到非常难过，这是可以理解的。因此，在治疗阶段的末期，治疗师会告诉他们几种简单实用的方法——简单的呼吸技巧、让人放松并且可视化的光盘或视频等。前者用来帮助他们保持镇静并集中注意力，后者用来帮助他们应对在治疗过程中被激起的各种感觉和情绪。每天都重复练习上面提到的呼吸技巧，有助于来访者养成行为习惯。来访者可以使用这一技巧来保持镇静，从而更好地应对焦虑。

罗斯玛丽的观点：时间之河

罗斯玛丽写道：

我们经常与来访者分享一个叫《时间之河》的视频，这个视频以时间观疗法为基础，并且包含一种以放松为目的的简单呼吸技巧。我们发现，这个简单的隐喻对患有创伤后应激障碍的人来说是有意义的。

我们的生活就像一条奔流入海的河流一样，在其特有的河道中行进——在我们走向目的地的过程中时而猛冲，时而徘徊。就像一条河流卷起并携带各种各样的东西——砾石和鱼、发光的硬币、丢失的鞋子和陈旧的情书、被随意丢进河道的废旧油漆桶——一样，我们携带了我们的生活经历：自然的里程碑（学会走路和说话）、幸福的时刻（坠入爱河、孩子的出生）以及悲剧和创伤（战争、事故、性侵犯）。所有这些经历（寻常的和不寻常的、美好的和痛苦的）成就了我们。

有时，一块巨石可能被抛入小溪中，阻断了水流，迫使我们解决问题。但是，当我们渐行渐远时，我们注意到，这些看似不可撼动的物体已经成为过去，未来也没有了阻碍。回头望去，这些巨大的障碍变得越来越小。我们知道它们还在那里，但是我们会继续前进。

即使我们的时间之河已经被有毒的创伤污染至接近断流，希望也是存在的：就像一条曾经被污染的河流可以再次清澈地流淌一样，我们也能被时光的流逝以及他人的帮助所净化。

当把“痛苦的循环”放到时间理论的框架中时，我们有时会讨论把它叫作什么（见图 3-1）。痛苦的循环要么从过去的创伤开始，要么从现在的消极的想法开始。这些消极的想法以对复发或创伤事件的恐惧的形式被投射到未来中，然后又以一种未来消

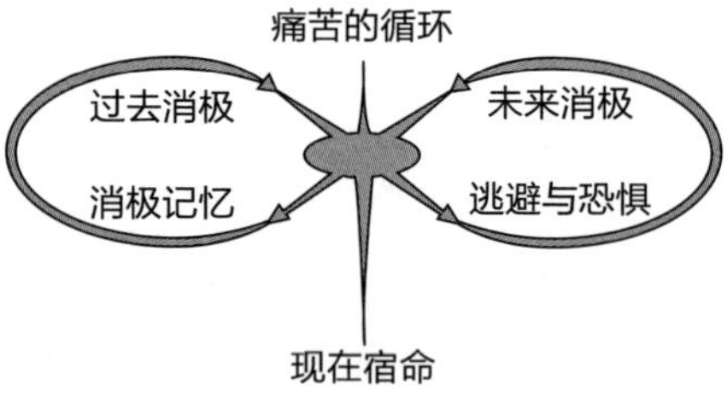

图 3-1　**痛苦的循环**

极的时间观的形式回到现在。这些消极的想法从那里自动转变成过去消极的时间观，这个转变又反过来强化了困住我们的地方——消极的过去……然后又回到现在，痛苦的循环永无休止。这种消极的循环使消极的人精疲力竭，他们被迫一次又一次地体验它们。

第三步：心理测试

在治疗的初期，来访者会进行一系列心理测试。这些测试包括：创伤严重程度的测试（使用创伤后应激障碍量表普通人版或创伤后应激障碍量表军人版）、抑郁症测试（伯恩斯抑郁症清单）、焦虑障碍测试（伯恩斯焦虑量表）以及津巴多时间洞察力量表测试。治疗师参与这些测试的评分，并在接下来的疗程中与来访者讨论。尤其是津巴多时间洞察力量表，给我们的时间观治疗工作提供了所需要的信息。

认识津巴多时间洞察力量表：精神障碍者得分和情绪健康者得分

图 3-2 向我们展示了两种时间观特征：精神障碍者得分（用圆点表示）和情绪健康者得分，即理想时间观（用五角星表示）。这很容易阅读，只需找到表格上方的六种时间观，观察五角星或圆点在每条垂直线上的落点（垂直线代表每种时

间观从低到高的得分）。

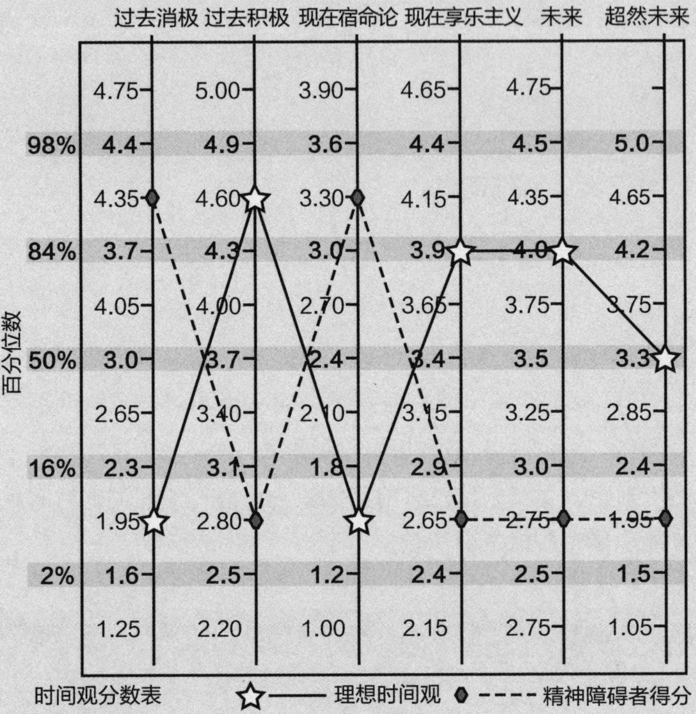

图 3-2 **精神障碍者的时间观与理想时间观**

左侧的百分位数代表了占总参与者人数的百分比（津巴多最初研究中的参与者）。换句话说，每一个时间观（过去积极、过去消极等）在 50% 处的数字代表了所有参与者的平均分。这类似于学校里的成绩。每条时间观垂直线上的数字被称为“原始得分”，这些分数是那些参与最初的津巴多时间洞察力量表研究的人的成绩。例如，过去消极的时间观的数值为1.25~4.75。在图中标注你的得分以了解你在特定时间观内所处的位置是低、中还是高。

精神障碍者和精神健康者的差异就像黑夜和白天之间的差异。一个人可能会感到被笼罩在黑暗和绝望之中，另一个人可能沐浴在温暖的希望之光中。

精神障碍者

图中的圆点描述了精神障碍者的时间观特征：

过去消极的时间观强：“我被过去所困扰。”

过去积极的时间观弱：“未来没有什么是美好的。”

现在宿命论的时间观强：“什么都不能改变我的命运，所以我放弃了。”

现在享乐主义的时间观弱：“我现在的生活没有什么是美好的。”

未来的时间观弱：“我逃避未来并且恐惧它。”

超然未来的时间观弱：“当我死亡的时候，也就一了百了了。”

这个时间观特征描述了很多创伤后应激障碍患者。他们过度思考并夸大了过去的糟糕经历，并且贬低了所有过去美好经历的重要性。他们坚信没有办法改变自己对于过去的看法，以及现在和未来的经历。事实上，未来看起来就像是对过去糟糕经历的重演。他们的宿命论意识促成并延续了他们的抑郁感、焦虑感和创伤感。

精神健康者

图中的五角星描述了精神健康者的时间观特征：

过去消极的时间观弱："那些发生在过去的我身上的事情没有那么糟糕。"

过去积极的时间观强："我喜欢回想过去。"

现在宿命论的时间观弱："如果我努力，我会做得更好。"

选择性的现在享乐主义的时间观强："我热爱生活，我热爱那些属于我的其他事物。"

未来的时间观较强："未来是美好的。"

超然未来的时间观适中："有来生，这很美好。"

拥有这种时间观特征的人生活上协调有序。他们品味着那些积极的经历，而不是去关注他们过去的糟糕经历。他们认为有付出就有回报，并且喜爱他们现在正在做的事情。未来是光明的，他们还考虑甚至可能期待来生。具有消极的“圆点”的人会随着时间的流逝逐渐颓废，而具有积极的“五角星”的人会变得越来越积极且不断前进。

第四步：讨论现在

在接下来的疗程中，我们通常可以开始讨论来访者的症状（梦魇、闪回、侵入性回忆或思考、逃避、孤独、愤怒和易怒、过度警觉或偏执狂、睡眠剥夺等）。了解他们的创伤以及随之而来的抑郁和焦虑是怎样影响他们以及他们身边的人的生活，是一种具有启发性但有时令人心烦的实践。我们总是帮助他们认识到，他们是受到了精神创伤而不是得了精神障碍。

我们已经发现，帮助创伤后应激障碍患者克服过去的创伤，最好的办法就是鼓励他们展望更美好的未来。这可以通过设定目标以及找到完成这些目标的具体手段来实现。相应地，这也促使他们产生对未来的持续感和安全感。然后，让他们参与到一个可视的叙事中，这个叙事是一种时间隐喻，将当前正在经历的消极方面，与他们在想象中可能发生的积极方面做对比。

首先，我们要求他们去想象有一只脚陷入了过去的流沙中，而另一只脚陷在现在宿命论的泥潭中。如果没有能够帮助他们脱离流沙的东西，宿命论的观点就是合理的。在这种失衡的状况下，他们的情绪也就被固化了。

一开始，他们所要做的全部事情，就是把那只陷入流沙中的脚从过去中拔出并放在未来坚实的地面上。

然后，他们需要把另一只脚从现实宿命论的泥潭中挪走，并将它放在更加坚实的享乐主义地面上。于是，他们找到了坚实的立足之处。

当他们能够感受到脚下的地面正变得坚实时，我们要求他们通过制订一个简单的计划朝着未来迈出一小步。

随着他们发现向前的每一步都不断地让他们走到坚实的地面上，他们开始看到前方真实的未来。

这个形象化的描述似乎对来访者中的退伍军人格外有效；当然，这些军人所受的创伤尤其残酷。我们也可以从过去美好的积极事物着手，这样可以更好地进行治疗工作。他们所有的美好往事一直在这里等待着我们再次经验。

我们的大多数非退伍军人来访者遭受着情境性的或者间接性的创伤，例如机动车事故、工作事故、被强奸以及抑郁和焦虑（通常是由于失去某些东西而导致的，比如亲人去世、失业、投资亏损或健康危机）。我们发现，了解他们在经历情境性创伤之前的性格是至关重要的。我们仔细考察创伤事件怎样改变了他们的思想、感情和行为，以及如何影响他们生活的各个方面。尽管他们的生活可能已经永远改变，我们还是建议他们找回创伤之前的自我，而不是让创伤夺走生命的色彩。通过找回他们以往的美好回忆，我们希望帮助他们创造一个更加光明的未来。

这些来访者表现出创伤后应激障碍症的症状，也意味着他们的人际关系遭受过一定的损害。每一段关系都要逐一进行诊察和谈论。通常，我们要回顾创伤前的关系，来访者会分享他们创伤前关于他人的观念、情感和情绪。然后，我们会谈论目前的人际关系，这种关系经常会引发当事人的内疚感和逃避反应。对来访者来说，叙述这种关系会是一个非常痛苦的过程。通常，大多数患有慢性的、严重的创伤后应激障碍的来访者，会深深陷入抑郁和焦虑情绪中无法自拔。经历创伤的他们，生活里只剩下创伤留下的黑洞，再也容不下其他任何人或任何事。不过，迄今为止，我们还没有遇到不愿意改善自己被创伤破坏的人际关系的创伤后应激障碍患者。

这种情况下，我们常常会安排一场与来访者的重要朋友或亲人的会面，以让他们了解创伤后应激障碍以及这种疾病对他人的影响。这种会面类似于来访者治疗初期的时间观疗法会面，会对创伤后应激障碍、时间理论和时间观疗法的作用机制进行简短解释。来访者可以自主选择是否参加这些会面。有时来访者会参加会面的第一阶段，然后请求离开，因为对他们来说，倾听自己所爱的人描述自己的创伤后应激障碍的症状和行为，是非常痛苦的。

如果来访者觉得在家人面前谈论自己的问题比较自在，那么我们会非常期望他们的家人与来访者一起参加接下来的时间观疗法治疗阶段，以便他们的家人在来访者的治疗过程中起到协助作用。

以下是一位叫埃弗里斯特的伊拉克战争年轻退伍军人，讲述的自己早期接受时间观治疗的经历（他的故事会在下一章里进行详尽的描述）：

第一个疗程我记不大清了。我知道我说出了一些应激源以及一些引发闪回的事情。但是谈论那些“疯狂”想法仍然让我感觉不舒服——想象杀死惹恼我的人的方法和自杀的手法……那些想法我后来才说了出来。我与索德医生约定每周进行治疗，同时与露丝医生预约写下我的经历。她会与我会谈，把我在伊拉克的创伤经验写下来，并准备一份由索德医生提交给美国退伍军人事务部的报告。我当时的感受是：这些人想要帮助我。

我和露丝的第一次会谈是一场长达三个小时的情绪马拉松。我认为治疗师应该是铁石心肠的，但是当我谈到曾经的我是怎么样的，而我“现在”又是怎样的时候，露丝的眼中充盈着泪水。我想，为什么她能感觉到，我却不能？然后我把伊拉克发生的事情告诉了她。在她打字记录我所说的内容的时候，泪水也顺着她的脸流了下来。我感觉我的脸颊也湿润了——我在哭。能哭出来、知道我还能哭出来、知道我还能感受得到……令我如释重负。

在接下来的一次和索德医生的会谈中，他讲解了创伤后应激障碍是一种精神创伤，而不是精神障碍或者疾病。不知怎么的，这使得我感觉好些了。很明显，通过谈论我在伊拉克的创伤经验，我已经迈出了治愈的第一步。我们谈论了未来的目标，我告诉他，我的主要目标之一是摆脱药物。他还给我推荐了另一个目标——对未来怀有一些希望。我认为这是个好主意，但是对我而言，未来看上去非常黯淡。

我和露丝开始了第二次马拉松式的会谈，但是不像第一次那样情绪化。自从第一次会谈结束，我已经在网上查找了创伤后应激障碍的症状。当她问及有关我的睡眠模式、我有没有回避别人和特定的情境或者场所、什么会让我生气、我的工作情况、我与家人关系的问题时，我并没有感到惊讶。然后她问我是否介意我父母和她或是索德医生见面，以便他们了解创伤后应激障碍。她说尽管我是她和索德医生的关注中心，但是他们也关心我的家人如何应对这个问题。我告诉她我对此没有意见，所以她将见面定在了下周。

在我和索德医生的第三次会谈中，他给我做了心理测试，并且解释了我遭受的创伤、抑郁症和焦虑障碍是如何从严重变成极度严重的。这不奇怪。他认为我的愤怒属于A型行为。我的大学学习让我知道那是什么，并且清楚地知道他在谈论什么。我们马上着手矫正我的行为，从放缓我的呼吸开始。无论在什么时候，只要我开始感到生气或者沮丧，我都会这么做。我会放慢我的动作，放松我的肌肉，降低我说话的音调和音量，并且深思熟虑，而不是用我在伊拉克时所使用的方法，以军事化的方式做出反应或者过度反应。这是些简单的事情，但是当你正要失去控制时，就很难做到了。但是那天，我对自己发誓要更多地注意我的行为。我已经不在军队里了。

我妈妈与露丝见面，我爸爸和姐姐则与索德医生见面。在他们见过面之后，我妈妈告诉我，她对创伤后应激障碍和它是如何影响家里每个人的有了很多了解。这让我感到内疚。我猜我表现出了内疚，因为我妈妈拥抱了我，并且说："这不是你的错。"我没有告诉她，我感觉自己在某种程度上认为那是她和我爸爸的错，因为我入伍、经历那些可怕事情以及我改变，都是因为他们赚不到足够支付我上大学费用的钱。我知道这是不合理的，可我忍不住那样觉得。但是我什么也没说。

自从我回家，我对我姐姐的态度很差——我尖酸刻薄，我姐姐一被关心，我就怒发冲冠。我已经变成了让自己讨厌的欺凌者。我让她感到如此可怕，以至于她搬出了家。但是在和索德医生见面后，她又搬回来了。她说她越来越能理解为什么我的举动会失去理性了。我告诉她我正在努力，她说她能看得出来。我们彼此原谅了。我爸爸——他非常爱我，我是知道的！我知道！他一生都想把最好的给我，但是我搞砸了。在他见过索德医生之后，他朝我走来，给了我一个最大的拥抱。我那疲倦的、封闭的心敞开了——完全敞开了。

第五步：规划未来

一旦把所有的秘密（过去的消极经历）讲出来，并且对它们的表现形式（现在宿命论行为和一些选择性的享乐主义行为）进行了审查，就是时候把它们放下了。我们会先做一些短期打算，然后进行长期规划，以创造一个更加积极美好的未来。

在接下来的每次会面中，我们会先重点解决一些最近的问题，从过去的消极经历中吸取经验，着重强调过去的积极经历。我们将讨论怎样解决这些问题，或者如果事情并没有那么顺利的话，怎样才能更好地处理这些事情。

接下来，我们会谈论日常的紧急问题并制订解决方案。我们会给来访者布置作业，这些作业是他们在进行会谈治疗以外必须要做的事情，即尝试新的行为模式——在“我必须做，这是他们让我做的，这是我的任务”的前提下进行。

然后制订下一天的计划，下一周的计划，下一个月的计划……直到我们为遥远的未来拟定出一些积极的规划。这些未来的积极规划必须涵盖一些选择性的现在享乐主义，以打消目前困扰很多治疗者的宿命论想法。这些“有趣”的事情可以是任何形式：面部护理、修脚、按摩、看喜剧电影，或是与孩子在公园轮流荡秋千。

以下是卡拉进行时间观疗法治疗的过程：

我接受不同的治疗——我不仅接受物理治疗，也进行时间观治疗——每天我都能感觉更好一点。我第一次感到自己被人理解了。

在治疗的前期，我们的焦点集中在把不幸留在过去。在一次治疗中，索德医生带我使用了谷歌地图，俯看了车祸现场。他陪我经历了车祸的每个阶段，直到我最终住进医院。我开始能够从不同的角度理解发生的事情。

在早期的另一次会谈中，索德医生说想把治疗重点从我正遭遇的问题转为我要怎么做才能让生活回到正轨。自从车祸发生，由于我所受的伤，我几乎放弃了所有的事情——比如支付账单，购买日常用品。又由于深陷宿命论无法自拔，我感到无比抑郁和沮丧，没有心情做任何事情。

索德医生告诉我不要被琐事压倒，并教给了我一次只做一件事的方法——把自己想要完成的事情列一个清单，每天完成一件事。我立刻开始列清单，每完成一件事，就把它从清单上划掉。这时，我会感觉很好。当然，总有更多的事情需要添加到清单上，但是我学会了有效掌控各种事情，这样，事情就不会越积越多，以至于把我压倒。

我们都努力地让我接受现在的自己，而不是与过去的自己做对比。这真的很难。我厌恶车祸后的自己。我以前是多么积极活跃啊——我可以做任何事情，去任何地方。如今我伤痕累累，遭受着可怕的痛苦。索德医生让我意识到，尽管我可能再也回不到过去的样子，但早晚会成为一个更优秀的人。他告诉我未来会比过往的痛苦更加美好，不要让对未来的期望依附于当前的苦痛。他教我制订计划以改善自己的身心状况——首先要锻炼身体，其次与巴德进行更好的沟通，然后预约医学专家来帮助自己慢慢走出病痛。

我们谈到了防卫性驾驶以及如何避免将来的车祸。自车祸发生以来，我一直害怕再次发生车祸。索德医生让我制订一个计划以避免发生车祸，而不是专注于恐惧感本身。我了解到开车时要学会防患于未然，刹车或在车流中停下来时要时刻留意后视镜。索德医生告诉我要时刻准备好应急计划，以防有人没能刹住车。如果我的车被撞了，我要把脚从刹车上移开，头向后靠在防撞弹性头枕上，把前轮转向自己想躲的方向。

只有我的紧张情绪消除了，医生们才能弄清我的其他身体创伤。我的痛苦回忆正在随着过往的经历渐渐消逝。

来访者有时会走弯路或者偏离正道，这是一个已知的事实。他们往往花费太多时间回顾过去，而不是专注于未来的事情。这时，我们就会按下“暂停”键，检查来访者的行为模式——也就是说，他们偏离正道的原因和方式。然后我们会按下“复位”键，仔细研究他们可能会怎样处理不同的情形，并取得更多积极

成果。一旦回到正确的道路，我们就会全面按下“播放”键，让来访者重新踏上通向美好未来的征程。

第六步：活在当下，精彩无限

后续的心理治疗结果告诉我们，当创伤后应激障碍患者不断想起过去的积极回忆，而不是消极回忆时，我们的治疗工作就完成了。他们则会完成对未来的积极规划，并且过好当前的生活，在享乐主义的影响下享受人生。

伴随着认识和决策，幸福循环（见图 3–3）开始了。积极的想法或态度以希望和梦想的形式投射到未来，这将会增加以积极的视角看待未来的概率。一旦来访者按照这种想法行事，并且结果被证明是积极的，就会使来访者回到现在，自动形成美好的记忆，并且以积极的视角看待过去。这种能力会让现在更加充实、完整。

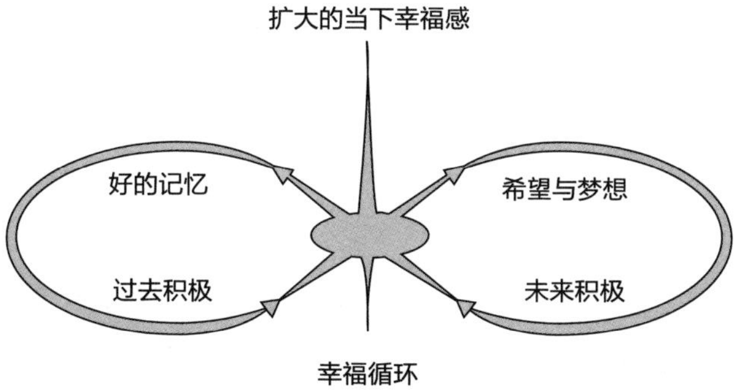

图 3–3　**幸福循环**

确立平衡的时间观

时间观疗法的目标是帮助来访者确立一个平衡的时间观。对于创伤后应激障碍患者来说，过去的消极经历远远压过当前或未来，像跷跷板上的大象一样，让整个体系失去平衡。

最佳时态法包括所有时间范畴：

过去为我们打基础。它是我们的根源，把我们与自己的身份和家庭联系在一起。

未来给了我们飞往新目的地的翅膀，让我们接受新的挑战。

现在为我们提供了探索自身世界（内部和外部世界）的源源不断的动力。

还记得第1章的图1–2（那幅过去的包袱压倒跷跷板的图）吗？如今，读者已经对时间观疗法有了一定的了解，在这种背景下，我们再来看一下这幅图。

现在是过去和未来的平衡点

正如图1–2所示，现在是过去和未来的支点——平衡点。

现在是可以使过去和未来取得平衡的支点。我们只能在现在采取行动，然而行动的后果并非只影响现在。立足现在，我们可以为未来制订计划，让过去回归平静。一个人如果在现在更加积极活跃，那么过去似乎就不再那么消极，未来看起来也更加充满希望。

精神障碍会让平衡的天平倒向消极的过去

图示中精神障碍的部分证明过去的消极回忆远超过对美好未来的希冀（见图 3–4）。在这里，过去的消极回忆被塞入垃圾桶，过分溢出，杂乱无章。时间的天平在平衡点（即现在）停滞——过去的经历过于沉重，以至于未来根本找不到一席之地，更不用说寻求平衡了。事实上，未来成了一堆问号。

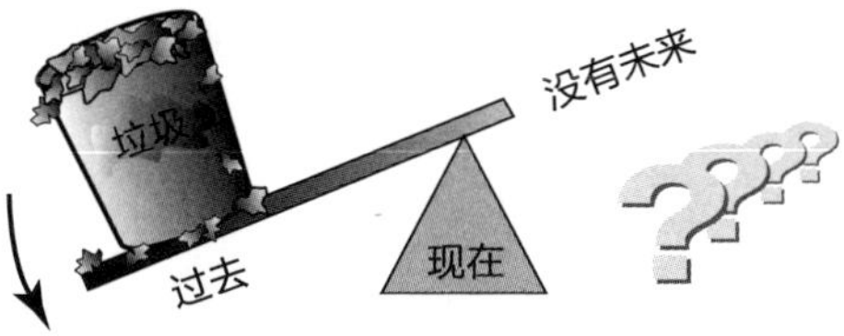

图 3–4　**精神障碍**

时间观疗法延展未来的希望

随着时间观疗法慢慢取得进展，一些事情得以改变：过去的消极回忆被整理、放入一只更容易支配的手提箱——我们人人都有行李，但没有必要随身携带全部家当（见图 3–5）！时间的天平延伸向更远的未来——事实上，到目前为止，我们可以看到一个积极、充满希望的目标开始与过去的消极回忆形成平衡。我们正在形成平衡时间观的道路上稳步前进。

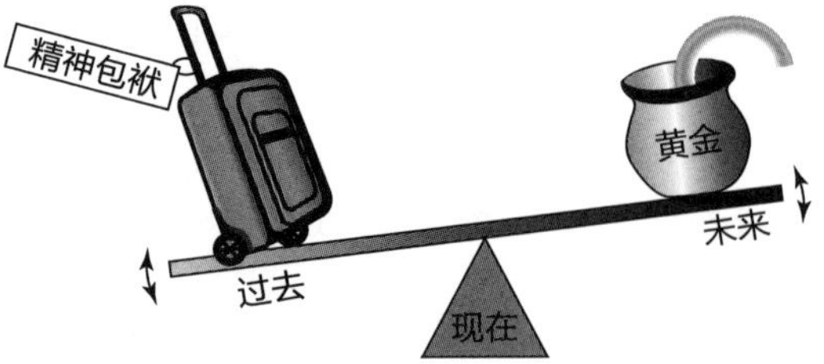

图 3-5 **进步中的时间观疗法**

平衡的时间观：过去、现在和未来协同合作

在平衡的时间观中，一个更加积极的过去和未来需要现在的支撑（见图 3–6）。随着未来的目标变成现实，精神健康会得到改善。过去的积极回忆再一次成为触手可及、更加生动的记忆，让消极回忆变得不再重要。在这个高度让人满意的状态下（充实或完整的现在），我们认识到过去的积极关系和经历，并且期待未来为我们每个人准备的神秘礼物。我们明白这种平衡会从制订并践行生活计划中发展。

理查德的观点：帆船比喻

理查德写道：

我有时会用下面的例子来解释平衡过去的消极回忆

与未来目标的道理。当帆船过于倾斜、水开始涌入时，我们害怕自己的小船会沉没。我们的本能就是冲向水最深的地方，开始排水。然而这样做是完全错误的！额外的重量只可能让船倾斜得更厉害，让更多的水涌入，让船完全倾覆。

水手们都知道一个更为有效的策略：当船的一边开始进水时，需要移向另一边以保持平衡。一旦船恢复平稳，涌入的水就会重新分布，变得更容易处理。这时，就可以开始安全地排水，而且水甚至可能会随着船前进的冲力从船尾自动排出。

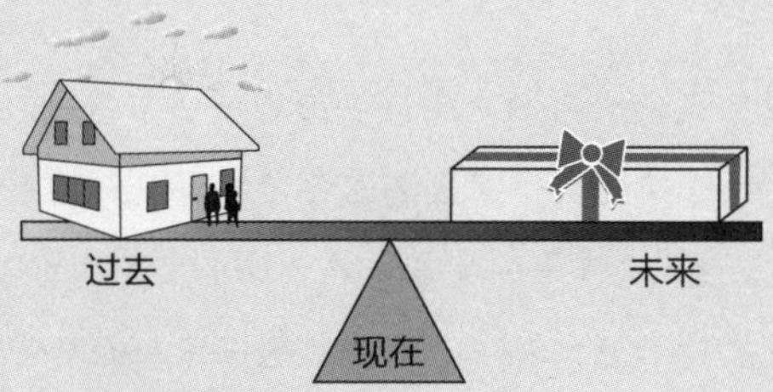

图 3-6 **平衡的时间观**

亲社会行为：家人和朋友

创伤后应激障碍患者会感到痛苦、愤怒和绝望。他们会觉得自己的行为使他们与社交圈渐渐疏远，这让他们感觉更糟。所以，患者会倾向于把自己孤立起来，就不足为奇了。因此，鼓励患者的亲社会行为对他们恢复健康至关重要，有助于他们了解现在是极其美好的。在时间观疗法中，我们鼓励患者保持健康的友谊和家庭关系，以及其他亲社会行为。

同类群体对治疗的帮助尤其大。在对退伍军人的初始治疗中，我们发现，这些退伍军人与战友的友情与在军队时一样，这是治疗的一个重要组成部分，而且定期参加社交聚会加强了他们对美好未来的向往（下一章会讨论这是如何发生的）。我们认为伊拉克退伍军人埃弗里斯特就在与二战退伍军人的社交中受益无穷，尽管这些二战退伍军人比埃弗里斯特更老。埃弗里斯特回忆说：

索德医生把我们的第四次会谈安排在一个节假日。当我到达他的办公室时，他说要带我去一家快餐店吃早餐并见一些特别的人。由于我比较饿，便欣然同意了——尤其是在索德医生买单的情况下。我们抵达快餐店时，有 10 位原二战 442 军团的退伍军人正围坐在一张餐桌边。索德医生向这群接近 90 岁高龄的退伍军人宣布：“先生们，这位是埃弗里斯特，他是 442 军团的新人！”这些退伍军人立即欢呼起来。大家纷纷站起来，与我握手。大家都笑得合不拢嘴，我也是。其中一位退伍军人告诉我，我是他们 442 军团成立 65 年以来首位新成员。在了解到我的家人仍然很爱我并且尝试理解我之后，我觉得这是我从伊拉克回来后最好的时光。

我们也让一小组参与时间观治疗的寡妇进行了互相介绍，并且发现她们是对其未来规划最优秀的宣传家。但是，小组成员不必完全匹配，也不必持有在进行“小组治疗”的想法。从心理学角度来说，小组会谈是为了让治疗者有亲社会经历。例如，在退伍军人组的例子中，他们只是在一起简单地交谈、欢笑、享受美食。几乎完全没有与退伍军人交流经历的卡拉也从社交会谈中受益匪浅：

在我接受治疗大约一个月后，索德机构的工作人员问我周三下午是否愿意参加一个在他们机构举行的退伍军人见面会——主要由越南战争退伍军人、海湾战争退伍军人和伊拉克战争退伍军人组成。他们担心我除了进行药物治疗和来办公室接受时间观治疗，没有其他的事情可以做。自从巴德离开后，如果不是进行治疗，我很可能会待在家里看电视。他们知道我主要与男性一起工作，认为与一群男人待在一起可能会让我振作起来。

嗯，我可以肯定地说，第一次见面，我感觉自己得到了认可！那些退伍军人纷纷与我拥抱，让我觉得自己就是他们中的一员。而且那些女士——她们还能做饭！我参加了几次退伍军人见面会，离开前，我想为这些出色的退伍军人做些事情，于是，我给他们每个人都做了印第安捕梦网——一种在圆环上编织的网状物，意在阻挡噩梦、留住美梦。当我把其中一个捕梦网递给一位越南战争退伍军人时，他说：“现在，我可能不会再做那么多噩梦了！”他的话让我不禁悲喜交加。

计划美好未来

对那些长期活在过去和现在的创伤后应激障碍患者来说，计划一个美好的未来意味着做长远打算，为自己和自己爱的人做打算。开始时，他们会本能地让过去的消极回忆破坏对未来的美好愿景。因此，我们会让他们专注于过往的成功，把它们当作可以用来铺设自身道路的石块，在设计和确定这条道路的过程中确立平衡的时间观。我们想让他们了解的是，通过规划一个美好的未来，他们可以帮助自己，帮助家人和后代。

现在，我们再来看看卡拉的说法：

尽管我已经好多了，也强壮了许多，我却仍然有心理阴影，因此不能再做原来的工作了。我正考虑选择另一份压力不那么大，不会让我想起那场车祸的工作。每天，我要么看《时间之河》，要么听一些舒缓的 CD。有时我的心情仍然很低落——但也只是一小段时间，不是每时每刻。我需要接受更多的手术，这让我感到很害怕。然而，如果手术能让我离以前的自己更近一步，那也是值得的。

巴德和我相处得很不错。他说他可以看得出来我身上的积极改变。我们一起制订长远的退休计划——冬天去毛伊岛御寒，夏天在捕鱼别墅避暑。

卡拉对于未来的计划现实可行，积极乐观，充满希望——这

也是她逐渐摆脱创伤后应激障碍的重要组成部分。计划一个美好的未来是时间观治疗成功的关键，因为创伤后应激障碍患者很难想象未来的生活不会受到同样伤痛的影响。许多患者甚至觉得根本不存在美好的未来。

埃弗里斯特也有一个美好的未来。“我进入大学学习……目标是成为一名精神病医生，”埃弗里斯特说，“我想和退伍军人一起工作。”埃弗里斯特的症状极大地好转了，他现在有了人生目标。如今，他对未来积极生活（包括一份亲社会的工作和一段长久的友情）的美好愿景能够取代过去的消极回忆——脑海中不断重现的真实战争场景。

时间观治疗的亲社会行为是做出改变的有效因素，可以激励其他创伤后应激障碍患者为自己和家人的美好未来而积极奋斗。看到其他创伤后应激障碍患者真正在完全平衡的时间观中实现了确立未来积极时间观的目标，这种积极的社交是一个强有力的激励因素。

实证数据

虽然有了关于时间观疗法取得成效的事例证据，我们还需要收集实证数据。为此，Z 团队于 2009 年组织起来，进行了首次纵向试点研究。

令人鼓舞的成果

2009 年 6 月，总部位于旧金山的 Z 团队的两位成员——萨拉·布伦斯基尔和安东尼·费雷拉到达毛伊岛，进行为期两周的关于时间观疗法的调查。调查小组从索德接诊的 32 位退伍军人来访者那里收集数据。治疗初期，研究者已经通过进行一系列心理测试建立了退伍军人的基本资料，使用包括：创伤后应激障碍量表军人版，伯恩斯抑郁症清单，伯恩斯焦虑量表以及后来的津巴多时间洞察力量表。

在心理学研究中，30% 的人群改善才被认为具有显著意义。一般来说，光环效应或安慰剂效应会导致大约 20% 的改善——也就是说，20% 的患者的病情会好转，不管他们是接受了“真正”的治疗还是只是相信自己得到了治疗。我们的研究可以证明——并且具备很高程度的科学可信度——退伍军人的改善远比安慰剂效应或光环效应带来的多（试点研究在附录 B 中有详细描述）。这个结果非常鼓舞人心。

实证数据

图 3–7 总结了调查时间观疗法的 Z 团队正在进行的纵向研究。来访者分别就创伤后应激障碍的三个组成部分（创伤、抑郁和焦虑）接受了心理测试。

2009 年 1—6 月，抑郁的改善程度增加了 89%，焦虑的改善程度增加了 70%，而创伤的改善程度增加了 52%。这种改善的

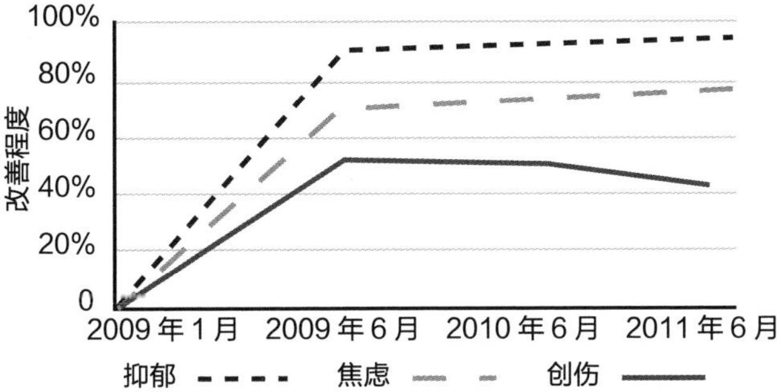

图 3-7　时间观疗法试点研究结果（2008—2011 年）

在 2008—2010 年的临床测试中，有 32 位索德接诊的退伍军人提供了数据，其中有 2 位退伍军人在 2011 年 6 月与 Z 团队失去了联系。在所有来访者中，有 26 位来访者具有美国退伍军人事务部的 100% 与服役有关的创伤后应激障碍伤残评定，所有人都有美国退伍军人事务部的与服役有关的创伤后应激障碍伤残评定。在试点研究持续期间，没有人自杀。这清楚地表明，与治疗前的测试分数比较，时间观疗法帮助来访者取得了改善。

发生置信水平较高。抑郁和焦虑的改善只有小于千分之一的概率是偶然出现的，创伤的改善只有小于百分之一的概率是偶然出现的。这清晰地表明，相对于治疗前的测试，时间观疗法帮助这些退伍军人在创伤、抑郁和焦虑的临床评估中取得了更大的改善。此外，这一结果与萨拉和安东尼对退伍军人行为的直接临床观察一致，与索德团队对退伍军人的定量评估及来访者的自我报告也一致。

2010 年 6 月，32 位退伍军人都再次接受了测试。退伍军人的改善仍然存在，从 2009 年 6 月到 2010 年 6 月也取得了一些改善。这是一项重要的发现：研究第一阶段表明了，症状上的重要改善得以保持，而且接近 2/3 的来访者在一年间持续改善。

2011 年 6 月，再次进行测试时，2 位退伍军人因失去联系而从研究中除去。我们注意到，对于剩余的 30 位老兵来说，他们症状上的重要改善持续了两年多。我们发现在 2010 年 6 月到 2011 年 6 月的后续访谈中，创伤改善程度的下降是因为生活中某些影响我们的情境事件，比如健康问题和家人离世。尽管存在这些日常生活问题，退伍军人仍能从创伤中走出来。

这表明，时间观疗法不是一个临时治疗方法，通过进一步的个体治疗、集体治疗，或两者的结合，改善可以保持，甚至进一步提升。改善是持久的，至少在我们研究期间的 18 个月都是如此。如今，我们认为这种改善会继续，而且会更加有力。

时间观疗法的疗效不仅在我们的试点研究结果中得到了证实，在来访者的后续治疗中也有所体现。这表明，时间观疗法确实是一种具备长期疗效的治疗方法。时间观疗法的试点研究结果表明，在长达三年半的试点研究后，来访者治疗后较治疗前表现出显著改善。总体上，87% 来访者的创伤和创伤后应激障碍症状得到了缓解；更令人惊奇的是，100% 来访者的抑郁水平显著下降。这些积极的结果表明，时间观疗法是针对创伤后应激障碍有效且持久的治疗方法。（想了解时间观疗法和认知行为疗法以及延迟暴露疗法有效性的对比，请参见附录 A。）

然而，最重要的事情可能是，在这段时间，这些退伍军人的自杀率是零，自杀冲动是零，离婚率是零，被逮捕率也是零。他们非常享受彼此交往的过程，并且形成了对自身的新定位，认为自己是光荣负伤的美国退伍军人，而不是“疯狂”的战争分子。

同样让人满意的是，我们发现在测试持续的 30 个月间，脱落率仅 6%。这个数值异乎寻常得低，是证实项目可接受性和有效性的重要证据。

临床试验

步骤

所有来访者接受治疗前评估，至少要包括以下量表中的三项：伯恩斯焦虑量表，伯恩斯抑郁症清单，创伤后心理诊断量表，创伤症状量表，汉密尔顿焦虑量表，或者贝克抑郁量表第 2 版。

为保证在实验期间所有来访者接受相同基准的临床评估测试，研究者选择进行一系列一致的测试。

为了确定焦虑障碍、抑郁症和创伤后应激障碍的程度是否有变化，在开始时间观治疗 6 个月后再次进行相同的临床测试，并且增添津巴多时间洞察力量表以了解来访者的时间观。

参与者

- 30 位患有创伤后应激障碍的退伍军人（治疗前后的数据，以及对使用变量的解释，请参见附录 B）。
- 多种族、婚姻状况和军事作战史。

- 年龄（$M=64.77$，$SD=10.35$）。
- 参与过二战、朝鲜战争、越南战争、海湾战争或伊拉克战争。
- 生活在毛伊岛，为索德接诊的来访者。

主要结果

治疗前后数据在以下方面存在显著差异：创伤后应激障碍水平（$t=4.19$，$p=0.001$），抑郁水平（$t=7.08$，$p<0.0001$），焦虑水平（$t=5.29$，$p<0.0001$）。

这很清楚地表明，相对于治疗前测试来说，时间观疗法的一些步骤会帮助来访者在临床测试中取得更好的结果。

研究发现，过去的消极想法与治疗前数据中的创伤后应激障碍、抑郁和焦虑水平具有明确的相关（$r=0.47$，$p=0.006$）。这表明，来访者目前的过去消极经验的想法越多，那么他的创伤后应激障碍、抑郁和焦虑水平就越高。

治疗影响——30 位有治疗前后数据的退伍军人

- 24 位来访者（89%）有轻度抑郁症。
- 19 位来访者（63%）有轻度焦虑障碍。
- 14 位来访者（46%）有轻度创伤后应激障碍。

结论

未来取向与治疗后数据的创伤后应激障碍水平呈负相关（$r=-0.36$，$p=0.04$）。来访者对未来的认知或把握越大，那么他现在的创伤后应激障碍水平就越低。

现在宿命论与治疗前的创伤后应激障碍水平呈正相关（$r=0.56$，$p=0.013$）。来访者越能理解现在的生活在自己的掌控中，而非未知命运的一部分，那么他进入项目时的创伤后应激障碍水平就越低。

现在宿命论与年龄呈负相关（$r=-0.45$，$p=0.01$）。来访者年龄越大，就越能理解现在的生活在自己的掌控中。

正如我们在本章中看到的，时间观疗法能够在治疗和预防各种创伤的过程中引起变革。通过教给来访者如何在乐趣横生的现在应对消极的过去经历，并且开启全新乐观的未来，时间观疗法可以成为对未来心理学的一项重大贡献。在接下来的几章中，我们会进一步观察时间观疗法是如何作用于不同的人群的。

小结

不管来访者接受治疗的初衷是什么，时间观疗法的主要目标都是一样的——实现平衡的时间观。

时间观疗法的基本原理包括如下内容：（1）理解时间观；（2）尊重创伤并且理解精神创伤和精神障碍的基本概念；（3）使用呼吸法和可视法进行自我安慰；（4）增强过往的美好回忆；（5）鼓励健康的享乐主义观念；（6）鼓励亲社会行为；（7）规划并践行积极的未来目标。

对来访者的初步心理测试包括创伤严重程度测试，抑郁测试，焦虑测试以及津巴多时间洞察力量表测试。这些测试由治疗师打分，并在下次会谈中与来访者进行讨论。尤其是津巴多时间洞察力量表，为时间观疗法发挥作用提供了必要的信息。

后续的心理测试结果告诉我们，当创伤后应激障碍症患者保持对过往的积极回忆多于消极回忆，完全遵从对未来的美好规划并且积极应对当前事件，享受当前的美好生活时，我们的工作就完成了。

时间观疗法的疗效不仅在我们的试点研究结果中得到了证实，在来访者的后续治疗中也有所体现。这表明，时间观疗法确实是一种具备长期疗效的治疗方法。时间观疗法试点研究结果证实，在长达三年半的试点研究后，来访者治疗后较治疗前表现出显著改善。总体上，87% 来访者的创伤和创伤后应激障碍症状得到了缓解；更令人惊奇的是，100% 来访者的抑郁水平显著下降。这些积极的成果表明，时间观疗法是针对创伤后应激障碍有效且持久的治疗方法。

现在轮到你了：一个更加美好的未来

在一个安全的地方，找到一个舒适的位置，给自己不会被打扰的五分钟。

闭上你的眼睛，缓慢、有节奏地深呼吸。让你的身体随着每一次呼吸越来越放松。

完成了四次呼吸放松后，开始想象自己美好未来的场景。不要过分地想象，要让它自然地在脑中呈现。那是个什么样的场景？你在哪儿？你在干什么？谁与你在一起？你想努力达成什么目标？

这里没有“正确”答案！也许你对未来的计划是社交方面的，是经济方面的，或者与你的健康有关。它可以像打理菜园、锻炼或者保持健康饮食一样简单，也可以像做生意、学习新技术或者让孩子树立积极的价值观一样复杂。

现在，制订一个计划，让美好的未来成为现实。怎样才能实现这个目标呢？你可以确立容易实现的目标，每次前进一小步，仔细计划，向着自己美好的未来稳步迈进。

FUTURE

NOW

PAST

第 2 部分

应 用 与 方 法

第4章

在战争创伤中的应用

“夜里，我几乎每个小时都要醒一次，”阿杰诉说着，“我每晚只能睡3个小时左右。我在凌晨3点醒来后就再也无法入睡了，所以我只能想事情……我的思绪回到了在军队的那段时光。”这位对我们讲述他处于失眠和噩梦状态的退伍军人正遭受着创伤后应激障碍的折磨。但是，他既不像参加过伊拉克战争的年轻退伍军人（这些人患创伤后应激障碍的时间相对较短），也不同于经历了海湾战争、越南战争或朝鲜战争的退伍军人。阿杰是参加过二战的退伍军人，而二战早在差不多70年前[①]就结束了。在70年中的每一个夜晚，阿杰都独自承受着灰暗的思想、噩梦和失眠的煎熬，无法走出过去的阴影。

成千上万的美国退伍军人——从目前已70岁至90多岁高

① 本书写于2012年。——编者注

龄的经历二战、朝鲜战争的退伍军人，到现在已60多岁的经历过越南战争的退伍军人，再到从中东战场回到家乡的年轻退伍军人——都在创伤后应激障碍里挣扎着。以时间观疗法的治疗经验来看，退伍军人正陷于过去的阴影和现在宿命论时间观当中，以消磨现在和未来为代价。这是在预料之中的，也是有据可依的。

生活在现在宿命论时间观中

军队中的军人，同它的定义一样，必须生活在现在宿命论时间观中：甘愿战死沙场。他们没有对于未来的时间观——如果要实现高效作战，军人就不应当对未来寄予太多——军队在基础训练期间逐渐将这一态度灌输给他们。然而，像我们一样，这些现在宿命论的作战机器现在也要日常生活。

军队特别训练了士兵做出即时准确反应的能力。在基础训练中，年轻男性和女性，经历了从普通人到士兵的转变，学会了在现在宿命论中生活，愿意为了保卫他们的国家而放弃自己的未来。对军队来说，在与敌人交战时想着自己的未来，想着他们要供养的家庭，或者想着自己的过去以及正等着他们回家的家人的军人毫无益处。这种时间观在基础训练中被植入军人的头脑中，变成了他们服兵役期间的思维定式。在某种程度上，应征入伍的人员接受了命运的安排，不再考虑他们的未来了。

这种思维定式是战场上的必需品，但是当退伍军人回到家乡，就不再适用于非战时的他们了。只有少数运气好的人能从战争中幸存，并且回归正常的生活。但是对那些面对过恐怖战争的人来说，这种思维定式轻而易举地转变成一种他们的未来缩短或失去未来的感觉，这就是创伤后应激障碍的主要症状。从时间观疗法的治疗经验来看，非常必要的未来时间观的缺失，可能是中东战争之后美国军人出现自杀潮的一个主要原因。

我们已经发现，时间观疗法能有效地帮助退伍军人摆脱创伤后应激障碍导致的恐惧，并且能帮助他们回归应有的平衡时间观：一种包含过去的积极经验、选择性的现在享乐主义体验以及未来取向的时间观。帮助他们重新定义并设置他们的时间观——从军事角度的指标转变为应对普通人生活所需的普通人角度的指标——是我们能为尊敬的优秀退伍军人送上的珍贵礼物。

社交网络尤其重要

在离开军队之后，退伍军人常常感到无所适从。他们怀念曾经有的社交生活，在那段时间里，他们作为集体中的一员，与其他有着相似军事背景的青年男女一起工作；他们喜欢沉浸在能够理解他们的、和他们志趣相投的人聚集的团体中，也常常想寻求其他的退伍军人陪伴。他们倾向于将没有军事经验的普通人看成不如自己的人，而不愿与之交友。具有讽刺意味的是，许多患有创伤后应激障碍的退伍军人事实上完全回避社交。这种社交回避是一种症状，而非解决问题的对策。其真正的解决方案是来自社会的接纳，以及来自退伍军人尊重并认同的同伴们的鼓励。

在很多非军事场景中，团体治疗已被证明有助于减少孤独感和社会污名。以前的研究和我们的临床经验是一致的：已表现出回避迹象、创伤后应激障碍症状或者两者兼有的来访者，在我们的团体治疗中，其临床表现都显示出改善（例如与家人以及医护人员的关系的增进、症状的改善、情绪障碍的减少、社会支持的增强）。

正如文献资料所表明的，提高归属感和社区意识，是减少人们对灾难消极、暴力和自我毁灭式回应的重要组成部分，也是亲社会的公民参与的重要组成部分。对不公正的识别、理解以及回应也同样重要。杜兰特和同事们的研究成果，以及格洛弗的研究成果都表明，对不公正做出回应时的目的感和行动是提高社会适应力，减轻精神障碍、减少青少年暴力行为的重要因素。

在退伍军人的可持续性时间观治疗方案中，社交网络是非常宝贵的，尤其是那些已经完成时间观治疗的退伍军人组成的社交网络。这些退伍军人还会带来新的符合条件的退伍军人，他们也需要治疗。在患有创伤后应激障碍的退伍军人被推荐到我们这里之后，我们就开始对他们进行个体治疗，包括为患者开展关于平衡时间观以及深呼吸与放松的技巧的训练。然后我们又为他们讲解了亲社会活动的重要性，再把其他患有创伤后应激障碍的退伍军人介绍给他们认识，这些退伍军人也能理解未来积极的时间观的重要性。结果是这些退伍军人产生了一种向更加积极、更有活力的未来时间观发展的动力。反过来，这种未来时间观又产生了一个平衡的时间观，并且退伍军人的症状也有所减轻。

“跟我做！”

在军队中，总是有年长且经验丰富的军人为年轻且缺少经验的军人“传授技巧”（在特定场合或特定活动中行事的特殊方法），并且警告他们哪里有潜在的危险。这种模式同样适用于退伍军人。根据患有创伤后应激障碍的退伍军人的社交网络强度，他们信任其他同样患有创伤后应激障碍并通过时间观疗法成功治疗的退伍军人，比信任一个心理健康专家能够完全理解并帮助他们容易得多。那些在集体中被认为地位较高的人，例如被授予一枚银星勋章、紫心勋章、步兵战斗徽章或者国会荣誉奖章的人，在他们看来是特别值得信任的。

研究显示亲社会态度与行为是从实际参与亲社会活动，以及从参与中得到的价值感、对他人的依恋、对亲社会重要性所持的坚定信念中演变而来的。当患有创伤后应激障碍的退伍军人的这一积极反馈循环被激活并运行的时候，它会自我强化。真正发现了更美好未来的创伤后应激障碍的退伍军人患者，会自然而然地将这种治疗方案推荐给其他患有创伤后应激障碍的退伍军人。我们已经发现，当患有创伤后应激障碍的退伍军人在为自己创建一个更美好的未来，并且帮助他们的退伍军人同伴与自己一起走向那个更美好的未来的时候，他们看上去非常幸福快乐。正如海军陆战队的口号“跟我做！”。通过这种方式，我们近距离接触了退伍军人的社交和文化价值观。

同辈对患有创伤后应激障碍的退伍军人行为的社会影响力是极为强大的。同辈参与和积极的社交模型是用时间观疗法来治疗退伍军人不可或缺的环节。原因是同辈容易让退伍军人回忆起那段时光：需要依靠并信任那些知道如何在战争中幸存的、经验丰富的老兵才能保住自己宝贵的生命。这种强而有力的社会联盟被证明是时间观治疗方案成功实施的过程中最实用的工具之一。当这些人开始走向平衡的时间观，并且能在一个支持性团体中分享他们的积极形象和策略时，个体治疗和团体治疗得以互相强化和补充。

理查德的观点：朋友的重要性

理查德写道：

大约七年前，在每一个工作日的下午，会有少数的退伍军人出现在我们办公室的后阳台上，我们将其称为工作之余的社交聚会。这个聚会的出现并非我们刻意为之。先是一个退伍军人来我们这儿，然后他又带来了一个朋友。当其他退伍军人开车路过并且看到他们朋友的车停在门外时，他们也进来了。

我们想把办公室提供给他们用于非正式的会面，因为从文化层面来说，这些日裔夏威夷退伍军人更加不喜欢被拘束。他们不喜欢我们在美国本土所采用的“具体开始时间”，所以工作之余的时间对他们所有人来说都有意义。我们并非出于对他们的崇敬和尊重才这样做，而是因为我们想要在他们需要我们的时候能陪伴在他们身边，为他们的聚会提供一个安全的地方。我们也希望能表达出我们真挚的承诺和关爱。

津巴多像一个真正的意大利裔美国人一样，总是说如果你们一家人不在一起吃饭，那么你们就不可能拥有家庭文化。这些人喜欢在烹饪时围坐在一起聊天。对我们的退伍军人而言，和他们的退伍兄弟举行“家庭聚会”有助于他们创造一种充满关爱的家庭文化。在此过程中，他们发现大家有着相似的问题。这提高了他们的自尊，加强了他们之间共同的联系，有助于他们认识到自己并不是有精神障碍，而是有和其他美国军人一样的反应。他们对一次常规军事经历有常规化反应，即使反应有些极端，但也是可以被理解的。他们开始明白，创伤后应激障碍更像是一种精神创伤，而非精神障碍。自然而然地，他们就开始互相帮助，集中力量去创造一个更加美好的未来。

之后他们就询问是否可以邀请其他也需要帮助的退伍军人朋友来参加见面会。在本书撰写时，我们的退伍军人团体的规模从15人扩大到25人，他们也允许非退伍军人——还有女性，比如卡拉——成为该团体的一员。

值得注意的是，有更多经验的退伍军人发挥了榜样和向导的作用，帮助刚刚接受时间观治疗的退伍军人。优质的食物、与退伍军人伙伴之间的积极社交互动将治疗过程变成了一次积极的社会交往和学习活动，而不是要去看“精神病科医生”。许多退伍军人都说这是他们一周当中最重要、最精彩的时光。

同伴力量

2009年6月，旧金山Z团队成员安东尼和萨拉在搜集时间观疗法的试点研究数据的时候，来到毛伊岛研究我们的退伍军人团体互动。他们后来坦言，最初来到毛伊岛研究战争退伍军人团体时，他们都感到非常震惊和恐惧，因为这个团体中的大多数人被评定为100%与服役有关的创伤后应激障碍伤残。他们不知道将会发现什么，但他们认为会是像《飞越疯人院》一样的东西。

然而，令他们惊喜的是，索德团队里的退伍军人是非常善于交际的、有趣的人，他们十分享受和大家聚在一起的时光。退伍军人的创伤后应激障碍、焦虑障碍、抑郁症的临床症状都得到了良好的控制。尤其是还有一个具有凝聚力的良好架构，有一个聚焦于协助退伍军人实现更美好未来的组织。如此一来，整体大于部分之和。

时间观疗法的社交元素是其最重要以及最关键的部分之一。“独自承受一切的人，深陷在更大的痛苦中”，这句老话千真万确。通过设计和重构这些退伍军人的社交互动，来协助他们回忆战争和服役时形成的积极社交联系和目标，避免回忆那段时间的混乱和损失，创伤后应激障碍造成的回避症状就能减轻。这种回避症状表现为退伍军人想要断绝与其他退伍军人或者任何会让他们回想起战争的人的来往。这些社交互动使得退伍军人更加开心和愉悦。他们期待能够与彼此在一起，感觉好像他们与他们所认可并与之相处融洽的团体成员之间是能够互相理解的。我们后来将这一社交组件运用到我们的普通人患者身上，并且发现它对普通人建立一个平衡的时间观同样重要。

在大多数情况下，由患有创伤后应激障碍的退伍军人所组成的时间观治疗团体基本上是无领导的组织。然而，极为重要的交流仍在开展。例如，他们讨论自己的压力和应对压力的方法，他们试图克服自己的过度反应、愤怒和社交问题；或者，他们讨论如何更好地与他们认为重要的人群相处。较小规模的团体在院子里的后阳台周围聚集起来，还出现了围绕特定话题交流的小焦点团体，这样的情况不在少数。

这些团体见面会为退伍军人提供一个与他人分享下列信息的机会：关于美国退伍军人事务部的福利金发放流程，以及他们在克服创伤后应激障碍、焦虑障碍和抑郁症过程中所获得的进展。这种知识和经验的分享，以一种聚焦于未来积极的形式带给退伍军人一种情同手足的感觉，使他们获得团体文化的认同感。

许多退伍军人已经离群索居四五十年，甚至没有和其他退伍军人讨论他们的问题出在哪里。他们沉浸在巨大的受压抑的愤怒与羞愧中。有趣的是，他们中的一些人竟然在进来后看到了学生时代就认识的人，却不知道他们和这些人还是退伍战友关系。他们可能在相邻的地方工作了几十年，却从来没有讨论过他们作为退伍军人的状况。现在他们见了面，并坦然地讨论着自己身为退伍军人的状况，他们感觉到往日的自尊又回来了。

这是我们根据退伍军人的人际关系发现的一个极为重要过程的组成部分。当他们开始接受治疗时，他们认为与家人、朋友以及自身之间的关系糟糕是正常的。甚至更糟糕的是，他们和自己曾冒着生命危险保护的美国政府间的关系也很糟糕。当时间观治疗专家指出退伍军人的价值和重要性，对他们表示关心，并且以有尊严的方式对待他们的时候，他们的自尊开始回归。当他们开始去见一个退伍军人团体并与他们喜欢、钦佩、信任和尊重的人建立起友谊时，他们意识到自己的各种感情正在回归，他们的自尊再次得到了大幅度的提高。

提升自豪感

经历噩梦和创伤后应激障碍折磨的退伍军人也遭遇了几乎致命的重创。所以在帮他们获得一种平衡的时间观的同时，我们也想恢复他们对自己以及对作为军人为国家做出重要贡献的自豪感。

这一治疗过程的关键步骤是鼓励他们与美国退伍军人事务部、他们曾效忠的美国政府之间建立积极的关系。在这一点上，可以通过帮他们做好必要的文书工作，支持他们向美国退伍军人事务部申请与服役有关的创伤后应激障碍伤残评定来实现。当退伍军人明白我们愿意帮助他们，并且他们因为有充分的书面证据从而能在与美国退伍军人事务部的交涉中取得成功的时候，他们的自豪感提升了，他们的消极经验变成了积极经验。

我们告诉他们：他们不是损坏就被丢弃的退伍军人，当他们得到美国退伍军人事务部做出的伤残评定时，他们将会成为活的国宝，因为国家将给他们福利金。我们跟他们解释了这不是钱的问题，而是这些钱意味着什么的问题；政府正在尽最大努力来让他们知道他们对国家的贡献不会被遗忘，国家仍感激他们的付出。这对退伍军人的自豪感和价值感来说非常重要，这也让许多人记起了最初他们投身战场的原因。

萨拉的观点：战争创伤的团体

萨拉写道：

凭我之前对退伍军人团体，尤其是那些被诊断出患有创伤后应激障碍的退伍军人的治疗经验，我本以为这次见到的退伍军人会是悲伤羞怯的一群人。但是，第一次参加战争创伤的团体见面会时，我看到的是欢声笑语的一群人。在和他们熟悉了之后，我开始提出一些有关他们的经历，以及治疗专家是如何改变他们的问题。

有一个男人，在所有接受治疗的退伍军人中表现很突出。这位退伍军人和他的妻子告诉我，在接受治疗之前，他有着创伤后应激障碍的所有典型症状：夜惊、易怒、情绪波动、社交回避、逃避特定刺激等。他非常抗拒寻求帮助，竟然必须在八个他已经认识且信赖了很多年的退伍战友陪同下，才肯去治疗专家的办公室。他感到愤怒。他说：“我不想要帮助。我不想再想起那些事情。我不想再过那样的生活……”

最终，是他的妻子说服他去见新的治疗专家。我问她，她的丈夫接受这项治疗后，都出现了哪些变化。她将这个过程描述为“生活改变了……他现在变得快乐多了，他有自己的‘团体’、伙伴，他发现生活是可以……有一个更美好的未来的”。他们本能地知道其他人经历了什么，以及每天要面对的挑战。

战争创伤

在过去的三年里，我们已经治疗过四名遭受军事性创伤（MST）/创伤后应激障碍的退伍军人来访者，两男两女。每一个案例中的人都曾受到有权势的上级或战友的虐待。四个人都曾想过自杀，其中两个人还制订了一些自杀计划。幸运的是，到目前为止，他们还没有将自杀的想法付诸行动。他们继续抵抗着铺天盖地的羞愧感和无力感。由于种种原因，每个人都选择不在服役期间报告自己的病症。他们的创伤和症状严重到需要我们将他们送到美国退伍军人事务部的军事性创伤专家那里求助。

被战友性侵，且施害者是拥有权力并被他人信任的人，对受害者而言是毁灭性的打击。再加上无法在不对自身和自身职业生涯产生影响的情况下沟通，受害者可能会患上极度抑郁并考虑自杀。

不久前，美国国家公共广播电台的记者报道了军队中现役和退伍女军人的自杀率。简·肯普是美国国家防止退伍军人自杀热线电话部门的负责人，据她透露，一个接线员接到了一名最近回国的年轻女性打来的电话。女性和丈夫一直在争吵，于是她决定让他和两个孩子离开她的生活，她以为这样会更好。她患有创伤后应激障碍，并且有军事性创伤史，她厌倦了奋力地抗争。她打热线电话是要告诉她丈夫这不是他的错，她这么做是为他好。她已经储存了一大堆药片，并且说等自己走进树林就把药都吞下去。在通话结束前，热线联络员查到了这个年轻女性所在位置的美国退伍军人事务部办公室的电话，并打通了电话。办公室人员马上联系了这名年轻女性的丈夫，她的丈夫向事务部描述了她所开车辆的样子。大家在树林里发现了当时已经基本失去意识的她，这名年轻女性被送往医院并抢救了过来。这件事的结局令人欣喜，但是其他人就没有这么幸运了。

《明镜》还报道说，因为军队中女性的人数少于男性，所以女性问题受到的关注较少。研究人员展开了一项调查，比较了从18到24岁的普通女性的自杀率和有服役经历的女性的自杀率。研究人员从美国16个州收集到的数据发现，现役女军人和退伍女军人因自杀而死亡的可能性是普通女性的3倍。他们注意到，尽管男女军人在患焦虑障碍、创伤后应激障碍的人数上没有显著差异，但是有更多的女性遭遇了军队中的强奸事件，并且担忧自己的子女。在一次与该主题相关的访谈中，简非常赞同要关注女性心理健康问题增多的现象。研究人员表示，如果有更多的女性在军队中服役，女性自杀人数可能会随之上升。

尽管本章中的退伍军人故事都是关于战争创伤男性的，但是我们一定不能忽视同在服役的女性。通过将时间观治疗与美国退伍军人事务部的军事性创伤专家的协助相结合，这四名退伍军人患者的治疗见效了，他们得到了帮助，克服了极度创伤。

鉴于其创伤的敏感性，这些男性和女性没有参加我们的创伤后应激障碍团体见面会，而是接受了单独的电话咨询。当他们克服焦虑障碍、抑郁症和其他精神障碍的时候，他们正努力忘记曾加害他们的人。他们每个人都为实现一个充满活力的更美好的未来而制订了计划，其中包括接受高等教育。他们已经回忆起当初参军的原因，并且由衷地希望自己在奋斗后，能成为对国家有用的人才。

案例：“我仍然能感觉到袭击我们的炸弹的冲击波”——阿杰（二战退伍军人）

阿杰是一位 88 岁的日裔美籍人，为了证明自己对美国的忠诚，他在二战期间参加了全部由日裔美籍士兵组成的 442 军团。在被部署到欧洲战场后不久，他被派遣为替补步兵。在 1945 年的春天，就在二战欧洲战场终结的两个星期以前，他独自一人来到了前线。他意识到自己位于哥特防线——纳粹在德国南部和意大利北部接壤地区建立的防线。他登记进入了指挥部，指挥部同时也是战地救护站，它被认为是安全的避风港，位于山的南面一个很大的山洞里。但是在下午 2 点，指挥部遭受了一轮来自美国炮兵友军的“近弹”打击。所有的军官、医护人员和伤员都当场死亡，只剩下步兵阿杰管理着步兵连。

心理诊断：与战争有关的创伤后应激障碍。

在 1941 年 12 月 7 日日本袭击珍珠港后，我们日裔美籍人的日子变得特别不好过。在美国本土，日裔被当成战犯关进了集中营。美国政府将其称为拘留营。在夏威夷的情形则与此不同，夏威夷的日裔太多了，不可能把他们都抓起来（超过 35% 的夏威夷居民是日裔）。那时，夏威夷还没成为美国的一个州，只是属于美国的领土，但是我们仍然有拘留营。我们中的许多人都感觉被羞辱了——我们自以为是忠诚的美国公民。在日本文化中，感到被羞辱是很糟糕的。一些人切腹自尽了，切腹是日本的自杀仪式：在美国本土和夏威夷，都有人这么做。他们无法在被羞辱中苟活。

战争开始 3 年后，美国政府才开始信任日裔美籍公民，并让我们加入美军。我们中很多人都积极响应号召，入伍并被编入了 442 军团。我们想要向美国人证明我们也是美国公民。

我们来自有着武士文化的国家，并且希望证明自己。我们被派往欧洲战场，在法国、意大利、德国作战。我们真的遭受了重大的打击——死伤众多。我失去了很多朋友。这让我悲痛万分，我永远不会忘记我的朋友是一群多么勇敢的战士。

战场上的情况非常可怕——天气太寒冷了！对于从夏威夷来的人来说，我们完全无法适应下雪天气和寒冷气候。我们的位置十分靠近前线，就是哥特防线，那里的战况非常激烈——离纳粹也非常近。我们驻扎在山脚下。指挥部在山地高处的一个大山洞里。有一天晚上，我的指挥官说他需要一个步兵到指挥部去。没有一个人愿意去，所以我就自告奋勇前往。我摸着黑，朝山上的指挥部前进。山洞非常大，主要的战地救护站就设在那里，因为那是一个安全的地方。救护站里有许多医护人员和伤员。

我被派去在指挥部外站岗，当时天空出现了亮光，到处都在爆炸。炸弹直接飞进了山洞……所有的军官、医护人员和伤员都被炸死了。只有列兵活了下来……主要是因为我们在山洞外站岗。我们都受到了惊吓，但是我们不得不撤回大本营。当我们到了那儿，却发现大本营已经遭到了友军的轰炸。友军杀害了我们的人。他们试图将大炮瞄准指挥部的上空以炸死德国人，但是炮弹射得不够远，于是摧毁了一切……我仍然能感觉到袭击我们的炸弹的冲击波。

退伍后的每一天，我都会想起这件事……而且想起在欧洲战场作战的时候，我们（日裔美籍士兵）受到了怎样的对待。我们帮助解放罗马，（但是）不得不绕城走，这样才不会有人看到我们……我们被派去执行要在残忍、血腥的战场上作战的自杀性任务，我们是可以被牺牲的人。在一场战役中，我们被派去救200个迷了路并被德军包围的得克萨斯州士兵。我们伤亡了接近1000人——但是我们救出了那200个人。幸存下来的442军团成员被挤到一边，那些得克萨斯州人却成了英雄……我不是嫉妒得克萨斯州部队，他们也可能像我们一样。但是我认为上将不会派遣其他部队冒险来营救我们……这些事情在我心里已经尘封了很多很多年了。

我一直都没有结婚。我害怕……承担太多的责任。我和父母住在一起，直到他们过世。之后我和我的兄弟们住在一起，但是我无法忍受他们，所以我搬出来自己住。一个人住，很好……夜里，我几乎每个小时都要醒一次。我每晚只能睡3个小时左右。我在凌晨3点醒来后就再也无法入睡了，所以我只能想事情……我的思绪回到了在军队的那段时光。

几年来，我都在索德医生那里治疗创伤后应激障碍。如果不是他，我将无法从美国退伍军人事务部那里拿到创伤后应激障碍伤残评定。我不懂文书工作。他帮我填好了这些令人困惑的表格。他为我写了一份报告。当我拿到伤残评定的时候，我想政府可能还没有忘了我。可能事情已经发生了变化，他们是在乎众多在二战中为他们战斗的日裔士兵的。

有一天，索德医生问我是否愿意参与他新进行的时间观疗法研究。他说这个研究一部分基于他已有的关于442军团的材料。我说我当然愿意参与，因为他为我做了这么多事情。他给我做了心理测试……在他写关于我的报告之前，我就做过一些这样的测试。我已经知道自己患有严重的创伤后应激障碍。他给我讲了津巴多博士的理论和有关时间观疗法的一切。我喜欢这个简单的疗法。他知道我每天都会想起我在战场上的经历，所以他告诉我去想美好的时光。尽管我们的处境不好（过去的消极经验），我们还是会开怀大笑（过去的积极经验）。现在，如果我想起那些已故的朋友以及他们是怎么死的（过去的消极经验），我就会去想我们讲过的笑话、唱过的歌和用手边所能找到的任何东西来做的饭。有一次，我们在一块洋葱地附近扎营，还用旁边小溪里的水做了糟糕的洋葱汤——但是我们吃完了，还大笑呢（过去的积极经验）。

在我下一次来接受治疗时，索德医生给我看了我的津巴多时间洞察力量表图——它看上去不太好。图中过去消极和现在宿命论的点的位置太高了……我没有想太多过去发生的美好的事情（过去的积极经验），而且我不和任何人一起做事情或者寻找乐趣（现在享乐主义）。我只喜欢待在家里，在我的花园里干活。我没有想太多关于未来的事情——我不喜欢这样做是因为我不知道自己还能活多长时间。

索德医生说我必须开始和其他人一起做事情。我必须专注于我的现在享乐主义状态。他告诉我有一个442军团的退伍军人团体每天早上要见面喝咖啡，还说我应该去。他说这样可以帮我摆脱我的现在宿命论。然后他告诉我，有一个442军团的退伍军人俱乐部每两三个星期就会办一次见面会，我也应该参加。我第二天就开始去早上喝咖啡的见面会，而且十分幸运地见到我的老朋友……我几十年没见过他们了。索德医生告诉我下一次见面会是什么时候，然后我就去了。他们那里有美味的日本食物，可以唱歌，玩游戏。我玩得很开心。那让我想起了我是如何长大的。在日本文化里，人们会为了集体更好而一起努力。

当我再次见到索德医生时，他告诉我说，我们应当为未来做一些计划。在对待美国退伍军人事务部上，我的态度一直很复杂——我得到的福利金并没有我认为自己应得的那么多。索德医生帮我做了更多的文书工作。他告诉我，我们要一起致力于我的更美好的未来。他说我应当期待——期待更多的福利金——我要活得更久，这样才能享受它们。

我每个月都要见索德医生，而且我们会回顾我做得如何……我做得不错。我记起了过去发生的积极事情，并且练习做现在享乐主义的事——我每天都能见到我的朋友。我得到了更多的福利金。我不知道自己的未来有多长，但是此时此刻，这不重要了，未来将会是好的。我仍旧是时间观疗法研究的参与者，而且索德医生每年都向我说明我做得怎么样以及研究中的其他退伍军人做得怎么样——每个人的每种时间观的津巴多时间洞察力量表得分都处在正常范围内。

阿杰的认知行为治疗

阿杰接受认知行为治疗、积极心理学治疗以及放松训练已经有些年了。治疗专家通过代表他书写并提交的一份详细心理报告，帮他获得了美国退伍军人事务部对其 100% 与服役有关的创伤后应激障碍伤残评定。这使他的荣誉感和他对曾为之努力战斗的政府的尊重得以恢复。

像许多亚洲和太平洋岛的退伍军人一样，阿杰是一名会低估症状的人，他们从幼年就被灌输并一直强化这种态度。低估症状的人可能是严重抑郁或者焦虑的，然而在公众场合却会“装出一脸的快乐”。从心理学上讲，阿杰遭受着压抑和否定。甚至在 60 多年后，他还遭受着频繁的侵入性的、痛苦的回忆和闪回。在战争中，士兵晚上从来都睡不好觉。对参加过战争的退伍军人来说，在余生都忍受睡眠被剥夺的痛苦是常见的事，阿杰继续忍受着与战争有关的睡眠障碍，每天晚上只能睡 3 个小时左右。

阿杰的时间观治疗

阿杰的时间观治疗在二战结束 64 年后才开始。虽然在认知行为治疗阶段，阿杰与治疗师间的信任关系已经建立了，但在开始的时候，治疗专家还是担心时间观疗法可能会因为阿杰年龄较大而没有疗效。在时间观疗法出现之前，阿杰已经接受了 3 年的认知行为治疗。没有必要再回顾他的过去或者他过去的消极经验，因为那些已经涵盖在之前的认知行为治疗里了，所以治疗专家直接引进了时间观疗法。

在时间观治疗的第一个疗程中，阿杰很快就领会了治疗专家用一种跨文化的细致的方式来讲解和评论的时间理论和时间观疗法，这令专家十分惊讶。他喜欢时间观疗法简明和积极的聚焦。无论何时，当他对什么产生消极的想法的时候——例如，想起他已经在战争中死去的朋友——他就被要求回忆过去的积极经验：他们所做的英勇的事情、有趣的经历以及他们之间的亲密友情。做到这点对他来说出奇容易。

在时间观治疗的第二个疗程中，治疗专家建议阿杰在与幸存的 442 军团的朋友见面时实施亲社会行为和选择性现在享乐主义，这些退伍军人已经在当地一家快餐店见面了。这样可以帮助阿杰替换掉现在宿命论和他身上几十年的孤立和回避。治疗专家试图通过鼓励他参加二战 442 军团退伍军人俱乐部的社交活动来扩大选择性现在享乐主义。阿杰自己指出，时间观疗法以集体为中心的亲社会部分符合 442 军团里日本文化的集体主义性质，它强调集体的目标高于个人的日常事务。他渴望重新建立他所确信的自己与朋友之间的亲密关系。这种关系振奋了他的情绪，增强了他对未来的希望和社会归属感。

在时间观治疗的第三个疗程中，治疗专家将注意力集中到一个未来的积极时间观，并鼓励阿杰努力保持与美国退伍军人事务部之间的积极关系。在他接受时间观治疗之前，他就已经被评定为 100% 与服役有关的创伤后应激障碍伤残。得到伤残退伍军人的社会身份，已然对他的自尊产生了非常积极的影响，在他年龄已经很大的时候，给了他更多生活下去的理由。时间观治疗理念在文化的层面上对他很适用。他对未来的积极计划包括：（1）活到 100 岁；（2）通过每天步行 3英里[①]来保持身体健康，这是他在时间观治疗中养成的一个习惯；（3）参加每年一度在拉斯维加斯举行的 442 军团大会。

阿杰更美好的未来

时间观疗法在阿杰身上被证明是非常有效的。他说他感觉该疗法对他来说非常重要。他和 442 军团之间的社会联系是如此紧密，在战争结束将近 70 年里，他从来没有在军队外结交过亲密的朋友。然而，自从他体验了时间观疗法并且成功地做到了选择性现在享乐主义，他与朋友之间的社交互动更加频繁和积极了。其实，他每天早上都会和朋友见一面，喝杯咖啡。这些社交关系连同他对过去的积极回忆，一起推动着他迈向一个更美好的未来。他参加了第二次世界大战 442 军团的国会金质奖章授予仪式，在仪式上，时任众议院议长约翰·博纳为他颁发了该奖章。

① 1 英里约为 1.609 千米。——编者注

阿杰在接受时间观治疗之前和之后的测试结果

图表解释：在图 4–1 左侧的测试结果中，阿杰的心理测试分数在经过治疗后表现出极大的改善。时间观治疗使这位退伍军人的抑郁分数从极度严重下降到正常范围，焦虑分数从严重下降到正常范围。他的创伤分数从严重和极度严重之间下降到中度，显示出他的机能和生活水平已相对正常。

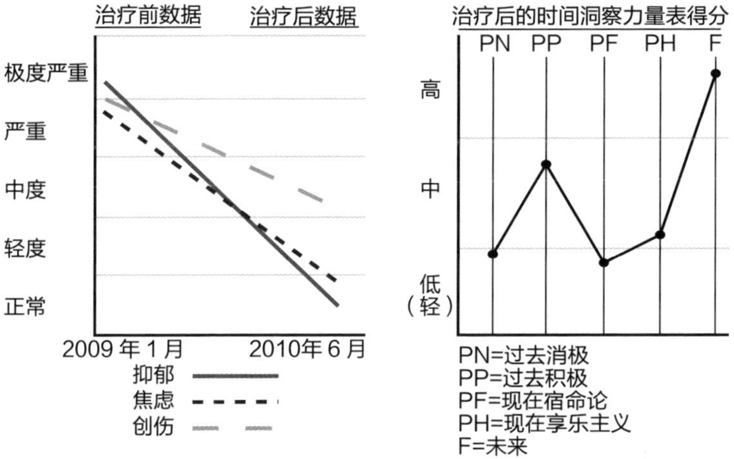

图 4–1　**阿杰（二战退伍军人）的心理测试结果**

阿杰的时间洞察力量表得分，也显示出了他症状的改善。很有趣的是，我们注意到，他甚至在忍受二战造成恐惧的同时，仍保持着轻度的过去消极和中度的过去积极时间观。他现在有着轻度现在宿命论、中度的现在享乐主义和高度的未来时间观。当他回顾自己的生活时，积极经验多于消极经验。阿杰感觉他的生活还在掌控之中，而且如果他努力，甚至能把它变得更好。这给了他一个非常积极的未来愿景，尽管此时的他已经 88 岁高龄了。

总的来看，这些图表显示了阿杰的创伤后应激障碍在对未来有了更美好的看法的同时表现出明显的好转和正常化倾向，而且他的抑郁、焦虑和创伤程度明显降低。

案例：“我没想朝普通人开枪的”
——迈克（朝鲜战争退伍军人）

迈克是一名参加过朝鲜战争的 80 岁日裔美籍退伍军人，他参加了血腥的丁字山战役。迈克回忆道：“不到 20 分钟，我们的正上方就遭受了炮弹 2000~2500 轮的轰炸。我从没想过自己能在那场战役中幸存。”

心理诊断：与战争有关的创伤后应激障碍。

在二战时，我的年龄还小，不能入伍。5 年之后朝鲜战争爆发，我能够参军了。整个军队都热情高涨！我们会成为英雄——就像在二战中战斗的人那样被大家记住。但是一些

和我一起作战的二战退伍军人告诉我说，朝鲜战争要比二战糟糕得多。军官的指挥是失败的——每个人都只顾自己，统一和高质量的指挥已经消失了。我们去那里的目的是有问题的。

1952年12月，我参加了丁字山战役……太恐怖了。不到20分钟，我们的正上方就遭受了炮弹2000~2500轮的轰炸。我从没想过自己能在那场战役中幸存。

三天后，我们来到山脚下。我发现我最好的朋友已经被杀死了。我记得那段时间我都疯掉了。在丁字山战役之前——在我发现自己最好的朋友死了之前——我会一对一地和敌人战斗并且俘虏他们。但是在那之后……我会杀死他们。他们没有给我朋友机会——他们没有俘虏他，所以我也没这么做。

当我回到家乡，我得到了一份工会的木匠工作，并且一直工作到62岁。我尽早地退休，因为我筋疲力尽了。我在晚年时结了婚，没有孩子。我知道自己有些问题。我的脾气让我在工作时陷入了麻烦……我很难和妻子交流。

我到美国退伍军人事务部那里寻求帮助，但是程序烦琐。我觉得自己像一个因参加了一场被忘记的战争而被遗忘的士兵。当我在美国退伍军人事务部的时候，我发现了一个和我一起参加过丁字山战役的退伍军人。他说他得了创伤后应激障碍，正在美国退伍军人事务部和索德医生那里寻求帮助。他说索德医生会帮助我的。我去见了索德医生，他帮我得到了美国退伍军人事务部发的福利金。4年来我每个月都会去找他。

有一天，当我如约坐在索德医生办公室里的时候，他邀请我参加他的新疗法试点研究。我感到很荣幸。他给我做了心理测试，并且说我们下次再讨论那些测试。他给我讲了时间理论和时间观疗法。这对我来说很有意义。妻子让我答应把我有多喜欢在每天夜里2点45分出去散步的事情告诉索德医生。我想，我喜欢出去是因为那让我觉得自己好像在巡逻——完成警卫的任务。我告诉索德医生我的行为一石二鸟：我既可以锻炼，还能试着发现那些在我家栅栏上喷涂脏话的小流氓。我想找到他们，给他们点教训。有天夜里，我撞见了他们，我就乱晃胳膊，跳上跳下——扮得像疯子一样——把他们给吓跑了。过了几个晚上，他们又回来了，又在我家栅栏上喷涂脏话。

索德医生说我的行动是现在宿命论的。他说我应该做一些被称作选择性现在享乐主义的事情，而不是像那样将自己置于危险当中。他让我考虑参加朝鲜战争的退伍军人见面会和海湾战争的退伍军人见面会。索德医生知道我喜欢在花园里养些花。有时候，我会带些花到他的办公室。他说我养的花很美，我应当带它们去参加花展。这么做有双重作用：它是现在享乐主义的，因为这是我喜欢做的事情；它还是未来积极的，因为花展发生在未来。

在我接下来的一次时间观治疗会谈中，索德医生让我告诉他一些关于朝鲜战争和我生活的积极回忆。我过去的记忆大部分都是有关朝鲜战争的。对我来说，回忆我们这些军人对彼此的感觉是很容易的。我告诉索德医生我几乎每天都要参加海湾战争退伍军人见面会，和老朋友共度时光。我们聊着过去发生的积极的事情——我们所记得的美好事情——而不是过去发生的消极的事情。索德医生说我一想到过去发生的消极的事情，就应当把它们替换掉，想想美好的友谊、愉快的时光、快乐的感觉——过去发生的积极事情。我告诉索德医生，自从我们上次会谈，我就一直在做选择性现在享乐主义的事情，扩大我的花房、种植兰花。

我猜我是个自讨苦吃的人，因为在第三次时间观治疗会谈时，我告诉索德医生我正处于现在宿命论中，因为我非常关注中东地区的战争。他说“立足本地，胸怀全球”是好现象。对于战争，我不能做什么有用的，但是为了我生活中的人们，我能在我自己的生活中做一些美好的事情。我要拿一些新兰花去参加几个月后的兰花展，我开始考虑，也许我应该邀请妻子去，如果她想帮我拿兰花的话。索德医生说我的未来比过去更加重要。他说以前是过去消极的和现在宿命论的，但是我正通过成为过去积极的、选择性的现在享乐主义的人以及规划我未来积极的生活来学习平衡我的时间观。

每个月与索德医生会谈时，我都会发现我的问题，但是我们会把问题谈透。当我离开他的办公室时，我的心情就好多了。有时，妻子会和我一起来。有时，我会送兰花给索德医生。我一周总要参加几次朝鲜战争退伍军人见面会，或者海湾战争退伍军人见面会。当其他退伍军人有问题的时候，我就听他们倾诉并帮助他们。索德医生告诉我这是亲社会行为。每天我都带妻子去当地的一家咖啡屋，在这里还坐着其他更老的退伍军人。见到大家的感觉真好。

通过时间观治疗，我意识到关注未来是安抚过去的最好方法。你不能改变过去，但是你可以改变未来。我真的很高兴能够来接受这个治疗。如果不是这个治疗，我会在抑郁中消沉下去。当我到美国退伍军人事务部寻求治疗时，他们没有帮我，然而这个治疗过程真正帮到了我。我要感激那位参加过朝鲜战争的退伍军人朋友，是他送我来的……就算到我死去的那一天，我也绝不会忘记。

迈克的认知行为治疗

像阿杰一样，迈克也是一个低估症状的人。迈克是被一个辨认出他慢性的、严重的创伤后应激障碍症状的退伍军人朋友带过来接受治疗的。在时间观疗法出现之前，他已经接受了 4 年的治疗，并且已经从美国退伍军人事务部那里获得了 100% 与服役有关的创伤后应激障碍伤残评定。在迈克开始接受时间观治疗之前，他已经接受了76次个体治疗，包括认知行为治疗、积极心理学以及基于媒体的放松训练。

迈克的时间观治疗

在迈克时间观治疗的第一个疗程中，他同意参加试点研究，并且接受了一系列的心理测试。他听了关于时间理论和时间观疗法的讲解，很轻松就掌握了这些概念。

治疗专家的当务之急是解决他起很早（凌晨2点45分）去散步的现在宿命论做法，这一行为的一部分原因是这是他锻炼的方式，另一部分原因是他希望与青少年帮派发生肢体冲突。进行具有高度人身风险的危险活动，在罹患创伤后应激障碍的退伍军人中是很常见的。专家关注的是，他年龄较大，不是一整个帮派的对手。这些帮派成员喜欢在他家栅栏上涂鸦，而他决心要“给他们点教训”（应该点明的是，迈克没看过电影《老爷车》）。他已经有过一次“扮成疯子”把帮派吓跑的行为了。

治疗专家建议迈克在白天与他的朝鲜战争退伍军人朋友见面，和他们一起度过亲社会的选择性现在享乐主义时光。因为迈克喜欢园艺，治疗专家便建议他关注他的异国植物并把它们带去参加花展（一种现在享乐主义和未来积极的活动）。

在时间观治疗的第二个疗程中，治疗专家讲解说，当过去的消极回忆突然重现以及与朝鲜战争相关的记忆进入他的脑海时，迈克要用过去的积极记忆将它们替换掉。当被问到过去积极记忆可能是什么的时候，他回想起他与战友之间的友情。他说自从开始几乎每天前往朝鲜战争退伍军人见面会，他记起了更多过去的积极经验。他非常享受和能分享经历的一群人在一起的状态。他说："我们不太谈论不好的时光——我们讨论愉快的时光和在做的事情。"迈克正在时间观治疗中快速进步。在同一个疗程中，他说他正通过扩大花房、养兰花来练习选择性的现在享乐主义。

在时间观治疗的第三个疗程中，迈克十分关注世界大事和中东地区的战争（这是现在宿命论的）。这提醒他应该转而去关注他所能做的，会给他的生活以及他周围人的生活带来影响的事情了。他在这一疗程中把注意力放在了未来积极的经验上，他说他将要在接下来的几个月里参加他的第一次兰花展。他不愿说太多他与妻子的关系，但是他确实提到他会邀请妻子帮他拿兰花。当专家引领他了解了他的未来比过去更加重要的观点时，迈克明白并且理解了他的时间观是过去消极和现在宿命论的。他开始尽可能地将余生变得丰富和愉快。

时间观治疗的第四个疗程关注的是一个更加美好的未来。迈克的未来计划很简单：在兰花展上赢得一条绶带，继续帮助退伍军人朋友。在这一疗程结束时，他已经将照顾花朵、关心朋友的选择性现在享乐主义和他的未来积极的目标紧密联系在一起了。

迈克更美好的未来

迈克继续进行他每月一次的时间观治疗。他已经开始帮助其他患有创伤后应激障碍的朝鲜战争退伍军人，他表现得像一名咨询顾问。幸运的是，他已经限制了自己那危险的现在宿命论的半夜巡逻。他与朝鲜战争退伍军人朋友的选择性现在享乐主义的联系振奋了他，激发了他对未来的希望，增强了他对自己所认同的重要团体的社会归属感。

拥有一个伤残退伍军人的社会身份已经对迈克的自尊产生了非常积极的影响，并且在迈克已到高龄的时候，给了他更多活下去的理由。“这不是钱的问题，而是这些钱意味着什么的问题。”这样并没有治愈迈克的创伤后应激障碍，但是确实减轻了他慢性的、严重的创伤后应激障碍的症状，帮助他发现生活的意义、恢复快乐和计划一个更加美好的未来。自从学习检查并且平衡自己的时间观以来，迈克的心境获得了持续的改善，正如他的心理测试结果所显示的那样。

在治疗开始的时候，迈克还感觉自己像“一个因参加了一场被忘记的战争而被遗忘的士兵”。一旦他理解了朝向一个平衡的时间观努力的积极信息，他的症状就戏剧性地减轻了。现在他感觉自己像一名光荣的美国伤残退伍军人，他已经通过设法帮助朝鲜战争退伍军人联盟中的其他退伍军人，而把他的现在宿命论、反社会退缩症状转变为亲社会的选择性现在享乐主义的行为。他对兰花的喜爱以及他对在即将到来的花展上赢得一条绶带的渴望，为他更美好的未来增添了艺术的维度。

迈克在接受时间观治疗之前和之后的测试结果

图表解释：在图 4–2 左侧图中，显示了迈克的焦虑、抑郁和创伤程度的显著改善，这是一个非凡的案例。迈克的抑郁分数从严重急剧下降到正常范围，焦虑和创伤分数从极度严重急剧下降到正常范围。

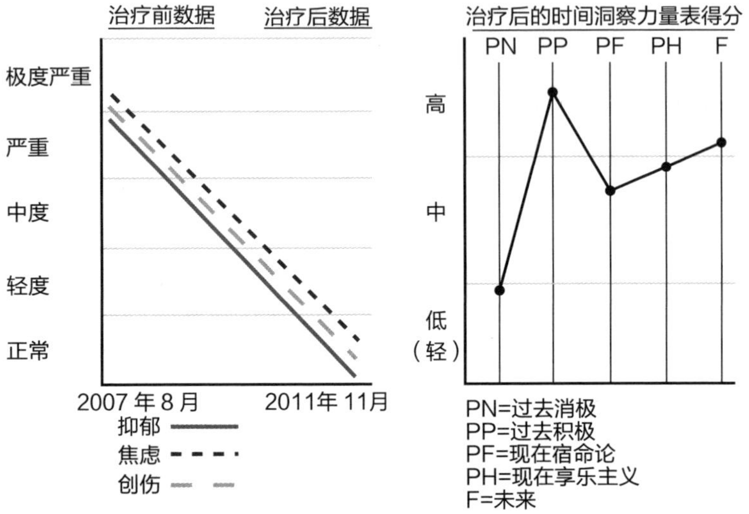

图 4-2 **迈克（朝鲜战争退伍军人）的心理测试结果**

迈克后来的时间洞察力量表得分与用时间观评价的他的心理健康状况的显著提高是一致的，尽管他受的战争创伤极大。他能够保持轻度的过去消极时间观和非常高度的过去积极时间观。他有中度的现在宿命论和中度的现在享乐主义时间观。他高度的未来时间观显示，他的未来看起来是美好的，他从创伤后应激障碍中持续的恢复也显示出了这一点。

虽然迈克的创伤程度在接受治疗之前的 50 多年里都维持在

极度严重水平。从心理测试以及各项测试间的一致性中可以清楚地看到，这名退伍军人在克服他慢性的、严重的创伤后应激障碍并使心理状况正常化上取得了很大的进步。

案例：“我有杀人的冲动”
——艾德（越南战争退伍军人）

艾德是一名参加过越南战争的退伍军人。他的父亲和祖父都是夏威夷人，他们传授给艾德优秀的传统打猎和水上技能，这让军队觉得应该把他安排到一个特殊的兵种里，他被选入“黑色贝雷帽”海军特种部队。在被调派到越南之前，他接受了大量的体能与心理训练，训练内容之一是学习越南语。

在越南的时候，他与海豹突击队、河流机动部队、海狼突击队一起执行秘密任务。他们会频繁地“抹平”村子或者城镇——杀死他们见到的每一个活物：男人、女人、孩子，还有牲畜。艾德渐渐喜欢上了杀人（这是军事任务中比较阴暗的方面之一，一种系统性邪恶的真实行动形式）。

他在著名的1968年的春节攻势期间参加了秘密任务，并且“准备好牺牲”。然而在其中一次任务中，艾德所在军队的大本营被摧毁了，他的许多战友在行动中被杀死或受伤了。在一次任务中，他们朝带着婴儿的老妇人开枪，杀死了他们。这件事一直严重地困扰着他。在越南期间，他的许多战友（包括他最好的朋友）都在行动中被杀死了，还有很多人在行动中受伤，这将愤怒和幸存的负罪感留给了他。

心理诊断：与战争有关的创伤后应激障碍。

我是一个地地道道的夏威夷人，我是在充满夏威夷文化的环境中长大的。我上过卡美哈美哈学校，那是一所大学的预科。我不仅接受了大学教育，而且也掌握了很多关于如何自给自足的知识。我的祖父和父亲把他们知道的所有生活和生存的技能都传授给了我。我在水中感到舒适自如，我会潜水、叉鱼、撒网。我知道如何采集海藻和所有能吃的贝类。我受过训练，会用枪、刀和弩来打猎，知道怎样建造东西和种植作物。这是一种非常好的成长方式。

我应征入伍，被派遣到越南，并被选入美国海军。在他们发现我拥有生存技能后，我被选入海军特种部队，成为“黑色贝雷帽”的成员。我们受的训练是对体能、心理和心智的强化。我们必须熟练掌握越南语。我们被训练将“敌人”非人化，为承受各种酷刑做好了准备——也让我们为牺牲做好了准备。当我们到越南境内时，刚开始我发现我很难杀死越南人……他们看着与夏威夷人一样。但是后来一切都变了。我不断地执行秘密任务，要在密林和河流中生存。

“抹平”村子是家常便饭——杀死每一个男人、女人、孩子以及所有的牲畜。最后，他们全都成了敌人——是我们眼中的动物。我失去的朋友多到数不过来，包括我最好的朋友。我经常想起他全身中弹，流着血，死在我怀里的样子。我还会突然回想起一个在舢板（一种有两根桨的平底小船）里的老妇人……她怀里正抱着一个小婴儿，婴儿在哭。她求我不要开枪杀她，但是我要执行命令。我杀了她和那个婴儿……秘密行动，夺走他人的生命，在密林和河流中生存导致的肾上腺素激增都成了我的癖好。

回到家乡后，我成了一名消防员。我追求着肾上腺素激增的快感。我是一个好领导，工作做得好，最终成了消防队长。我结了婚，有了孩子。我一直否认现实。我压抑着我对战争和自己的真实感觉。这种愤怒在我体内增长并变得难以控制。作为幸存者的负罪感有时会使我身体不适。每天我都要问上帝：为什么他要带走我的战友，我最好的朋友，而不是我？为什么他不杀了我，我杀了那么多人。

我的消防队员中已经有两三个人看过索德医生了，他们介绍我与索德医生帮助过的越南战争退伍军人认识。他们都知道创伤后应激障碍的症状，他们还告诉我，我得了严重的创伤后应激障碍。我不想听。我的妻子几年来一直在对我说这个。表面上，我拒绝相信我得了创伤后应激障碍。然而，我提前退休了，因为我再也不能应付工作压力。我感觉自己好像《圣经》中的彼得，他否认自己认识耶稣……我对每个人都否认自己得了这个病。但是在内心深处，创伤后应激障碍紧跟着我，闪回和梦魇是对我的惩罚。

在五名越南战争退伍军人的强烈要求下，我才约见了索德医生。我不相信这个白种人模样的男人。我的心里有一把隐形的M-16，我已经准备好要枪毙他了。这几名退伍军人都和我一起参加见面会：他们知道如果有机会我一定会从后门跑出去。索德医生道出了创伤后应激障碍的症状。退伍军人都在点头，尤其是他说到愤怒、孤独和回避时。他们不了解我每晚都做的噩梦、睡觉时的大喊、湿透的床单，我的妻子蜷缩在角落，因为她担心我会杀了她。我没有点头。我盯着索德医生看，试图吓住他。他给了我一份问卷让我填，并且告诉我，当我准备好了，他的妻子露丝会和我会谈，并向美国退伍军人事务部提交一份报告，这样我就能申请美国退伍军人事务部发放的福利金，还能设法获得创伤后应激障碍伤残评定。我走出去的时候，索德医生向我介绍了露丝。他解释说，她有部分夏威夷血统，而且她的父亲是一名职业海军，曾两度在越南服役。

虽然我新交的退伍军人朋友花了几周的时间才说服了我，

但我最后还是填完了表格，填完它对我来说非常难。我不想知道创伤后应激障碍是怎么影响我所爱的人的。我和露丝连续进行了五次非常重要的会谈。虽然耗时，但是会谈把所有的毒素都从我体内拔除了。我把从来没告诉任何人的事说给她听。她把所有的话都写下来，准备完成交给美国退伍军人事务部的报告。她没有对我进行评判。在那几次约谈中，我意识到我在越南时就成了一个对肾上腺素上瘾的人，在消防部门的工作又强化了这一点。我们取出了我不可告人的秘密，使它们成为过去的尘埃。我对自己的感觉开始好一点了。

在索德医生和露丝发现时间观疗法之前，我已经见了他们几次。在我的第一个时间观治疗疗程中，医生讲解了津巴多博士的时间理论。我记住了津巴多博士的斯坦福监狱实验以及实验带给人们的启示——普通人如何变成魔鬼。索德医生讲解了时间观疗法及其起作用的方式。我理解了该概念——通过用积极回忆来替代消极回忆并且为未来制订计划来寻找平衡，对我来说，这看起来太容易了，像一根魔棒。我愿意试一试。我同意加入他的时间观疗法试点研究，并且做了一些心理测试。医生给我看了他的网站，我们观看了《时间之河》。我理应每天都看，可是我对使用电脑并不熟练，所以没有看——但是我没告诉他。

在接下来的一个疗程中，我们仔细检查了我的测试得分。我们已经了解我的创伤、抑郁和焦虑程度。新的信息来自津巴多博士的时间洞察力量表，它验证了我其他的量表得分。我有极高度的过去消极时间观和高度的现在宿命论。过去积极、现在享乐主义和未来时间观——几乎没有。索德医生想处理我过去的消极回忆，他说我一开始产生与越南战争有关的闪回或者消极的想法，就应该转而去想积极的事情。每天，我的消极回忆都会突然重现，尤其是会记起在我怀里死去的朋友以及被我杀死的老妇人和婴儿……

医生问我一些过去的积极回忆，一些美好的事情。我记起很多和朋友一起的事情。虽然我们大部分时间都被吓得屁滚尿流，但是我们互相开玩笑，还开心地大笑。医生让我用那些玩笑和欢声笑语来替换掉我朋友死去的场面。医生还讲解说，我在越南的时候，我经历的是现实中的斯坦福监狱实验。我年轻，服从了命令。我对此很理解，但是这仍然不会消除我的痛苦。

我告诉他在工作中我是怎么使劲折腾自己的——去想那些因为我的行动不够迅速而逝去的生命。他说我是一个英雄，我在工作时拯救的生命远远多于未成功拯救的，还说我应当用过去的积极回忆来替代那些过去的消极想法。我告诉了他我的一部分过去积极经验，像是将人们从起火的建筑物中救出来，帮助一位女士生产，用救生钳将人们从车里拖出——以及爬到山坡下将一个妇女从她那已经飞下悬崖的车里拽出来的事情。这些都是无论我在何时想起过去的消极经验，都应该回忆的过去的积极经验。

在第三个时间观治疗疗程中，我们讨论了我的现在宿命论的倾向。我告诉他我所知道的一切，我孤立自己，因为我无法再和人相处，只能待在家里；我围着屋子做我能想出的一切让自己忙起来的事情。医生说做亲社会的事情可以缓解我的抑郁症，并让我走出屋子。我确定了自己的第一件亲社会的、选择性的现在享乐主义的事情，那就是采纳索德医生的建议，第一次去战争创伤团体见面会。它为我打开了一个全新的世界。我与其他退伍军人见了面，认识了在我家周围的需要帮助的退伍军人。为了使自己能够享受当下，我修了栅栏，砌了石墙，翻新了行车路面。在帮助我的朋友摆脱困境时，我觉得自己得到了赞赏，这感觉真棒。

在我的第四个时间观治疗疗程中，索德医生帮我计划了一个更加美好的未来。我并没有考虑过未来——它看起来是如此的无望。但是索德医生向我指出，通过为退伍军人朋友做一系列的事情，我已经开始制订短期的未来积极计划了。我知道他是对的。医生想让我为我和妻子的关系做出努力，对我来说，我们的关系看着还是可以的，直到他问我上一次我和她出游或者长时间相处是在什么时候。我很惭愧地告诉他，自从我们在20世纪70年代蜜月旅行之后，我就再也没有和她旅行过。他建议我考虑制订未来积极的计划，带她到某个地方再度一次蜜月。我认为这是个好主意。这些年，我可怜的妻子对我的忍耐已经够多了。她在我生命中最糟糕的时候爱着我，现在我感觉自己像年轻时候的艾德一样。在会谈时，我给妻子打电话，问她是否想和我一起出去，她抓住机会——她通过电话感谢了医生。医生打开电脑，我们制订了两三个月之后和妻子去拉斯维加斯的旅游计划。这是我们度蜜月的地方。

当我感觉需要见索德医生的时候我就去见他以接受时间观治疗，而且每两个月，我就去一次战争创伤团体见面会。我忙于给其他退伍军人帮忙的事情。这些事让我疲惫，帮助我入睡。我仍然因所有过去的消极回忆而苦恼——它们悄然而至，多到我不愿意全部承认。但是我努力记起过去的积极经验。我向医生承认，我确实不太会用电脑，所以他给了我《时间之河》的DVD，这样我就能时不时地观看了。我想妻子看得比我还多。妻子和我已经去了拉斯维加斯，现在正置身于我们更美好的未来中，我们计划延长假期——租一辆房车，参观国家公园。

艾德的认知行为治疗

在离开军队之后，加入消防部门之前，艾德有两三年的时间都在漫无目的地游荡。他的新职业的核心是拯救生命（亲社会行为），而不是剥夺生命（反社会行为）。鉴于他的智慧和大无畏的英雄事迹，他被提升到消防部门一个很高的职位上。在治疗中，他认识到他已经通过做和杀人相反的事情，找到了弥补自己在越南的杀戮行径的方法；他还认识到他能够以一种为社会所接受的方式继续体验肾上腺素激增的感觉。

当治疗专家开始实施治疗时，艾德与服役有关的创伤后应激障碍已经逼得他提前退休了。他带着极大的不信任和保留来接受治疗。他不能理解为什么自己一直如此紧张、兴奋和愤怒。他的压抑和否定不允许他承认自己患上了创伤后应激障碍。他的退伍军人朋友坚持让他接受治疗，因为他们辨认出了他的极度愤怒和过度反应是艾德从越南回来后患上的严重创伤后应激障碍的清晰症状。他需要一支由五名退伍军人组成的“队伍”押送到办公室；在候诊室里的时候，他看起来像是带着一把隐形的 M-16，并且时刻表现出全副武装的样子。

艾德在时间观疗法提出之前就开始接受治疗了。在早期的疗程中，他怀疑治疗的效果，也不信任治疗师。他在申请一项与服役有关的创伤后应激障碍赔偿时获得了认知行为治疗师的帮助。

艾德的时间观治疗

时间观治疗的第一个疗程致力于时间理论和时间观疗法的训练。艾德同意参与时间观疗法的试点研究。他快速地掌握了时间理论的概念，提出了许多有关时间观疗法的问题。他看起来像是理解了目标：平衡的时间观可以改善他慢性的、严重的创伤后应激障碍症状。艾德做了心理测试，测试结果将在下一个时间观治疗疗程中被讨论。艾德的过去消极的战争创伤已经在之前的疗程中被谈论过了，不用再讨论了。治疗专家给他放映了《时间之河》的放松录像，并让他每天看一次。

在时间观治疗的第二个疗程中，艾德的心理测试结果得到了重新检查。测试结果显示出艾德严重的创伤、严重的抑郁、极度严重的焦虑。他治疗前的时间洞察力量表结果显示他拥有极高的过去消极和现在宿命论时间观，极低的过去积极和现在享乐主义时间观。

艾德被要求用过去战争中和战争后的积极回忆来替代他过去消极的越南战争记忆的闪回和侵入性思维。当他发觉自己想起了最好的朋友被杀死的时候，他就被要求回忆愉快的感觉和美好的时光——他与朋友在过去的积极回忆。他倾诉道，他们用幽默来帮助彼此应对恐怖和极其可怕的情形，所以治疗专家让他立即用过去的积极回忆压制住他对失去的悲伤回忆。一旦艾德被卷入特定的消极想法——这些想法是使他感到自我憎恨的、与越南战争期间养成的杀戮爱好有关的黑暗过去——他就要用他的英雄事迹和他在消防部门救过许多人的过去积极回忆来替代它们。他详细说出了很多过去积极的事情，例如把人从着火的废墟和压扁的车辆里拖出来，拯救人们的生命。因为艾德说过他知道津巴多的斯坦福监狱实验，所以，津巴多的囚犯创伤经验和艾德的创伤经验及他在越南战争中的行为之间的关联就形成了。

可惜这又使艾德想起了过去在消防部门的消极经验——在这些场合中，他的努力“失败”了。治疗专家在他沉浸在近期的消极回忆中之前制止了他，并将他带回过去的积极回忆中。艾德被证明是一个难以治疗的案例，因为在他心里，过去的消极回忆远远超过了过去的积极回忆。然而，他被要求努力地用过去的积极回忆来替换他每天都有的过去消极回忆的闪回。

在时间观治疗的第三个疗程中，治疗专家注意到，艾德过着现在宿命论的生活，不做任何有乐趣的事：现在享乐主义不在他的考虑范围之内。要解决这种行为问题，治疗专家让从消防部门退休之后就一直自我孤立的艾德去参加战争创伤团体见面会，从而参与到亲社会的选择性现在享乐主义的事中。他在这个由善良退伍军人组成的团体中找到了越南战争后失去了的理解和友情。通过在见面会上与其他心境相似的人交往这一简单举动，他扩展了选择性现在享乐主义，亲社会行为开始增加。他与美国残疾退伍军人组织的成员见面，并且开始参加资金筹集活动。他也为他家周围那些需要帮助的退伍军人朋友做小型的建造项目，如砌石墙和翻新行车路面。

为创造一个未来积极的时间观奠定基础后，第四个时间观治疗疗程致力于让艾德能够计划一个更加美好的未来并且努力实现。他发现他享受着帮助退伍军人朋友获得选择性现在享乐主义的时间观的过程。他的很多技巧都被给予了很大的肯定，他快速地列出了一长串需要花几个月的时间才能完成的计划。他期待在今后和这些退伍军人共度时光。艾德和他的妻子从蜜月旅行后就没有再度假。在这一疗程中，艾德为自己和妻子制订了前往拉斯维加斯度假的计划，他们曾经在那里度蜜月。

在接下来的时间观治疗疗程中，艾德频繁退回到过去消极回忆中的问题，是通过努力地反复回忆过去的积极经验来解决的。因为他不会用电脑，治疗师给了他一张《时间之河》的 DVD，这样他就能练习平静的技巧，强化他在时间观治疗中学到的东西。

艾德更美好的未来

在消防部门工作了几十年，艾德从来没有想过为其他人的未来做好规划的他为什么过着现在宿命论的生活。他看不到自己的未来和生活的方向。他的现在宿命论导致他把自己孤立在家里、用忙碌来转移他对越南战争的注意力。当他意识到他是怎么以牺牲未来为代价使自己困于现在宿命论的时候，他开始有意地改变。

一旦艾德明白时间观治疗师想要帮他实现一个更加美好的未来，他就敞开了心扉。他仍然会被极端的过去消极回忆攻击，但是他会继续努力用过去的积极回忆来替换掉它们。每周一次的战争创伤团体见面会所产生的选择性现在享乐主义时间让他能联络、放松、与他的退伍军人朋友共享欢乐、去实现一个更积极和更美好的未来。艾德注意到，通过帮助他的朋友修理和建造东西而得到的成就感和他感觉到的欢乐，是他更美好未来的一个重要组成部分。也许更为重要的是，他与妻子的第二次蜜月非常成功，他们正计划着下一次旅行。通过补充的时间观治疗，艾德能够保持一个平衡的时间观。

艾德在接受时间观治疗之前和之后的测试结果

图表解释：在图 4–3 左侧图中，艾德在三个类别中的分数都显示出了改善。他的抑郁程度有了极大的改善，从严重下降到正常范围。他的创伤分数从严重下降到轻度。他最初极度严重的焦虑已经改善了，但仍处于轻度和中度之间，这是他的治疗师要继续监控的方面。

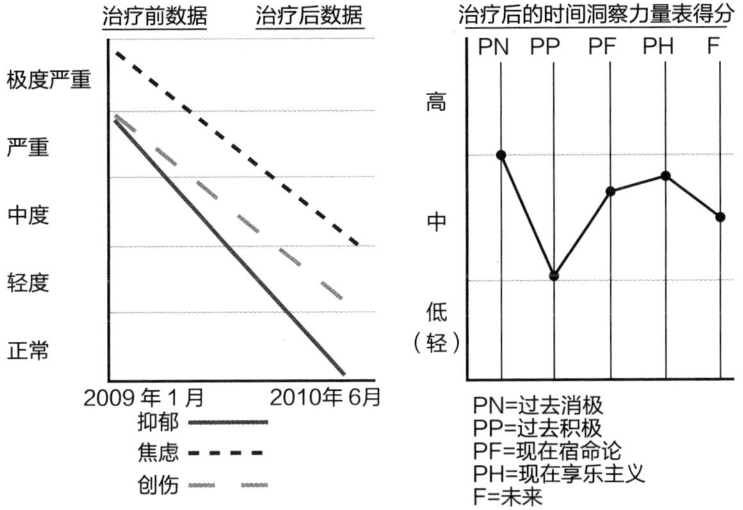

图 4-3　**艾德（越南战争退伍军人）的心理测试结果**

艾德的时间洞察力量表得分反映出了他持续遭遇的一些困难，尤其是焦虑障碍和创伤后应激障碍。他继续紧抓着过去的消极创伤不放，难以记起过去的积极经验。艾德的现在宿命论、现在享乐主义和未来的得分都在中度范围内。

他继续紧抓着对未来的焦虑不放，这符合创伤后应激障碍的诊断标准。他的过去消极得分在中度和高度之间，而他的过去积极得分在轻度和中度之间。他认为这是因为他没能救出和他在越南所杀人数一样多的人。

案例："它被永远地刻在了我的记忆里"——肖恩（海湾战争退伍军人）

肖恩在海湾战争的沙漠风暴行动开始前被调配到沙特阿拉伯。他是一名司机，也是一名直升机技师。他被指派给一位女少校当司机。当这位女少校以及他的四个朋友在一场直升机被击落事件中丧生的时候，肖恩受到了极大的震撼。他加入了沿着被严重轰炸的科威特"死亡公路"搜寻尸体和将尸体从现场运走的工作。直到今天，被严重烧焦的尸体和尸块、尸体腐烂的臭味，以及与这些恐怖事件有关的周期性发生的、侵入性的、令人痛苦的回忆还在闪回和噩梦中困扰着他。

39 岁的肖恩非常聪明、体贴。他不想详细地诉说他所患的与服役有关的创伤后应激障碍的应激源或触发器（这是他最初去寻求治疗的原因），但是在对时间观治疗疗程的描述当中，他提及了最严重的应激源。

心理诊断：与战争有关的创伤后应激障碍。

第一个时间观治疗疗程是令人激动的。索德医生讲解了津巴多博士的时间理论，我觉得它妙极了。索德医生继续讲解了时间观疗法。我熟悉认知行为疗法和积极心理学，已经经历了一些延迟暴露治疗——那只会让我的情况更糟。这种新的疗法很有趣，它是如此简单。我问医生为什么以前没有人想到这种治疗方法。医生说有时候东西就在眼皮底下，我们却熟视无睹。

医生要求我做一些测试：用来测试我的创伤后应激障碍、抑郁症、焦虑障碍，还使用了津巴多博士的时间洞察力量表。我给自己在测试上评了分，并且针对时间洞察力量表得分绘制了图表。医生和我一起分析了测试分数。有趣的是，津巴多时间洞察力量表证实了我在其他测试中的分数。我的过去消极分数最高，现在享乐主义分数其次，而未来的时间观则几乎不存在。医生提到在今后的会谈中要努力平衡我的时间观。他打开网站，我们观看了《时间之河》的视频。它十分令人放松，而且我知道，正如医生所要求的，让我每天都看一次将很容易。

在时间观治疗的第二个疗程中，我们重点用过去的积极回忆来替代过去消极回忆的闪回。我有几个反复出现的闪回，但是有一个让我特别不安：这与跟我关系密切的一位少校的死亡有关。在中东时，我是她的司机。她是一个非常聪明的人，你可以与她讨论任何话题，从量子物理到政治。她开启了我对那些自己从未考虑过的事情的心智，对她而言，我就像是一个聪明的小弟。我喜欢我们之间的谈话。当她乘坐的直升机被击落，我所有的朋友都被杀害的时候……唉，我想不出用什么话表达自己的感受。

我被派去找回他们的尸体。在那样的情况下看到她——它被永远地刻在了我的记忆里。医生要求我拿过去我们谈论过的积极回忆来替换极度消极的回忆：将注意力放到她是如何增长我的见识上来；想想她传授给我知识的时候，我对她是如何的敬重。我们讨论了用过去的积极回忆来替代过去的消极回忆的重要性。

在时间观治疗的第三个疗程中，我们致力于我的现在宿命论。多年以来，我的态度受到了过去消极回忆的影响，它们使我用宿命论的态度思考现在——我被困在了一个深渊里。我唯一感到自己还活着的时候是我挑战人类极限、做一些极其现在享乐主义的危险的事情时。在夜里，我开着汽车或者骑着摩托车，超过限速两次（甚至更多次）。没有什么能比处于生死一线更让我感觉自己还活着了。医生说如果我在一次挑战极限中死去，那么我将不会有孩子，世界将会变得更加可怜。谁知道我的后代会不会完成什么伟大的事情呢？

这唤醒了我的自我价值感。医生给我推荐的克服现在宿命论的最简单方法，就是将我的注意力投向生活中最积极的存在，那就是我的女朋友。我的女朋友是最棒的——聪明、美丽、深情——对我来说她是完美的。我们住在一起，但是我正在逐渐地忽视她。我会从早到晚修正我的电子项目，然后骑车去兜风。医生建议我把她列入健康的选择性现在享乐主义计划。

我的女朋友喜欢一切和大自然有关的东西，这是她吸引我的地方之一。在我们刚谈恋爱的时候，我们形影不离；但是随着我的创伤后应激障碍症状的增加，我的现在宿命论使我把自己孤立在家里。医生建议我通过带她到大自然中、去海边，通过徒步旅行来练习选择性现在享乐主义时间观。那个周末我们开始了我们的第一次冒险，并在之后进行了很多次。我们的关系又变得亲密了。

我喜欢一切和空气动力学有关的东西，我在家做的项目包括组装遥控玩具直升机和飞机。我开始和女朋友一起试飞它们，这是我在练习选择性现在享乐主义时间观之前从未考虑过的事情。我想自己做这些事情，但是我女朋友喜欢我带上她一起，而我也发现我喜欢她陪着我。

在这个疗程中，我们谈论了我用更加亲社会而非反社会的方式来处理我的现在宿命论抑郁症。亲社会行为是实践选择性现在享乐主义时间观的另一种形式。医生要求我参加战争创伤团体见面会。在第一次见面会上，我很难表达我发生的转变……我来到那些像我一样被笼罩在阴影里的兄弟面前，但是他们已经走出来，站到了光明之处。我也想那样。那是非凡的。

在第四个时间观治疗疗程中，我们讨论了我在处理日常活动时会遇到的麻烦。我的现在宿命论会抓住我并且不放我走。我有想完成的事情，但是很容易分神。在一天结束的时候，我什么也没做成。那非常令人沮丧，我会勃然大怒。医生向我提出了一个简单的建议：列清单并且坚持完成。如果我分神了，就回过头来看看那张清单。在一天结束的时候，看到我已经完成的事情，我感到了积极快乐，而不是沮丧……如果我没有完成我那天想做的事情，我可以在第二天完成它。为什么我就没有想到呢？

我们继续前进，并且为我的未来积极的生活做了计划。在高中的时候，我对古董车产生了兴趣。当我对医生提到这个时，他上网查了不同的网站，我看到了两三辆看着很好的古董车。我计划在美好的未来攒钱买一辆汽车和一辆摩托车。当然，我更美好的未来里最重要的部分是我的女朋友。我们在一起已经两三年了，但是由于我的创伤后应激障碍，我们还没有一起去过任何地方，所以我制订了积极的休假计划。

我继续去见医生，接受时间观治疗，尤其是我的现在宿命论冒头时，但是我不再需要有风险的极度的现在享乐主义。我学着为一个更加美好的未来制订短期和长期计划。我和女朋友订婚了，后来我们结婚了——我们举办了一场大型婚礼，办婚礼需要一些积极规划；我们共度了一个美好的蜜月，我们游遍了太平洋西北部，这也需要一些积极规划；我妻子怀孕了，然后我们就有了一个美丽的女宝宝，这更需要一些积极规划。

医生和时间观疗法给了我对未来的希望。我已经学会了如何平衡我的时间观。我明白我很可能要一直忍受创伤后应激障碍的痛苦，但是时间观疗法会帮助我。

肖恩的认知行为治疗

在军队服过役之后，肖恩回到了毛伊岛，接受了一份在毛伊岛的 1 万英尺高的山——哈莱阿卡拉山的天文台上的工作。他故意将自己孤立起来，选择了一份要求他白天睡觉、晚上独自值班的工作。他在一次早期的（时间观治疗之前）治疗中坦言，他唯一觉得安全的地方就是把门反锁后的天文台——没有窗户，没有门，还有一个绝佳的监测系统。

自我孤立了 10 年之后，肖恩觉得是时候从山上下来了，他在当地的机场获得了一个制造飞机企业的航空机械师的岗位。遗憾的是，不久后他就因为身边人群密集和工作压力而不堪重负。航线上所有会触发他的创伤后应激障碍症状的提示都浮现了出来。他无法集中注意力，无法坚持完成标准程序所包含的所有行动。肖恩是一名航空机械师，所以这是不能被接受的，会使其他人陷入重大危险。他被勒令停止那项工作。幸运的是，他能够从美国退伍军人事务部那里获得100%与服役有关的创伤后应激障碍伤残评定。

肖恩的时间观治疗

肖恩已经接受过40多次治疗。在时间观疗法创立之前，他就已经在治疗师那里得到过帮助，收到了美国退伍军人事务部的100%与服役有关的创伤后应激障碍伤残评定。他同意加入时间观疗法的试点研究，并开始接受时间观治疗。

肖恩非常聪明。在时间观治疗的第一个疗程中，他热切地学习津巴多的时间理论和时间观疗法的概念。他做了心理测试，给自己评分，和治疗专家一起分析他的测试结果，以确保他正确地理解自己的分数。他的时间洞察力量表测试结果显示了高度的过去消极观、高度的现在宿命论、高度的现在享乐主义、轻度的过去积极观和未来时间观。肖恩被要求每天都观看《时间之河》的视频。

肖恩和治疗师都从之前的治疗中了解了肖恩过去的消极回忆，治疗师要求肖恩开始用过去的积极回忆，尤其是用他对死去朋友的积极回忆，来替代过去消极回忆的闪回。在他脑海中出现次数最多的过去消极闪回，是找回直升机被击落事故中残缺的少校尸体。他回忆他们曾有过的具体的认知性交谈，以及能和另一位他可以与之交流的人相识的美好感觉。治疗师要求他用这些过去的积极回忆来替代他过去的消极记忆闪回，并要求肖恩记住，那些从少校那里学到的知识将会永远存在于他的心里。专家给了肖恩放松 CD 以帮助他减低自身的压力水平。

第三个疗程处理了肖恩高度的现在宿命论。治疗师建议他关注眼前的积极事物，尤其是他与他善良、钟情的女朋友之间的关系，而不是他那任意妄为和现在享乐主义的行动倾向。他们详细地讨论了他持有的极度现在宿命论的自杀意念，肖恩努力地克制想让自己死于一场车祸的念头。治疗师提示，如果没有肖恩对基因库延续的善举，世界将会经受一大损失，这对肖恩来说是一个“啊哈！”的顿悟时刻。

治疗师建议肖恩不要成为现在宿命论者，不要把自己孤立在家，他应当通过带着他热爱大自然的女朋友到海边或者去徒步旅行来练习选择性现在享乐主义时间观。肖恩学东西很快，并将这些选择性现在享乐主义的出游变成了他和女朋友的历险和有教育意义的经历。他还爱好空气动力学，专家鼓励他在选择性现在享乐主义中享受玩遥控飞机和直升机的过程——那些遥控飞机和直升机是由他自己装配的。专家要求肖恩参加战争创伤团体见面会，以扩展亲社会的选择性现在享乐主义时间观。他珍惜与退伍军人朋友之间的交往，他尤其从有关人际关系方面的讨论中受益。

肖恩的未来积极经验是时间观治疗的第四个疗程的主要关注点。然而他处理问题的能力一如最初陈述的：他难以处理日常问题，而且会变得现在宿命论——不堪重负以致乱发脾气。治疗专家建议他为自己制作清单，每天都专心致志地完成清单所列的几个项目。专家要求肖恩集中注意力去感受已经完成的事情带来的积极感觉，而不是没做完的事情所带来的消极感觉；还要他明白，未来他能够完成更多的任务。

关于未来积极经验，肖恩回想起自己在高中时对古董车和摩托车很感兴趣，并且在和治疗师上网讨论了车型之后，他计划买一辆古董车和摩托车。他与女朋友的关系正在发展，而且他们为两人的第一次度假而做了积极计划。

肖恩更美好的未来

在随后的疗程中，肖恩的日常问题被发现，其中许多问题都被解决了。肖恩更美好的未来包括详细的结婚计划，这已经完美地实现了，随后他又计划成为一名优秀的准父亲，然后成为一名优秀父亲。他现在懂得了未来积极的时间观的重要性，以及平衡他在军队中的消极经验的方式。他已经能够寻找幸福，无论对他自己还是他人，他不再是危险人物了。肖恩继续同创伤后应激障碍的严重影响斗争，并且他正学着在时间观治疗的帮助下应对这些影响。

肖恩在接受时间观治疗之前和之后的测试结果

图表解释：在图 4–4 左侧图显示了肖恩从时间观治疗中获得的典型改善，他的抑郁分数从严重下降到接近正常。他的焦虑分数从严重下降到轻度和中度之间，他的创伤分数从严重和极度严重之间下降到中度。

至于肖恩的时间洞察力量表分数，他的过去消极和过去积极时间观分数都在中度范围内。他的现在宿命论分数在中度范围内，与他中度的现在享乐主义一致。肖恩的未来时间观分数在中度和高度之间，这说明了他对更美好的未来的希望。

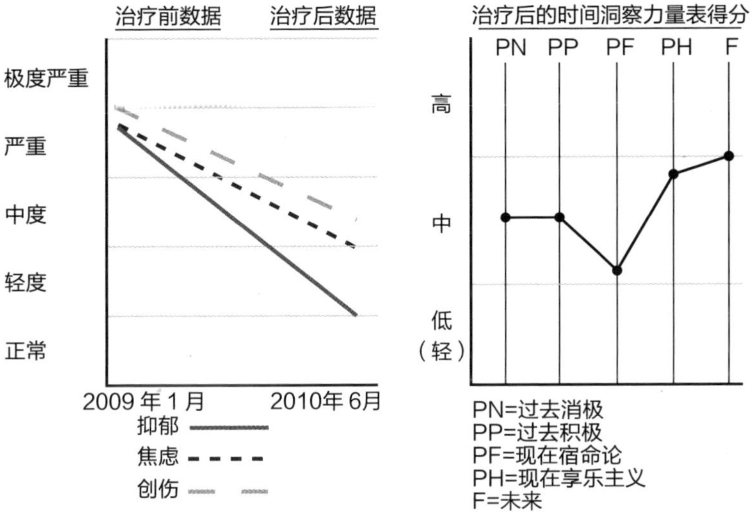

图 4-4 **肖恩（海湾战争退伍军人）的心理测试结果**

案例：“我崩溃了”——埃弗里斯特（伊拉克战争退伍军人）

埃弗里斯特是一名 26 岁的伊拉克战争退伍军人。19 岁被调配到伊拉克时，他是一个聪明、风趣的男孩。在那里，他领导着由 4 个年长的男人组成的作战小组。刚开始，由于年龄太小，他很难领导他们。但是在一次任务中——两个叛乱者被杀、一个重武器贮藏处被发现，他凭借自己的直觉和迅速行动救了战友，从而证明了自己。这场战斗是艰难的，但是当埃弗里斯特被派去押送巴格达外阿布格莱布监狱的囚犯时，事情变得更糟。

心理诊断：与战争有关的创伤后应激障碍。

我一直对心理学很感兴趣，弄清人们为什么做某事对我来说是很有吸引力的。我和许多很棒的朋友一块长大。我们过得很开心——开玩笑、大笑，很快乐。当我高中毕业时，我选择了应用心理学专业，计划着有一天能成为一名心理学家。但是我的父母不能支持我念大学，所以我一毕业就加入了美国陆军 442 军团，我知道在我退伍时能够得到补助。我的一位叔叔和表哥都加入了国民警卫队，而且都已派往海外，所以我想我可能会见到他们……我没有意识到，当我回家时我的精神会受到如此大的创伤。

19 岁的时候，我被派往伊拉克的巴拉德，驻扎在阿纳康达后勤保障区的外面。我有几份工作要做。我有资格使用所有武器，所以我成了一名士官，是快速反应部队的一员。我是一名为部队和村民服务的助理医师，并且参与人道主义任务；我是移动情报小组的成员，也是阿布格莱布的囚犯押送人员。

我猜我在军事测验中取得了高分，因为我成了一个小组的领导者——那很难，因为我要管的人都比我年长，他们对我的命令置若罔闻。有段时间我每时每刻都在忍受着侮辱和奚落。我知道年龄并不必然会增加智力或者知识。我知道我必须向队伍证明自己，从而赢得他们的尊重，我也是那么做的。我想到在越南，军官和士兵接受训练——他们很强硬……而在伊拉克，部队里的人都泡在任天堂游戏里。我强硬起来，变成了一个精明严厉的领导。

我创伤后应激障碍的开端，源于我在阿布格莱布监狱经历的一件事。那时我正押送着两名囚犯去坐直升机，要将他们驱逐出境。就在那时，其中的一个年龄大一点的家伙试图逃跑。我不想开枪，所以我一追上他就用头盔打晕了他。当时我正戴着夜视头盔——它就像件武器一样好用。他倒下了，我跑回去将另一个囚犯押到直升机上，然后再跑回去押送那个试图逃跑的囚犯——他死了。除了震惊，我找不到什么词来形容我当时的感受。尸检医生知道我感觉很糟糕。她告诉我那个人一直承受着癌症晚期的痛苦，当她解剖他时，他体内满是肿瘤——他死期将至。我知道她是想让我好受点，但我没有。

我无法忍受恃强凌弱或者是人身虐待，尤其是当我看见一个男人在占一个女人的便宜的时候——我就是要管……我在一次巡逻时，我刚拐过小巷的拐角，就看见一个伊拉克男人在对一个女人拳打脚踢，两个年幼的孩子在那里大哭。我崩溃了。我跑上前去，用阿拉伯语对那个男人大喊以制止他，可是他不听。我挥动我的 M–4 步枪砸向他，（而且）打得他脑袋开花。我不是故意下那么重的手打他……我只是想制止他。

很奇怪——我并没有感到悔恨。我把他拖到了一个大垃圾堆的后面。小孩子们抱着那个女人的裙子。她走向我，哭着用阿拉伯语说："谢谢你，愿主保佑你。"她抓起我的手开始亲吻。我不停地摇头——我需要离开那里……在我走回街道继续巡逻的时候，我清理了我的武器……我知道我有些不对劲……

压死我的最后一根稻草是我所在连队的护卫队被袭击的时候。我们得到通知，有四名美军士兵在行动中被杀死了。我当时是医疗兵。当形势安全了，我就跑到现场，看看有什么需要做的——我能帮到谁。一些人正在救助伤员，其他人在轻手轻脚地处理四名美军士兵的尸体。我走上前去看看他们是谁，我认识他们中的两个……我的叔叔和表哥。我崩溃了吗？是的，那个乐天派的埃弗里斯特在那天死了。我一直哭到麻木。很多年我都没有再哭，也没能够再哭出来。爱、悲伤、内疚——我感觉不到它们了。我只能感觉到憎恨和无法控制的愤怒。

当我回到家时，我22岁。我知道我需要帮助，所以我去找了一位州退伍军人服务中心的官员，要求得到福利金。我想获得心理治疗或者学费。他甚至没看我的真实情况，就把我拒绝了。这件事把我送入了更深的抑郁。我住在父母家里。我做着一份药剂师的工作，并且设法保持忙碌，将注意力从伊拉克移开。当我不工作的时候，我就待在自己房间里不出门，密谋着远离他人。老朋友和亲人发现我回来了就打来电话，但是我不想和任何人说话或见面。

我的创伤后应激障碍症状就像一个住在身体里的怪兽，随时等着被激怒。我总会反应过度，发泄受压抑的情绪。任何事情都能让我爆发。我曾有恐怖暴力的想法，杀人和自杀的想法。我不想让别人知道这些想法，因为它们太恐怖了。最后，我去看了美国退伍军人事务部的精神病科医生，他给我开了药。白天的时候那些药还算有效，但到了晚上，它们会扭曲我的梦，带来梦魇。最近的事会和我在伊拉克时发生的事混在一起，我不知道谁是谁，什么才是真的。有时候我认为我回到了伊拉克，还把我的家人误认成伊拉克人。那真恐怖。我醒来时感觉自己像犯了心脏病——心怦怦直跳，气喘吁吁，大汗淋漓。我睡眠不足，而且紧张不安……我会不断地挑起与姐姐之间的争执，还会和父母争吵。我非常痛苦，不想再活下去了。我服用过量的药物，并且希望自己再也不会醒过来。我妈妈救了我。

唯一一个让我感觉想亲近的人是一位担任警官的叔叔，他真是一个好人。他也是联邦灾难响应队的一员。我知道父母在和他谈论我，那让我有点恼火。但是有时候我也会和他说说话。他是一个好的倾听者——他从不评判我。我并没有告诉他所有的事情，但是我告诉他，我对被官员拒绝提供退伍军人服务与福利金感到生气。我猜我所告诉他的足够让他建议我去看这位专攻创伤和创伤后应激障碍的医生——他在联邦灾难响应队里认识的那位医生。

我叔叔打电话和索德医生约好了，但那次我没去见他，我还没准备好。我学过心理学——那是过去的事了，我有意不去那里。我知道我需要帮助，但是我就是做不到。然后我妈妈打电话给我预约。当时我在家里，妈妈告诉我电话那边的人想要和我说话。这位女士说她叫露丝，她问我是否准备好了。我想："这个人是谁，敢向我发问？"这引发了我的好奇。她告诉我，除非我准备好去应对，否则他们提供的任何帮助都不能起作用。她说，通常当人们为他人预约的时候，当事人可能并不想接受治疗——拨打电话的人让他们过来，其实是在浪费所有人的时间。我想："可恶，她说话可真直接！"我告诉她，她现在就是在和我说话，我会赴约的。我很害怕，没有人知道我内心的想法，我的恶念。我不想被评判，也不想被别人发现我是个无能的人。

和索德医生的约见，我迟到了。露丝在门口等我。她没有提任何关于我迟到的事情——只是微笑，介绍她自己，并且说我们偶尔会在一起工作。她向索德医生介绍了我。他和我叔叔很熟，而且我很佩服他打破沉默的方式——聊聊家庭，确认我是442军团的军人，还有他是怎样治疗二战442军团退伍军人的。

第一个疗程我记不大清了。我知道我说出了一些应激源以及一些引发闪回的事情。但是谈论那些“疯狂”想法仍然让我感觉不舒服——想象杀死惹恼我的人的方法和自杀的手法……那些想法我后来才说了出来。我与索德医生约定每周进行治疗，同时与露丝医生预约写下我的经历。她会与我会谈，把我在伊拉克的创伤经验写下来，并准备一份由索德医生提交给美国退伍军人事务部的报告。我当时的感受是：这些人想要帮助我。

我和露丝的第一次会谈是一场长达三个小时的情绪马拉松。我认为治疗师应该是铁石心肠的，但是当我谈到曾经的我是怎么样的，而我“现在”又是怎样的时候，露丝的眼中充盈着泪水。我想，为什么她能感觉到，我却不能？然后我把伊拉克发生的事情告诉了她。在她打字记录我所说的内容的时候，泪水也顺着她的脸流了下来。我感觉我的脸颊也湿润了—我在哭。能哭出来、知道我还能哭出来、知道我还能感受得到……令我如释重负。

在接下来的一次和索德医生的会谈中，他讲解了创伤后应激障碍是一种精神创伤，而不是精神障碍或者疾病。不知怎么的，这使得我感觉好些了。很明显，通过谈论我在伊拉克的创伤经验，我已经迈出了治愈的第一步。我们谈论了未来的目标，我告诉他，我的主要目标之一是摆脱药物。他还给我推荐了另一个目标——对未来怀有一些希望。我认为这是个好主意，但是对我而言，未来看上去非常黯淡。

我和露丝开始了第二次马拉松式的会谈，但是不像第一次那样情绪化。自从第一次会谈结束，我已经在网上查找了创伤后应激障碍的症状。当她问及有关我的睡眠模式、我有没有回避别人和特定的情境或者场所、什么会让我生气、我的工作情况、我与家人关系的问题时，我并没有感到惊讶。然后她问我是否介意我父母和她或是索德医生见面，以便他们了解创伤后应激障碍。她说尽管我是她和索德医生的关注中心，但是他们也关心我的家人如何应对这个问题。我告诉她我对此没有意见，所以她将见面定在了下周。

在我和索德医生的第三次会谈中，他给我做了心理测试，并且解释了我的创伤、抑郁和焦虑是如何从严重变成极度严重的。这不奇怪。他认为我的愤怒属于A型行为。我曾学习的心理学知识让我知道那是什么，并且清楚地知道他在谈论什么。我们马上着手矫正我的行为，从放缓我的呼吸开始。

无论在什么时候，只要我开始感到生气或者沮丧，我都会这么做。我会放慢我的动作，放松我的肌肉，降低我说话的音调和音量，并且深思熟虑，而不是用我在伊拉克时所使用的方法，以军事化的方式做出反应或者过度反应。这是些简单的事情，但是当你要失去控制时，就很难做到了。但是那天，我对自己发誓要更多地注意我的行为。我已经不在军队里了。

我妈妈与露丝见面，我爸爸和姐姐则与索德医生见面。在他们见过面之后，我妈妈告诉我，她对创伤后应激障碍和它是如何影响家里每个人的有了很多了解。这让我感到内疚。我猜我表现出了内疚，因为我妈妈拥抱了我，并且说："这不是你的错。"我没有告诉她，我感觉自己在某种程度上认为那是她和我爸爸的错，因为我入伍、经历那些可怕事情以及我的变化，都是因为他们赚不到足够支付我上大学费用的钱。我知道这是不合理的，可我忍不住那样觉得。但是我什么也没说。

自从我回家，我对我姐姐的态度很差——我尖酸刻薄，我姐姐一被关心，我就怒发冲冠。我已经变成了让自己讨厌的欺凌者。我让她感到如此可怕，以至于她搬出了家。但是在和索德医生见面后，她又搬回来了。她说她越来越能理解为什么我的举动会失去理性了。我告诉她我正在努力，她说她能看得出来。我们彼此原谅了。我爸爸——他非常爱我，我是知道的！我知道！他一生都想把最好的给我，但是我搞砸了。在他见过索德医生之后，他朝我走来，给了我一个最大的拥抱。我那疲倦的、封闭的心敞开了——完全敞开了。

索德医生把我们的第四次会谈安排在了假期。当我到达他的办公室时，他告诉我他要带我到一家快餐店吃早餐，见一些特别的人。我饿了，这正合我意——尤其是这顿早餐是索德医生付账。当我们来到店里时，有 10 位最早的二战 442 军团的退伍军人围坐在一张桌子旁。索德医生向这些已经近 90 岁的人宣布："先生们，这位是埃弗里斯特，他是 442 团的新成员！"这些老伙计欢呼着跳起来，他们还与我握手。他们咧着嘴笑，我也跟着笑。他们中有人告诉我，我是 65 年来的第一个新成员。除了得知我的家人仍然爱着我并且很努力地理解我之外，这是我从伊拉克回来后遇到的最好的事情。

索德医生和露丝利用他们所写的心理报告帮我向美国退伍军人事务部提出了创伤后应激障碍伤残索赔要求。他们鼓励我坚持去见美国退伍军人事务部的医生。他们知道我不善交际，所以他们邀请我加入星期三退伍军人见面会。我去了几次，而且确实很喜欢和退伍军人朋友待在一起。我大概每三个月见一次美国退伍军人事务部给我看病的精神病科医生——他会把关我的药物服用。在我与精神病科医生的一次见面中，他表明我应当被安置到一个全部是创伤后应激障碍伤残者的紧急安置基地，但我拒绝了他，因为我想去上学。我把这件事告诉了索德医生，他劝我听精神病科医生的话，因为我还不具备上学所需要的正确心态。我不能集中注意力，我的短时记忆也受损了——要记住我读过的东西是非常困难的。我回到了精神病科医生那里，他建议我参加一个在大型退伍军人实验室开展的、为期八周的退伍军人创伤后应激障碍康复项目。由于我已经申请了美国退伍军人事务部所做的创伤后应激障碍伤残评定，我认为我不妨试一试。我告诉索德医生我会在下周出发。

当我参与创伤后应激障碍寄宿康复项目时，我每周都给索德医生打电话。我做得很好。我无法实实在在地谈论我们做了什么，就只能说我觉得康复项目极其困难而且我有时想逃跑——但是我想我们中的每个人都曾在某个时候有过这种想法。

当我从康复项目回来后，我的伤残评定已经通过了。我现在能够领取福利金去上学了……索德夫妇问我是否想成为Z团队的一员。这对我而言是千载难逢的机会。我帮助津巴多博士从海湾地区派来的研究人员对退伍军人进行初期的试点研究。

我的更美好的未来？我被大学录取了，正致力于获得医学学位，我的目标是成为一名精神病科医生。我亲身了解过战争的影响。我的意向是医治退伍军人，尤其是那些从中东战场回来的退伍军人。

埃弗里斯特的时间观治疗

埃弗里斯特从伊拉克回来后就成了一名药剂师。这名年轻的退伍军人在高中三年级的时候学习了应用心理学的大学课程，而且对剖析自己性格改变的原因很感兴趣。他具有严重的创伤后应激障碍症状，包括频繁的自杀和杀人想法。

埃弗里斯特与战争有关的创伤后应激障碍的严重性，使得索德夫妇认为有必要同时开展个体治疗。埃弗里斯特和索德的第一个疗程的焦点是通过谈话和讨论建立密切关系，很显然，标准的时间观治疗对过去、现在和未来所设置的治疗方案需要修改。不能再遵从由过去到现在再到未来的逻辑，而是要增加埃弗里斯特过去的积极回忆以及未来的积极目标，来平衡他极端的过去的消极回忆。他和露丝的第一次治疗会谈是一次长达三小时的强化治疗，在这段时间内埃弗里斯特向她倾诉了与战争有关的过去的消极经验。他有计划的自杀想法（用枪）以及他毫无计划的杀人想法是最受关注的。他同意不按照这些想法行动，并且在他感觉自己招架不住这些想法的时候就给索德夫妇打电话。埃弗里斯特与索德的第二个疗程的焦点是创伤后应激障碍及其症状。索德讲解了时间理论和时间观疗法。埃弗里斯特的心理学背景使他能够快速地掌握这些概念并且认识到放开他过去的创伤、让他的生命继续前行的重要性。

在他和露丝的第二次长达三小时的强化时间观治疗之前，埃弗里斯特已经自学了有关创伤后应激障碍的知识，并且准备好讨论他严重且往往极端的症状，他的症状导致了他的现在宿命论时间观。为了帮助他康复，他的家人也被要求参加没有埃弗里斯特在场的谈话。

在与索德一起的第三个疗程中，索德对他实施了心理测试并且讲解了他已确诊的严重的创伤后应激障碍、抑郁症和焦虑障碍。当埃弗里斯特正在通过消极的现在享乐主义来应付愤怒的问题时，他们讨论了 A 型行为。索德马上鼓励埃弗里斯特运用行为矫正法，埃弗里斯特能够用这一方法练习呼吸和深度肌肉松弛技巧，同时放慢动作，降低他说话的音调和音量。

在单独的约谈中，露丝与埃弗里斯特的妈妈见面，索德则与埃弗里斯特的爸爸和姐姐见面，两人向他们讲解了创伤后应激障碍及其症状、时间理论和时间观疗法。所有的家庭成员都被请求用同情和理解来对待埃弗里斯特。

为了重建埃弗里斯特的自尊，帮助他靠体验现在享乐主义来应对他的现在宿命论，第四个疗程是在一家快餐店里进行的，埃弗里斯特在那里见到了一个由二战 442 军团最早的退伍军人所组成的团体。他受到了热烈的欢迎。这次见面的自发性加上他意识到家人无条件的爱，是埃弗里斯特时间观治疗中的主要转折点。这次见面后不久，通过偶尔参加战争创伤团体见面会，他扩大了自己的选择性现在享乐主义时间观。他被鼓励继续每几个月见一次美国退伍军人事务部的精神病科医生，以监控他处方药的服用。

在后面的疗程中，索德和埃弗里斯特讨论了他对未来积极经验所做的规划。尽管他想要马上上大学拿到学位，他还是被要求继续努力提高他的应对技能。他的创伤后应激障碍症状，尤其是他无法集中精力这一点，仍然很严重。埃弗里斯特的美国退伍军人事务部的精神病科医生为他报名了一项在特里普勒陆军医院开展的、为期八周的创伤后应激障碍寄宿康复项目，该项目在接下来的一周开始了。在康复项目过程中，埃弗里斯特每周向索德医生报告一次。

他的康复项目一完成，埃弗里斯特就收到了他的创伤后应激障碍伤残评定。他被邀请加入 Z 团队，协助开展调查以及时间观疗法的试点研究。

埃弗里斯特更美好的未来

经历治疗的过程并且断断续续地参加每周都举办的战争创伤团体见面会，埃弗里斯特决定带着完成大学的医学学习并成为一名精神病科医生的学术目标去上大学。尽管他将一直忍受创伤后应激障碍的痛苦，但是他的症状已经得到了明显的改善，而且现在他有了一个关注的中心：帮助遭受相似痛苦的退伍军人朋友是他最大的愿望。通过时间观治疗，他能够用一个包含亲社会事业及长期人际关系的积极的未来计划，来代替反复在他脑海中放映的现实战争电影。

埃弗里斯特在接受时间观治疗之前和之后的测试结果

埃弗里斯特是 Z 团队在 2009 年初的创始成员之一，他没有参与过时间观疗法的试点研究。他很大方地同意为本书撰写并分享他的故事。我们尊重他的意愿，没有在这里给出测试图表。然而，他已经允许在此分享他的心理测试分数（见附录 C）。

小结

→ 所有的战争使成千上万的美国退伍军人正在与创伤后应激障碍斗争。可以预见，经历过这些战争的退伍军人陷入了过去消极和现在宿命论的时间观里，既牺牲了现在也牺牲了未来。

→ 已经发现时间观疗法能非常有效地帮助退伍军人重回他们应有的平衡时间观中：积极的过去、选择性现在享乐主义和积极的未来时间观。

→ 增强归属感和社区氛围，是减少人们在灾难面前的消极、暴力和自我毁灭性应对的重要部分，也是增进亲社会的公民参与的重要部分。亲社会的战争创伤团体，对于那些患有创伤后应激障碍、怀念军旅生涯的友谊和经验丰富的战友所给予的指导的退伍军人来说格外有利。

→ 帮助他们改善与美国退伍军人事务部的关系以及与政府之间的关系，有助于鼓励退伍军人恢复对自己及服役的自豪感。这可以通过帮助他们做好能取得与服役有关的创伤后应激障碍伤残评定所必需的文书工作来实现。

→ 女性退伍军人也遭受着创伤后应激障碍，特别是遭受过强奸和性骚扰（被归类为军事性创伤）的女性退伍军人。

第 5 章
在日常创伤中的应用

“我听到各种汽车喇叭在响。”24 岁的谢尔曼回忆道。

接着我听到了汽车轮胎摩擦和金属撞击声。当我感受到巨大的推力，并听到很大的碎裂声时，我看了看右后视镜。我被车后巨大的轮胎向前推了很长一段距离。我望了望前面，我正被向右推着撞向高速路边一个充满丙烷的液化石油气罐。前面的所有车辆乱作一团，以求用最快的速度离开。我想我死定了，我祈求上天照顾好我的家人。我想到了已逝的祖父母和所有祖先，我很快就会见到他们了。我被推向液化石油气罐的速度太快了，当车猛撞上去的时候我闭上了眼睛……

精神创伤是随着创伤后应激障碍产生的，创伤后应激障碍可

能是由飓风、洪水和地震之类的自然灾害引起的，也有可能是由像“9·11”事件一样的大规模灾难引起的，如下文所示。创伤后应激障碍也有可能是由身体上遭受的攻击、长期的虐待、飞机失事或是其他原因引起的。但是对于谢尔曼来说，造成创伤后应激障碍的主要原因是机动车交通事故。交通事故是男性的第一大精神创伤，女性的第二大精神创伤（对女人来说排在第一位的精神创伤是性侵犯，如第 6 章所示）。

可能你认识的某人遇到过交通事故，或者你自己也曾遇到过交通事故。许多人在遇到交通事故后可能会患上某种程度的创伤后应激障碍，并且只能自己承受。而像本章中提及的其他人，则需要一些救助。人类的奇妙之处之一就是我们具有难以置信的多样性。我们每一个人在处理问题时都有自己独特的方法——这些方法有时候好用，有时候会使事情更糟糕。

临床实践表明，索德团队近一半的非军人的来访者，是因为机动车交通事故而产生创伤后应激障碍，他们当中的许多人遭受了严重的躯体伤害。接下来你将读到的个案研究，大部分个案认为自己是一个好人，但发现自己处于离奇和可怕的状况中。这四例个案研究中，有两例是关于机动车交通事故的，你将看到这些人的生活是如何因一瞬间发生的事而产生翻天覆地的变化的。第一例个案研究与一通打给 911 调度员的电话有关，这通电话使这位 911 调度员处在深邃、黑暗的深渊边缘，这是由严重的创伤后应激障碍造成的。第四例个案研究有关一名优秀的警察，他被迫陷入了糟糕的境地，并可能致人死亡。他们遭受的严重精神创伤的消极影响，影响了他们生活的每一方面，也影响了他们家人的生活；但是他们可以通过时间观疗法的系统应用，恢复他们的生活，平衡他们的时间观，并可能拥有一个美好的未来。

时间观疗法如何治疗创伤后应激障碍

2005年，卡特里娜飓风在美国南部的路易斯安那州登陆，造成了1800多人死亡和约810亿美元财产损失。许多普通人失去了他们的正常生活、家人、朋友、宠物、房子和工作，甚至失去了所居住的城市。根据美国国家心理健康中心的研究，飓风平息后，人们的压力没有随之结束。一项关于卡特里娜飓风幸存者的研究表明，随着时间的推移，越来越多的人出现了创伤后应激障碍，以及其他与压力相关的精神障碍。在人们经历了精神创伤后，当社区尝试重建他们的生活时，人们可能会在失业、失学、支付账单、找住所和医疗保健等方面遭受持续的压力。社区重建的迟缓会耽误创伤后应激障碍患者的恢复。

在一次地震结束之后，索德被联邦政府派去帮助研究疾病相关的压力控制，评定联邦救灾响应团队成员的应激反应并提供治疗，必要时为当地的死者家属提供帮助。但是，这很快变成了次要的事，他的主要任务变为为救灾队员鼓舞士气。这支救灾团队是由不同职业的人组成的：不仅包括专业的医务人员，还包括消防人员、凶杀案侦探、殡葬人员、验尸官、保安、法医（特别是受过专业训练的牙医，目的是识别无名遗体）、体质人类学家和指挥人员。这样的安排对每个成员来说，都是巨大的牺牲：救灾队员离开了他们的日常工作和家人，来到了很远的地方；在恶劣的环境下营救他人并减轻他们的痛苦；在多数情况下，得到的补贴比他们平时的收入还要少。另外，对他们来说，他们每时每刻面对的毁灭和破坏情境，也增加了他们的情感和心理压力。

抑郁症和宿命论必然会对团队产生影响——他们几乎不可能为民众生存和重建家园提供紧急和持续的帮助。索德的目标很明确：把他们的时间观由消极的变为积极向上的。他们需要及时的帮助，以避免未来积极的时间观被过去消极和现在宿命论的时间观取代。“我们将提供他们需要的帮助！”而不是“我们能做什么？这种情况没有一点希望”。

索德开始关注团队的任务、目标和希望得到的结果，而不是关注目前面临的巨大挑战。他强调团队的介入已经对当地人产生了影响，他告诉团队在离开这里后，他们在世界各地的社会活动将继续为受到地震影响的人带来更好的未来。

然后，索德邀请团队成员一起谈论如何建立一种有效的治疗关系。一些人后来发表意见说，他们听到的是一种有效、日常可用的方法，令人感到耳目一新。这种方法让他们不去听“心的呓语”，而是专注于他们最珍贵的资源——时间。所有的专业救灾人员都真切地意识到了时间的重要性——时间永远不够。每个人都听过关于一个人奇迹般生还的故事，这个故事可能发生在其所在地的所有人都被做出已死亡推测的一个星期或十天后。但是，这只是例外，而不是规律。时间的确是救灾团队最强大的敌人。在没有快速而适当的反应的情况下，他们无法充分发挥作用。

在治疗过程期间和之后，团队成员发生了很大变化，他们从无法做更多的失落和挫败中挣脱，转而对建立互助网络感兴趣，愿意了解和感激他们的同伴。这种模式的转变，可以从这些需要频繁“奉献”的群体中观察到。他们开始喜欢上当地的文化，开始享受与其他人构成的互助网络。他们对自己选定的地方感兴趣，而不是因被困在那里感到沮丧。

在他们回家后，救灾团队的成员聚在一起做行动汇报。许多成员陈述，在同一灾区的现场响应情境中，自己的团队比其他团队表现更积极。一个人说：“其他队伍都谈论着我们队伍的团结、友好精神。这些队伍中也有一些人理解了时间观的重要性。”

索德对他们说，他们正在使用一种治疗救灾队员的新模式，称为时间观疗法。他讲解了时间理论和时间观疗法，以及他是如何运用这一疗法的。这种方法适用于以下情况：

> 现场的事情不像预期的那样。一些队员表示了对以前在救灾现场所接受的心理健康治疗的不信任，甚至是

鄙视，他们认为那种治疗不是特别管用。侦办杀人案的警察和参与“9·11”世贸中心爆炸案的退伍军人评价说，他们接受时间观治疗的体验不同于以前在救灾现场所接受的心理健康治疗。他们将时间观治疗描述为“呼吸新鲜空气”，并且确实比他们在救灾现场中见到的方法更加管用。

最后，救灾团队的行政官员报告说：

这种新方法非常人性化。它与我们以前所接触的旧心理学不一样，而且是在验证后才被我们的团队接受的。（时间观疗法）不会产生过去的心理学方法所引起的问题。索德医生认为它是根据时间而开展的，而且，我们都理解……时间观疗法对我们的使命感产生了很大的影响。

遭受创伤后应激障碍的人，看上去常常已经发生了不可逆转的改变，完全与创伤前的样子不同。只是他们仍旧活着，躲避在防御和焦虑的深处。我们已经发现和了解到，患者在创伤前的性格，对他们痊愈是极其重要的。一旦我们理解了他们曾是什么样的人，并且帮助他们坚持做那样的人，我们就能观察创伤情境的影响机制，知道它是如何改变他们的想法、感觉和行为，并且影响他们生活的方方面面的。我们的目标是发现人心理健康的核心，将他从危害日常行为的恐怖、创伤经验的乌云中解放出来。最终，那个人原来的人格就会浮现。当一个人形成了一种平衡的时间观，他就会开始走向更美好的未来。

“那通电话成了压死骆驼的最后一根稻草”——“911”调度员玛丽

案例：“那通电话成了压死骆驼的最后一根稻草”——“911”调度员玛丽

玛丽来自警察世家。但是当玛丽想要继承这一传统时，她的父亲表示反对。所以她没有成为镇上的第一个女警察，而是成为一名警官的妻子，而且不久后成了两个孩子的母亲。随着岁月的流逝，玛丽想要为社区做些有意义的事情的渴望越发强烈了。当镇上建立“911”应急反应系统时，她觉得自己可以成为一个调度员：既可以帮助人们，也不会干扰到她的生活。

23 年来，玛丽都担任“911”调度员。在部门里，玛丽因她温暖、如母亲般的声音被熟知。她有不可思议的能力，可以一边冷静地指导来电者，一边指挥合适的应急服务到现场（例如，消防部门去火灾现场，警察和救护车到交通事故现场）。玛丽热爱她的工作，但是接听这些生死攸关的电话，会给调度员带来难以置信的伤害。

在她 58 岁时，她接到了一个电话，那通电话被她认为是“压死骆驼的最后一根稻草”。“一个小男孩打来电话说他妈妈没有呼吸了……”在这个悲剧事件之后，玛丽开始打电话请病假，害怕去上班。当她上班后，她也会在工作的时候哭泣。玛丽的上司认识到，她被工作压力压垮了。玛丽的上司了解索德对警察局、地方以及国家救灾团队的创伤后应激障碍的治疗，他让玛丽暂时休假并且给她安排了治疗师。

心理诊断：担任紧急医疗服务部门、警察局和消防部门的“911”调度员形成的长期严重的职业压力，最终引发创伤后应激障碍。

“执法”在我的家庭中处于很重要的位置。我的祖父是一名警察局长；父亲继承了他的事业，也成了警察局长；我的叔叔都是警察；我有三个兄弟，他们也都是警察。我是唯一的女孩。在我高中毕业时，女性被允许加入警察队伍。我也想继承父辈的事业，向父亲和家庭证明我自己，但是我遭到了父亲的反对。父亲不想让我当警察。就像他那一代的大多数男人一样，他认为女人不能应对那种压力。在那时，成为一名女警察就像在一座非常陡峭的山上打一场硬仗。

我待在家里，在一家百货公司工作。然后遇到了我丈夫——他是一名警察。我们有两个孩子，他们是我的生命，我真的喜欢当一个全职妈妈。但是当他们上学后，我就想提升一下自己。我在业余时间上大学并获得了大专学历。我丈夫升职了，我的孩子们很听话。在我35岁左右时，镇上要建立一个叫“911”的新系统。这样我就有了能做的事情，而且不会影响我的生活……我可以帮助人们，和警察局、消防部门以及紧急医疗服务部门的人共事。

我当“911”调度员已经将近25年了。我的孩子长大了，拿到了学士学位。当然了，他们一个决定当一名警察，另一个打破成规，当了一名检察官。我丈夫是特殊武器与战术部队的队长。我在做调度员时了解了许多关于人的学问……人可以如此有韧性。我认为我很擅长从情境中共情，并且保持冷静。上级称赞我在压力下还能镇定自若。

但是我发现了一个非常困扰我的问题，问题是关于那些被虐待的、没有父母监护的孩子的，他们的父母通常是瘾君子。我告诉丈夫我的感受，告诉他我想要收养几个这样的孩子。他是一个可敬的男人，他同意了，所以我们就成了特殊紧急案件中孩子的养父母。有时我们会照看孩子们几天，我们最长照看了两三个孩子几年。

我热爱我的工作。大多数时候，在紧急情况下帮助别人都让我感觉很好……但对别人而言，是那么悲伤……有天晚上，我接到了一个电话，它成了压死骆驼的最后一根稻草。

一个小男孩打来电话说他妈妈没有呼吸了。我按照标准程序，让他平静下来，说出他住在哪里……整个过程他都在哭。我告诉他要勇敢，还说他妈妈需要他保持冷静。我一直和他保持通话，直到救护车赶到……但是太晚了。我能听到那个小男孩尖叫着求他妈妈醒过来……我的心都被击碎了……我被摧毁了。

我生病了，害怕去上班。我不想再接到那样的电话了。我强迫自己去上班，但是一整天我都在哭。我丈夫熟悉创伤后应激障碍，他说我可能得了这个病。我的上级也是一个好人。他明白我确实劳累过度，而且没办法在压力下保持冷静了。我开始领取临时残疾保险，上司说我需要帮助，并且说我应该去看心理医生，他向我介绍了一位治疗师，这位治疗师与警察局合作，并且在州和国家的救灾团队里工作——他能帮助我。

我觉得去看治疗师很可笑。我认为咨询是为退伍军人和有婚姻问题的夫妇准备的。我害羞，不想交谈。但是治疗师人很好——他让我感到放松。他问了我和我家庭的事。我告诉他，我爱我的丈夫、我的孩子和我的家庭，我喜欢做一名养母。我告诉他我在一个警察世家长大，以及成为一名调度员时我的喜悦。

然后他问了那个电话的情况，也就是小男孩尖叫着喊妈妈的“911”电话。我告诉他我想到了自己的孩子，我会想象这种事情发生在他们身上会怎么样……我不能使自己脱离那个小男孩和他母亲的情境……我非常焦虑，大声痛哭。我无法呼吸。治疗师要求我把注意力集中在呼吸上。我闭上眼睛，他继续说话，他让我想象自己走在一条长满美丽花朵的小路上。我能呼吸了，感觉十分放松。他给我讲解了时间理论和时间观疗法，还说我们将经常合作，如此一来，我就能回到工作中，重拾自信了。

在接下来的一次见面中，我们谈论了我过去的消极经验。我认识到在接紧急电话时，我一直在做与我所应该做的相反的事情；我意识到，我的一部分注意力在想象着现场到底发生了什么事，而我本应该将注意力止于调度办公室。他说我必须实事求是，让救援团队在现场做他们的工作，而不要想象自己在现场。这让人很难接受，但我也知道自己喜欢肾上腺素激增的感觉，以及喜欢被正在发生的事刺激。

在第一个时间观治疗疗程的最后，我接受了包括津巴多时间洞察力量表在内的心理测试。三项心理测试结果显示，我的创伤、抑郁、焦虑都很严重。治疗师告诉我，它们表明我得了创伤后应激障碍。津巴多时间洞察力量表分数表明，尽管我知道生活中有很多积极的一面，但是我的过去消极分数更高，而且我已经变成了宿命论的人。我的现在享乐主义的分数低到图表底部以下。我做什么都不开心。我认识到，自从孩子们从家里搬出去，我基本没什么高兴的时候。我对自己的过去感到害怕，也担忧自己的未来，因为我不想再接到自己没办法处理的电话了。我明白自己喜欢掌控当下。我曾喜欢当一名调度员——我引导紧急救护人员、帮忙拯救生命——那时一切都是正常运行的。

时间观治疗师为我讲解了呼吸和心率是如何联系起来的，而且我是能够通过控制自己的呼吸来操控自己的心率的。然后他通过向我展示呼吸练习可以帮助我在焦虑时放缓心率，向我证明了这一点。我们一起看了一段时间观视频。它对我很有帮助，为我演示了如何平衡我的时间观。那次会谈之后，我每天都看那个视频，并练习呼吸。

在接下来的一个疗程中，我们讨论了如何用过去的积极来替代过去的消极。当想到那个小男孩时，我会立刻回忆，我是怎样指导人们接生婴儿的。我喜欢孩子，所以另一个过去的积极事件就是回忆丈夫和我曾收养过的孩子。对我而言，这些积极的想法是非常有意义的。我检查了自己的呼吸和心率，然后又做了一遍呼吸练习。我们谈论我在家里是如何处理事情的，我告诉他我做得还好，家务在做着、饭也做着。我穿梭于厨房和客厅，还补上了读书的进度。他说，保持忙碌对我是有好处的。

在我的第四个疗程中，时间观治疗师说是时候谈论选择性的享乐主义了。我告诉他当我想到“享乐主义”时，它并不是一个特别好的东西。他解释说，享乐主义是好事还是坏事取决于我的选择：做事快乐过头对人来说可能是不好的，但是如果你选择偶尔地享受欢乐或者犒赏自己则是一件好事情。

他问我是否和丈夫一块儿做过什么开心的事情，或者为自己做过什么有趣的事。工作、回家、吃饭、看电视真人秀是丈夫和我生活的全部。他建议我至少每两周安排一次“约会夜”，这样我们就能走出家门，在外享受彼此的陪伴。他还说，偶尔为自己做些美妙的事，对我来说是有益的。我告诉他我曾经做过脚部和手部美容，但是现在我太抑郁，没办法再做那样的事情了。他说也许是时候再对自己好点了。我喜欢这些想法，并与丈夫讨论了它。他那晚就带我出去吃饭了。两周后，我恢复得足够好，可以回去工作了。

我仍然去看时间观治疗师，但是一个月只去两次。无论何时，当处理不好的“911”电话响起，或者无论何时我想到那些没处理好的来电，我就学着回想过去的积极的事情——我做过的美好的事情，解决了的事情。过去积极要比过去消极多得多。治疗师令我对自己感觉更好了，他帮助我重新获得了自信和自尊。他跟我说，我为社区提供了很棒的服务，而且还养育了优秀的孩子，同时也给了我所照顾的寄养儿童稳定的环境和关爱。我非常感激丈夫的支持，感谢上级对我需要帮助的理解，还有治疗师——他给我演示了怎样保持对工作的专注，并且帮助我看到了人生中所有美好的事物。

现在我每月去看一次时间观治疗师。我仍然会接到引发压力的电话，但这会提醒我又该找治疗师了。他会帮我解释它们。最近我们一直在谈论我的美好未来。我将在几年后退休，我丈夫也是。我从没有真正地考虑过自己的未来，退休了我就可以考虑了。当治疗师问我想要做什么时，我想不到任何事情。然后他问我过去喜欢做什么。当我回想人生中什么最让我高兴时，我最美好的过去积极想法，就是成为母亲，成为一位母亲是很伟大的。丈夫和我能够给这些孩子从来没有体验过的感觉——丰盛的三餐和一个安稳的家。我跟丈夫谈论这件事，他赞同我。等我们退休了，我们还要当养父母。

玛丽的时间观治疗

玛丽对治疗抱有狭隘的观念，这导致她在第一个时间观治疗疗程中忧虑不安。但是几分钟内，她就放松下来、能够回顾自己的过去，然后解释了“那通成了压死骆驼的最后一根稻草的电话”。她在描述那个小男孩是如何尖叫着喊妈妈的时候，无法控制地哭泣，呼吸不畅。治疗师担心玛丽无法正常呼吸，于是通过一次视频的舒缓治疗来引导她，告诉她可以在紧张或者焦虑的时候使用这种方法。治疗师对她进行了心理测试，然后继续讲解时间理论和时间观疗法。在下一个疗程中，玛丽将接受强化治疗，治疗师通过每周两次持续两周的治疗，重建玛丽的信心和自尊。在两周后，他们将会确定她是否准备好回去工作。

在接下来的疗程中，治疗师和玛丽一起分析了玛丽的心理测试结果。它们证实了玛丽患有慢性的、严重的创伤后应激障碍。他们也对玛丽的津巴多时间洞察力量表的分数给予了特别的重视。她的分数揭示了她高度的过去消极时间观和高度的现在宿命论时间观。治疗师向玛丽介绍了时间观指导视频，并结合视频使用了一种缓慢、有节律的呼吸技巧。玛丽被要求在任何她感到不安或焦虑时练习这种呼吸技巧。治疗师讲解了呼吸和心率之间的关联，并且告诉玛丽，她能够通过控制自己的呼吸来掌控自己的心率。

第三个疗程的重点是用过去的积极经验来替代过去的消极经验。玛丽和治疗师将玛丽对儿童的爱选定为过去的积极经验重要来源——用以替代过去的消极经验。治疗师监督她的进步，并确保她恰当地通过缓慢、有节律的呼吸来练习减少焦虑和紧张，他们重温了呼吸技巧。治疗师考察了玛丽的应对技能，并且满意于她决心保持忙碌从而不让自己感到内心空虚的状态。

第四个疗程解决的是玛丽缺乏的选择性的享乐主义。她的津巴多时间洞察力量表得分揭示了她极低的现在享乐主义。在和玛丽谈论这一情况时，很明显，玛丽和她丈夫没有一起在家以外的地方做过什么，而且玛丽也不再为她自己做什么事了。治疗师建议她和她丈夫大约一个月安排两次约会，还有就是玛丽需要每几个星期就为她自己做至少一件美好的事情。这一疗程过后，治疗师能够确定玛丽已经准备好回去工作了。

玛丽听从建议。她看视频，听减压光盘，练习呼吸技巧。她的治疗被减少到连续几个月每月两次。在随后的一个疗程中，治疗师知道了，玛丽一直以来宿命论地设想自己进入了每一个紧急电话里，过于沉浸在想象的情境中。治疗师建议玛丽实事求是地“在其位谋其职”，让紧急医疗服务部门、警察局以及消防部门的人员在现场做他们的工作。

玛丽对肾上腺素激增和宿命论时刻的兴奋上瘾。她害怕过去、担心未来，而且试图通过当一名“911”调度员——指导不同的重要机构——来控制当下，直到这一切都屈服于她。现在，不去关注过去的消极，玛丽学着专注于她过去的积极事件：她帮忙接生的孩子、她帮助解救的生命、她在漫长的职业生涯里为自己的社区提供的优质的服务，还有她为自己的家庭做过的所有的美好事情。在拒绝自己享受快乐多年以后，玛丽可以用和她丈夫的约会，以及进行手部和脚部美容的时间善待自己，来拥抱和选择现在享乐。

玛丽更美好的未来

玛丽继续每月接受一次时间观治疗，治疗师最近帮她规划了一个更美好的未来。因为玛丽从来没有真正考虑过她退休后要做什么，治疗师问她过去喜欢做什么。并没有花费太久，玛丽就讲述了自己喜欢做母亲，她最喜欢的回忆是养育她的孩子以及成为养母。

玛丽和丈夫的关系非常好。他们期望继续分享选择性的现在享乐主义，将退休后的时间用在一个不太遥远的积极的未来上。她对未来有一种目的感，已经决定退休后再一次成为一名养母，为受虐待的儿童提供母亲般的关心和无条件的爱。她重获了人生的连续性和继续为社区服务直到退休的动力。玛丽现在知道如何按自己的节奏行事，如何在一项极有压力的工作中保持坚韧和高效。

玛丽在接受时间观治疗之前和之后的测试结果

图表解释：图 5-1 左侧图说明时间观治疗后玛丽明显的改善。玛丽的抑郁分数从严重下降到正常和轻度之间，她的焦虑分数从严重下降到轻度，她的创伤分数从严重下降到轻度。

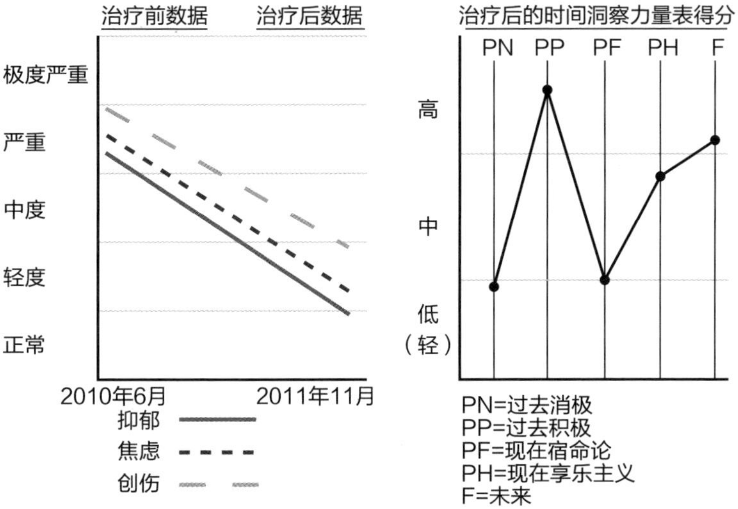

图 5-1　**玛丽（创伤后应激障碍患者）的心理测试结果**

右侧量表得分表明，玛丽正在把她过去消极的创伤丢在身后。她的过去消极分数已经降到轻度范围，而她的过去积极分数现在非常高。她的宿命论分数在轻度和中度之间，而且她的现在享乐主义分数在她保持了一个较高的、更美好的未来时间观时，提高到健康的中度范围。

“我觉得自己完全无能为力”——家人去世的詹妮

案例：“我觉得自己完全无能为力”
——家人去世的詹妮

詹妮在46岁的时候，遭遇了她无法承受的悲剧事件，但她拥有不屈不挠的生存意志。在一次从梯子上摔下来的意外事件之后，她的下半身瘫痪了，丈夫是她的主要照顾者，在他的帮助下，她又过上了充实而高效的生活。然而悲剧一次又一次地发生了。

心理诊断：一次机动车事故引发的原有创伤后应激障碍加剧。

我和爱人结婚了，我们的生活要多幸福有多幸福。当我从梯子上掉下来摔断骨头的时候，我们已经结婚15年了。在意识到我再也无法走路之后，他建议我们把房子卖掉，搬到夏威夷——这是我们一直的梦想。我们买了块地，按照我的特殊需要设计了一栋房子。我们都适应了我的轮椅，一起尽力去好好生活。我小时候就学会了从容面对生活。我的母亲

天生带有忧郁感，那让她成了一个天生消极的人。我不想变成她的样子。

然而有一天，在我出事 5 年以后，我丈夫骑摩托车时被一辆卡车撞死了。

在他去世之前，我从没体会过深度的抑郁。我非常沮丧，以至于朋友们都非常担心。一个朋友建议我寻求悲伤辅导。我认为自己十分坚强，因为几个疗程下来，我就接受了悲伤的事件，不再需要辅导了。

大约 1 年前的万圣节晚上，我坐在车里，将车停在一个停车标志旁。那是我从和朋友们聚会的餐厅回家的路。就在这时，一辆巨大的货车——有着巨型轮胎的那种——从拐角疾驰而出，正好撞在了我的车前盖上！我感受到猛烈的晃动，车被撞到了迎面的车道上。我的钱包，里面还放着我的手机，从副驾驶座掉到了地上，离我很远。幸亏我的轮椅没坏——它还在后座上折好放着。我害怕死亡！刚才发生了什么？我看了看后视镜，那辆车已经在沿这条路不远的地方停了下来，那里没有路灯，漆黑一片！有两个人从卡车里跳出来，开始迎着我跑过来。我很震惊……大脑飞速运转……我想他们是过来伤害我、偷走我的钱包的。

他们走到我的车边，一个人看着我，低头看了看我还在地板上的钱包，然后检查了车后座的轮椅；另一个人检查了车的受损情况。我哭了，告诉他们我必须用轮椅，请求他们帮助我——打911，把我从车里救出去……我害怕车会爆炸。他们站在那里讨论了几秒钟，然后跑回自己车上，把车开走了！

我试图发动车子，但是不行……我害怕另一辆车会从拐角处驶过来撞上我。我不能从车里出来……我所能做的就是坐在那里歇斯底里地哭。不一会儿，警察和一辆救护车出现了——住在附近房子里的某个人听到发生车祸就拨打了911。老实说，医务人员无法判断我是否受伤了，因为我的脊柱受过伤。我告诉他们我还好，因为我不想去医院。警察——愿上帝保佑他们——记下了我能想起来的所有信息，他们中的一个人发动了我的车。他们带我回到家，帮我进了家门。

我在家待了一个月，我不敢出门。我不想见到任何人，也不想和任何人说话。当我意识到我再一次陷入严重抑郁，并且情况似乎变得更糟糕了的时候，我打电话预订了和治疗师的见面。我想治疗这次的抑郁症。我以前有过抑郁症，我知道会再得这个病。我想要继续好好生活。

我一直都不是怕死的人——在我丈夫过世以后。我认为自己能平静地看待死亡。但是车祸改变了一切。亲眼看到可能会发生的死亡使我现在非常害怕死亡。车祸引发了所有这些事情，这些在我丈夫死后再次出现的、要被抛弃的、由我来应对的事情。我再一次感到无能为力！在摔伤之前我一直是一个热情、身体健康的人。第一次被困在轮椅上时，我的自我价值感受到了冲击。我丈夫和我花了好几年时间才令我重新振作，达到一个健康的心理状态。在车祸之后，我感到自己如此无能为力。我的一个朋友帮我跑腿，因为我是个下半身瘫痪的人——我需要帮助！第一次时间观治疗是我一个月里第一次离开家。

我试着谈论事故发生后我重复做的噩梦。在我描述完每个梦之后，治疗师告诉我要和我一起找到克服恐惧的方法。每一天，我白天所经历的焦虑都会在晚上重播。她说，有时我们的梦可以帮助我们，帮助我们为清醒的（真实）世界中可能发生的状况做准备，而且我们可以在梦中解决许多问题。治疗师对我做噩梦的解释，证明了我没有疯掉。得知这一点，我变得更加自信。然后我们谈论了我的自卑感。这个月我回到了家，我不关心我的外貌，但是治疗师夸我的裙子很漂亮、发型很好，并且我还化了妆。她说任何人看到我都不会知道我有创伤后应激障碍，这使我感觉好多了。我告诉她，“假装成功直到真的成功”是我的座右铭。

时间观疗法的原理以及如何应用它是很好理解的。过去消极的交通事故导致我的精神健康受到了阻碍，也导致了我的现在宿命论。宿命论困扰着我，使我对未来失去了希望。

我想，这个事故造成的最坏影响是（按照现在宿命论的说法）我失去了对其他人的信任。像我一样的残疾人能信任谁？我曾过得非常艰难，不仅担心这两个人跑过来打我，而且害怕他们知道我住在哪儿并且过来伤害我。我想卖掉房子以离开那里。我开始变得抑郁。治疗师让我接受引导冥想，说这可以使我冷静下来。在走之前她告诉我，在下次谈话中，我们要用过去积极代替过去消极。她给了我几张能放松心情的 CD，这样我可以让呼吸平静下来。

在第一个和第二个时间观治疗疗程之间，我练习呼吸。自从我们开始谈论过去积极的事情，在时间观治疗疗程中我就带上了最喜欢的两本相册。治疗师说，每当我开始想起过去的消极回忆、事故或其他想法，我应该用过去积极的事情代替它们。这时我就会拿出这些相册。我们看着第一本相册，那是我丈夫过世前我的生活。每张照片都有一个故事，我很高兴与其他人分享这些故事。然后我们继续看第二本相册，记录的都是我丈夫过世后我的生活。其中的每张照片也都有一个精彩的故事。在会谈结束后，我知道针对每个过去的消极回忆，我都有一百个积极的事情来回忆。

在下一个时间观治疗疗程中，我们关注的是我目前严重的宿命论。在那天之前，我没有参加任何一个支持小组的会议——这不仅对我，而且对这个小组中的任何一个人来说都是困难的，因为我是这个小组的领导者。我不停地接到组员的来电，询问我什么时候回去，但我不善于交际。治疗师让我尽快回到小组会议中去。她说这不仅是亲社会的现在享乐主义（这正是我需要的），而且是一种很好的治疗抑郁症的方式。用一种积极的方式帮助其他人并且花时间和他们待在一起，可以让你从自己的问题中走出来。她说在小组里成为一个值得信赖的人，可以找回我在事故中失去的自信心。我告诉她我会这么做。

我们在之后的一个疗程中回顾了我的改善。我想着过去积极的事情，忘掉了过去消极的事情。我练习选择性的现在享乐主义，并且回到了我的支持小组。帮助别人解决问题、不再想着自己的问题，这种感觉真的很棒。我每周都出去几个晚上——见见老朋友，一起吃板、看电影、跳舞。是的，坐轮椅的人跳舞！现在是时候为我的未来制订一个积极的计划了。我对撞车的男人的恐惧转变成了一种卖掉房子、搬到亲朋好友附近的渴望。我想这可能是不合理的，但治疗师支持我。我告诉她我准备好忘掉过去了……丈夫为我建的房子已经物尽其用了，它曾是我们的梦想，但是我必须忘掉我们曾经的梦想，向前看了。再说了，有一个家庭等着我加入，为什么我要一个人住在这么大的房子里？在我们谈完后，治疗师赞同我考虑的事情。从那时起这成了我今后的一个努力方向，我希望我的未来是积极的，我们上网并在房屋销售那里估价卖房子。

时间观治疗结束了，但是直到离开夏威夷我仍去看治疗师。因为经济原因，卖房子的时期变成了一段难熬的时期，但是我保持平和自由的心态，最后我的房子卖给了一个想要孩子的家庭。我现在和好朋友一起住在亚利桑那州。我住得离家人很近，和老朋友保持联系。时间观治疗是我生活的一部分，对我来说它现在是我的第二生命。

我对美好未来的积极计划是：在亚利桑那州买一座房子，建立一个支持小组（我住的这个镇子里没有支持小组，但是我和一些想参加的人聊过这件事），写一本回忆录，它可能会对一些人起激励作用。

詹妮的时间观治疗

在发生车祸之前，詹妮由于丈夫的自杀正在接受创伤恢复治疗。他们结婚已有20多年了，丈夫的死给她的生活造成了巨大的影响，因为他是她的主要照料者。詹妮恢复得非常快，并且她对生活充满了积极的态度。她只要求进行五次恢复治疗的会谈。

詹妮开始因她的机动车事故进行时间观治疗时，她遭受着严重的创伤后应激障碍，包括梦魇和闪回——不仅关于她的事故，还有她丈夫的意外死亡。她严重的创伤后应激障碍症状通过心理测试得到证实。她遭受着死亡的恐惧，被遗弃的闪回，空虚的感觉，缺乏自尊的折磨。治疗师已经和詹妮建立了密切的关系，她知道她会变得非常快乐，对生活充满希望并继续向前。

在最初的时间观治疗环节中，治疗师让詹妮从她的噩梦开始，他们谈论并分析了这些噩梦。这让她意识到白天经历的恐惧和焦虑会出现在梦中。治疗师给予詹妮鼓励，因为她表现出缺乏自尊，随后的会话中治疗师对她的外貌和同情心的赞美缓和了她空虚的感觉。

詹妮很快就领会了时间理论和时间观疗法。她的津巴多时间洞察力量表分数显示她有很高的过去消极和现在享乐主义倾向。她明白不久前的机动车事故的消极一面给她造成了巨大的创伤（失去丈夫后，她在治疗中取得的进步完全消失了）。这是她现在宿命论的根源，并使她无法进行未来的时间观治疗。詹妮描述她的现在宿命论就像一个“消沉的坑”。这个过去积极、有同情心、合群、外向、充满爱的女人，现在把自己孤立了起来，充满防备地筛选电话，只在进行时间观治疗时才离开家。

詹妮作为支持小组的领导者，一直以来都是别人咨询和寻求帮助的对象。但是现在，在她接受丈夫去世的事实后，她第一次依靠别人。严重的宿命论导致她没有信心表现出共情，并且她无法摆脱宿命论。治疗师通过平静的呼吸训练引导詹妮冥想来熟悉自己的情况，让詹妮在每日的基础练习中看一部轻松的时间观治疗录像，并在她感觉自己被压力吞没的时候练习呼吸技巧。得知詹妮喜欢在线教育后，治疗师通过互联网指导她学习时间观治疗信息和津巴多的时间理论。

在詹妮的第二个时间观治疗疗程中，她提到她已经按照要求看了 DVD，听了 CD 并且认真仔细地阅读了菲利普·津巴多在网上说的所有事情。她提前知道她会被要求忘掉机动车事故的创伤和醒来后丈夫去世的悲伤，并且在会谈中和其他人分享以前积极的事情。她带来了两本相册，一本是她和她丈夫的、包括事故发生前和事故后她瘫痪时的照片，另一本是她失去丈夫后的生活照片。

当詹妮和她的治疗师一起翻看这本相册的时候，她喜欢上了分享她和她丈夫的回忆，还有成为支持小组领导者后每星期至少见面一次的快乐时光。她详细地讲述了联谊会上有趣的事，经历创伤前如何经常和朋友出去玩——她说自己一星期至少会出去三个晚上。她保证从现在开始，每当她开始回忆和脑子里闯入过去消极的想法时，她就会用相册中快乐的瞬间去代替它。

第三个疗程关注的是詹妮目前严重的宿命论。自从交通事故发生，詹妮不再参加支持小组的会议，也不再交际了。她被要求重新开始以前的享乐主义，回到支持小组的亲社会行为及每周至少和朋友出去一次。她的治疗师和她谈论了帮助他人是一种消除抑郁的非医学方法，有利于身心健康。另外，通过重建自信心，她可以找回对参与交际的信心。如果因为她的存在，别人会快乐，那么别人的存在对于她也是如此。

第四个时间观治疗疗程从回顾詹妮的时间观治疗过程开始（用积极代替了消极，并且重新实践选择性的现在享乐主义），然后为詹妮的未来制订积极的计划。她严重的创伤后应激障碍症状，特别是过度的警觉（虽然她知道这样是不合理的，但是她无法消除对撞她的男人的恐惧，怕他们找到她、伤害她）导致了她考虑结束独居。她计划未来卖掉房子、搬去另一个州，离她的家人和儿时的朋友近一些。她想积极地重新开始未来的生活。她和治疗师立即上网做了这个未来计划的现实性测试：查找当地的房屋销售。然后她们详细地讨论了未来将要完成的许多事情。

在接下来的时间观治疗疗程中，詹妮学着有效地平衡她的时间观。她学习用过去的积极代替过去的消极，并通过作为领导者回到支持小组来练习选择性的现在享乐主义。她不再持有现在宿命论，再次为自己的外表感到自豪，并且变得爱交际了，晚上会和许多朋友出去玩。她不再害怕死亡。房地产市场正处于历史最低点，但是她有房子。她把房子投入市场，卖给了另外一个家庭，他们会好好利用房子。虽然詹妮在六次会谈后学会了时间观治疗，但是她选择在搬走前接受更多的时间观治疗。

詹妮更美好的未来

詹妮已经准备好迎接生命中的新篇章了。她很快学会了时间观疗法，并继续接受治疗。她现在住在亚利桑那州，这里离家人和朋友很近，她和高中时认识的同伴住在一起。她的未来积极的计划包括：在亚利桑那州买一座房子，建立一个支持小组，写一本自传。

詹妮在接受时间观治疗之前和之后的测试结果

图表解释：图 5–2 的左侧图显示詹妮的焦虑分数从极度严重下降到轻度，她的抑郁分数从严重下降到正常范围，创伤分数从严重下降到轻度。

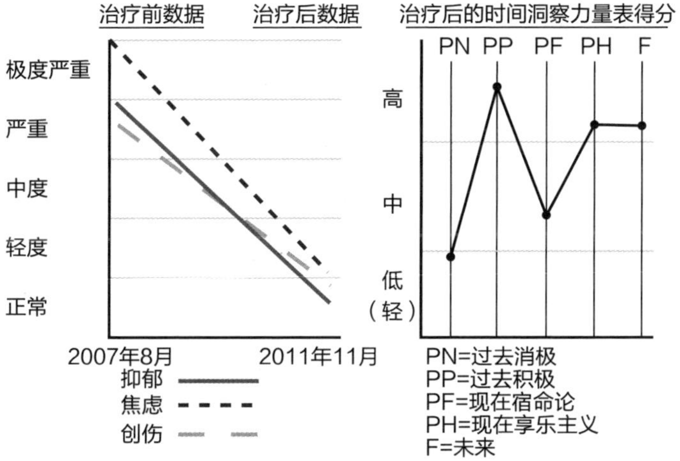

图 5–2 **詹妮（创伤后应激障碍患者）的心理测试结果**

右侧图与左侧图关系紧密。詹妮轻度的过去消极被极高的过去积极平衡。这表明了她极强的心理适应能力和积极的人生观。詹妮中度的现在宿命论分数被她高度的现在享乐主义和未来的分数平衡了。詹妮的预后与未来的时间观一样的积极。

“我以为我必死无疑”——经历车祸的谢尔曼

案例：“我以为我必死无疑”——经历车祸的谢尔曼

谢尔曼，24岁，美国土著，非常聪明，看起来远比实际年龄成熟。他结婚了，有两个小孩，在一家建筑公司上班，工作很勤奋，他是大家庭中的领导者、部落的酋长，还是建筑公司中的一个数百万美元的旅馆建筑工程的工头。一天晚上，在开车回家的路上，他遭遇了可怕的多辆汽车相撞的事故。

心理诊断：机动车事故造成的创伤后应激障碍。

我刚24岁，但我感觉自己已经50岁了。我在美洲原住民保留地由母亲及祖父母抚养长大，从小就没有父亲。在祖父去世后，我成了我们这个小部落的首领。祖父去世后的一年，祖母也去世了。我结婚很早，已有了两个孩子。这使部落能够发展壮大。祖父教我如何建造房屋，这使得我能找份建筑公司的工作来供养我的家庭。我带着家人离开了保留地，搬到了能找到建筑工作的地方。在小时候我就意识到我有许

多责任，因为当我还很年轻的时候，我就当上了建筑公司一个数百万美元的旅馆建筑工程的工头。

我早出晚归，工作很辛苦。我下班后开车回家，汽车在道路上排起了长龙。当我打电话告诉妻子会很晚回家时，我听到各种汽车喇叭在响。接着我听到了汽车轮胎摩擦和金属撞击声。当我感受到巨大的推力，并听到很大的碎裂声时，我看了看右后视镜。我被车后巨大的轮胎向前推了很长一段距离。我望了望前面，我正被向右推着撞向高速路边一个充满丙烷的液化石油气罐。前面的所有车辆乱作一团，以求用最快的速度离开。我想我死定了，我祈求上天照顾好我的家人。我想到了已逝的祖父母和所有祖先，我很快就会见到他们了。我被推向液化石油气罐的速度太快了，当车猛撞上去的时候我闭上了眼睛……

所有的事发生得太快了。我没有感受到任何疼痛——我想我一定已经死了，但是我没有看到天堂的曙光，只感觉到一片黑暗。当我睁开眼睛时，我清醒了，我听到了喊叫声。安全气囊打开了，我被呛得咳嗽，因为安全气囊里都是粉末状的填充物。我的车被挤在了卡车和液化石油气罐中间。我被泄漏的气体吞噬了。我感谢上帝，从车里逃出来——从驾驶员那边的车窗爬了出来。

这看起来像是一部灾难电影——空气中充满了烟雾。汽车以奇怪的角度停在高速路中间。人们从车里出来——很多人都受伤流血了……惊慌地到处乱走……一些人躺在高速路上。这辆挂着两辆煤渣拖车的半挂卡车撞到了我的车。我记起丙烷液化石油气罐，开始沿着高速路跑，逃离废墟。我按照祖父教给我的祷告词祈祷：哦，上帝，我在风中听见了你的声音；你的呼吸给了这个世界生命，听我说；我作为你众多孩子中的一个来到你的身边；我瘦小虚弱，我需要你的力量和智慧。

当我念祷告词时，我看见卡车在冲向我之前撞了至少六辆车。我开始看不见眼前的景象，我看见并想着我正在出汗。当我擦拭额头的时候，我的手上全是鲜血。我慢慢地在路上走，感觉我的头上有一个巨大的伤口——我的头皮被撕裂了，但是我并没有感觉到疼。这时我看到了我最好的兄弟——他也下班回家。他的车被撞碎了，他失去了意识。

我跑到了他的车旁并试着打开车门，但是车门都卡住了。你知道人们说的“肾上腺素激增可以暂时让你变得很强壮”吗？这是真的。他呼吸困难，他的头皮从一只耳朵裂到另一只耳朵。我抓住车门使劲拉，几乎把门从铰链上扯下来了，我把他拉出车，轻轻地放在了地上。我站起来一会儿后，就感觉有人打开了我头顶上的水龙头，我意识到我的头流了好多血。我脱了T恤，把它撕成两半。我先用小的那片布包裹住头，然后以最快的速度包扎了我兄弟的头。然后我坐在地上一遍一遍地向上帝祷告，鼓励并摇晃着我的兄弟……直到救护车把我们送到医院。

我的伤很严重。手术治疗和身体恢复三个月后，医生告诉我，我患上了创伤后应激障碍，必须去看治疗师。我总是有糟糕的闪回和噩梦。我对所有事都很敏感，在我看来所有事都对家人和我有威胁。我的性格全变了，总是紧张不安。我像孩子似的和妻子、母亲甚至两个小孩吵架。

事故后的第一年，我尽量经常去接受治疗。医生给我开了止痛药、治疗抑郁的药、缓解焦虑的药，还有帮助睡眠的药，但是我不吃。我的母亲帮我换成了草药、茶和药酒。治疗师了解当时的事件，并且解释了心理语言，以及从某种程度上来说这件事对我的意义。心理测试显示我有严重的创伤后应激障碍。我们进行了认知行为治疗，我通过听 CD 帮助自己放松。

当我发现我终身残疾、不能在建筑公司工作时，我真的非常沮丧。我兄弟的颅骨碎裂，我们同病相怜。他比我伤得严重。我一有时间就去看望他，我们玩电脑游戏、讲笑话。我试着当洗碗工，但是坏脾气让我丢掉了这份工作。我是有技术的木匠、一个建筑工头，却在这里收拾盘子里的剩菜！我找了另外一份做比萨的工作，但也没能坚持一个星期：我和一个顾客因为奶酪争吵了起来。所以我待在家里带孩子。我的妻子找了一份工作，我的母亲不得不找两份工作。我觉得自己很失败，我算是什么酋长？我不再去兄弟家了，因为看到他我就会想起我本应该得到却永远得不到的生活。

我需要婚姻咨询和家庭咨询，于是治疗师见了我、我的妻子和母亲。这有助于我们一起讨论创伤后应激障碍以及我变得与以前有什么不同。当妻子和母亲开始说我现在有多么刻薄的时候，我不得不离开这个房间——我以前从不刻薄。我一直是很冷静的人——充当调解人。作为一个家庭，我们一起研究严重的创伤后应激障碍的症状，比如我对任何人都没有同情心，不愿意融入其他人。我们都要学习怎样更好地沟通。

治疗师告诉我，她策划了一个为期六周的冥想小组，参与者包括一些她的来访者、朋友和医生，问我是否愿意加入——他们觉得这样可以帮助我重新融入我的部落。事故发生后，我的信仰和智慧都被夺走了。我与妻子和母亲谈论了是否加入小组，她们希望我加入，她们觉得这有可能帮我改掉我的坏脾气。在冥想小组中，我学会了如何呼吸，如何集中精神来控制自己的情绪。这的确帮我学会了如何平静下来，如何专注于手头的、重要的事情。

有一天，我来接受治疗，治疗师告诉了我新的治疗方法——时间观疗法。她向我解释了时间理论，让我做了津巴多时间洞察力量表和一些我以前做过的心理测试。测试得分和前一年的得分一样：严重的创伤、接近严重的抑郁和极度严重的焦虑。我的津巴多时间洞察力量表得分和我想象的一样，和她们告诉我的也一样——我的过去消极非常高，这导致了我的现在宿命论——但是如果没有此前一年的治疗，我想情况会更糟糕。她说我们的目标是提高过去积极、现在享乐主义和未来的分数（这些分数都很低），并且力图降低我的过去消极和现在宿命论的分数。

这些对我来说都是有意义的。我决心摆脱消极的谢尔曼，重新成为一个好酋长。临床医生给了我一个时间观治疗的光盘让我放松一下，并且告诉我要每天观看它，我的妻子和母亲可能也会喜欢它。我把它带回了家，我与母亲、妻子、孩子一起看。孩子睡着了，睡得很香。母亲哭了，妻子拉住了我的手。我好像敞开了心扉，融入了她们。

我非常期待下一次时间观治疗会谈。我过去有很多积极向上的经历，我们花费了很多时间回顾这些积极的经验。回想这些积极的经验是轻松的。当思绪飞向消极的经验时，我开始回想跟家人和朋友在一起的快乐时光，或者回想建造建筑物时是多么美好。当我遇到车祸后，一切都变了。

然后我们讨论关于亲社会的现在享乐主义。临床医生告诉我应该回去和伙伴共度时光，邀请他们吃烤肉。在这种思路的指导下，我跟朋友、家人共享了时光。我的妻子一直抱怨意外事故之后我抛弃了朋友，因此我想她会同意。我们讨论了我选定的和家人的现在享乐主义，跟她们一起亲近自然，把我祖父教给我的事情教给孩子。

在下一次时间观治疗之前，我和伙伴一起打台球、吃烤肉，和家人一起短途徒步旅行。我也想了很多关于未来的事情，尤其是当我知道我们将要去讨论它以后。当治疗师告诉我要积极规划未来时，我告诉他我已经打算回到大学，因为我想进入绿色建筑行业，在我看来生态环境友好的建筑物是未来的趋势，我想参与其中。

我们讨论了我的事故处理情况，她想知道我得到赔偿后会干什么。在这次事故之后，我不得不把家搬到了一个很小的公寓里。我的母亲睡在长沙发上，妻子、孩子和我睡在一张床上。我想去买一小块自己拥有产权的土地，打造一个生态友好型的家。我得到了一些经济上的救济，这让我看到了积极的未来，它们很可能会成为现实。妻子和我开始规划新家。

我继续参加时间观治疗，直到我的不良情况消失。每次会谈我都会重温我应该干什么。我学会了又快又好地平衡我的时间，但是我仍然需要确定我可以处理得很好。当会谈结束以后，我进入了大学，在绿色建筑专业学习。我喜欢和有共同目标的人在一起。我成了儿子的足球教练，之前我已经忘记了和小朋友在一起可以这么有趣。

我的母亲再婚了，她搬出了家。我很想念她，但是也很替她高兴。我和妻子相处得很好。我们在城里看了很久，买了一座房子，我们想在那里养育孩子。我非常感谢索德医生帮助了我和我的家庭——向我展示了通往更光明未来的道路。每天我都会感谢伟大的主给我们机会去生活，和家人在一起，怀着帮助别人的善意做事。

谢尔曼的认知行为治疗

在这次事故之后，由于正经历着创伤后应激障碍的主要症状，如闪回、梦魇、回避、孤立、惊恐障碍、易怒、疼痛、侵入性记忆、愤怒、过度警觉，谢尔曼在主治医生的建议下治疗了三个月（在时间观治疗出现之前）。他进行了跨文化治疗、认知行为疗法和放松媒体治疗。谢尔曼发现他永久性残疾了，可能永远都不能再做比较繁重的建筑工作——公司也不可能安排轻松的任务给他，其他的建筑公司也不会。

对年轻的谢尔曼来说，这是他第一次被解雇，并且可能以后都不能在专业领域找到工作。他的妻子原本在家照顾两个孩子，现在不得不去工作。他已经有全职工作的母亲，不得不找兼职。谢尔曼曾经是家庭支柱，也是家里的顶梁柱，现在却不得不和孩子待在家里、照顾他们，直到妻子和母亲回来。

他的创伤后应激障碍症状在家里引发了一些问题。尽管他很少向孩子发脾气，但只要妻子和母亲在家，他就会通过对不重要的事情过度反应表达愤怒和沮丧。低压力承受能力以及连续的失眠造成了他的噩梦和身体的疼痛，而这些又使他花费大量的时间去想象消极的事情。信仰使他不信任西方的药物治疗，因此他不按规定服用抗抑郁和抗焦虑药物，反而依赖于他妈妈配置的草药。他渐渐把自己孤立在家里，仅仅和那个他从事故现场的车中拉出来的兄弟交往——但最终，他连这个朋友也没有了。

谢尔曼带妻子去参加婚姻咨询，带他的妈妈参加家庭咨询。在会谈中，出事前的谢尔曼是一个优秀的建筑师、好朋友、家庭支柱。他是一个有才华、有同情心、贴心、亲切、有趣、慷慨、情绪稳定、体格健壮、合群、有道德感、拥有美洲原住民精神信仰、大家都熟悉的人。他是一个细心的丈夫和儿子，一个有深沉的爱的父亲，一个忠诚的朋友。事故发生后这种巨大的人格变化使得治疗师怀疑事故导致了他的脑损伤，但是这种猜想被他的外科医生否定了，他平时的整体能力水平也证明了这一点。

跨文化治疗帮助谢尔曼和他的美洲原住民精神再次结合。他重新获得了了解别人感受的能力。他参加了一个治疗师主持的、每周一次的放松治疗小组，这个疗法要求他集中注意力、清楚地呈现自己的心理，同时有节奏地呼吸。在六周的治疗之后，他在处理事情的技能和控制创伤后应激障碍症状上有了明显的进步。截至目前，时间观疗法已经是很发达的技术了，谢尔曼恢复得很好。

谢尔曼的时间观治疗

在谢尔曼的第一个时间观治疗疗程中，他准备尽可能快地在生活中向前走。治疗师解释了时间理论以及时间观疗法，谢尔曼的文化背景让他很容易理解这些概念。

谢尔曼的心理测试分数显示其存在严重的创伤，接近严重的抑郁、极度严重的焦虑。津巴多时间洞察力量表则显示他的想法仍然执着于过去的消极回忆以及现在宿命论思想，他希望彻底改变自己的生活。因为谢尔曼参加过冥想课程，因此他对呼吸放松法相当熟悉，我们给了他一张时间观疗法的放松课程 DVD，并让他每日观看练习。

在第二个时间观治疗疗程中，我们要求谢尔曼将他的过去消极思想转变为过去积极思想。创伤引起的生理疼痛往往是很多人遭受的创伤后应激障碍的主要症状，谢尔曼就属于这种情况。每当他想起过去的事故等消极经验以及过去忍受的长期痛苦时，我们都要求他回忆过去的积极经验。通常情况下，谢尔曼是个能够思考积极回忆的人，因此他发现他很容易回想起在个人和职业生涯中快乐和美满的时光。他最终接受了他永远无法回到过去、无法改变已经发生过的事情，无法改变他对于事故的看法，以及事故改变了他的人生轨迹的事实。现在，谢尔曼认为他可以用过去的积极回忆慢慢代替对过去的消极回忆。

在治疗会谈中，治疗师还建议谢尔曼将他对于社交的热爱和享乐主义思想从朋友（他至少每周和朋友聚会一次）扩展到家人身上。当谢尔曼认识到严重的创伤后应激障碍症状才是他对自己最亲近的人实施那些行为的罪魁祸首之后，他逐渐减少了自己的愧疚感。我们鼓励他和妻儿、朋友一起度过美好的时光，如在大自然中漫步、和老朋友共度时光以及邀请老朋友一起烧烤。

在第三个时间观治疗疗程中，谢尔曼将根据未来积极的时间观进行未来规划。他决定探索绿色建筑方面。因为那次事故，他得到了一笔合法的经济赔偿，这极大地减少了他在供养家庭方面的焦虑。他和家人一起分享了他关于未来的积极计划，并决定搬出他和家人在那次事故后一直居住的狭窄出租屋。他的未来积极计划包括在有利于孩子成长的社区中购买一小块土地。他还想设计一座简单的房子，并亲自监督房子的施工。

谢尔曼还学会了如何快速平衡时间观。在接下来的时间观治疗中，治疗师将检查谢尔曼的日常事务处理技巧，并监控他的日常焦虑和抑郁水平。在这方面他做得很好，他对从事绿色建筑行业的构想让他考入了一所当地大学。他将继续接受时间观治疗，直至治疗结束。

谢尔曼更美好的未来

最近，谢尔曼的母亲再婚并搬出了家，这让 24 岁的谢尔曼对于继父有种爱恨交加的感觉。他的妻子在他们最小孩子的幼儿园中做全职教师，这份工作的工作量和她之前的两份工作的工作量几乎相当。谢尔曼的大儿子在幼儿园适应得很好，学会了社交技能并积极参与体育活动。谢尔曼担任他儿子所在的足球队和儿童棒球队教练，并逐步向其未来的绿色建筑职业规划前进。

谢尔曼迅速接受了时间理论，时间观疗法帮助他取得了很大的进步。他现在取得的平静是内心的指引、时间观的平衡以及他所完成的时间观治疗疗程的结果。

谢尔曼在接受时间观治疗之前和之后的测试结果

图表解释：图 5–3 左侧图显示，谢尔曼的焦虑分数从极度严重下降到中度和严重之间。他的创伤分数由严重下降至中度，他的抑郁分数由中度和严重之间下降到轻度和中度之间。这说明时间观疗法对他切实地改善。但是现在还有将其创伤降低到更轻度、更正常的水平的空间。

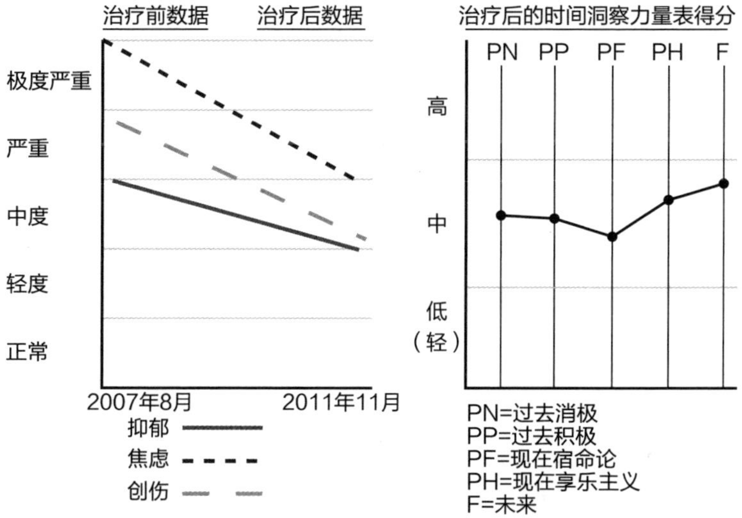

图 5–3　**谢尔曼（创伤后应激障碍患者）的心理测试结果**

在右侧的谢尔曼津巴多时间洞察力量表结果中，谢尔曼的各个时间观均处于中度水平。他通过重新收集过去的积极回忆，审视和平衡了过去的消极回忆，使之曲线较为平稳。他较高的现在享乐主义将其现在宿命论思想平衡到了中度的水平。他对于未来的中度分数预示着他的未来会出现较为积极的结果。

“这份工作让我筋疲力尽”——有工作创伤的兰德尔

案例：“这份工作让我筋疲力尽”——有工作创伤的兰德尔

兰德尔当时只有35岁，在警队中工作了10年，他热爱自己的工作。兰德尔在同事以及他服务和保护的市民中很有知名度，也深受这些人的爱戴。他的巡逻范围是他和妻儿居住的那个小镇以及周边的社区。

作为社区警戒项目的负责人，兰德尔将大部分的时间用于向人们介绍该项目。改变他的是某一天他和另外三名警察一起紧追一辆被一个瘾君子高速驾驶穿过兰德尔管辖的小镇的被盗车辆。

心理诊断：工作造成的重度创伤后应激障碍。

早先，我努力学习想要成为一名牧师，直到我有了新的目标：成为一名警察。我觉得加入执法队伍是一种更刺激的、维护上帝法则的方式，我做了警察就可以告诉人们什么是对的、什么是错的，还可以和邪恶和犯罪的事情做斗争。这些都是我在过去10年中所做的事情。

我是社区警戒项目的负责人。和很多其他社区一样，我们的社区并不完美——有不少毒品交易窝点和一些强奸犯住在这里。我觉得作为一名警察最大的优势就是可以和很多热心社区事务的人们在一起，并帮助他们建立更美好的社区。我教他们如何识别冰毒制造窝点、吸毒窝点、恋童癖以及虐狗活动——尽管很多人都没有觉察到这个问题，但是实际上我们社区有很多比特犬斗狗比赛。我还教育人们要关注自身，关注邻居以及相互关心——这些都是社区的核心理念。我要告诉人们，警察是站在他们一边的，并且一直在做好事——我最喜欢的就是做好事。

我也有巡逻任务。一天下午，我正在巡逻，我接到报警说一辆被盗车辆正在高速路上的车流中高速逆向行驶。没过多久，又有三辆警车跟上了嫌疑人驾驶的车辆。我当时的行驶方向和嫌疑人正好相反，我被告知需要封锁道路来拦截嫌疑人。后来嫌疑人闯入了我所在的小镇，当时学校刚刚下课，路上到处都是人——都是刚放学的孩子。我想我的孩子应该也在回家的路上。我拉响了警笛，行人为我让出了道路。街上挤满了车，嫌疑人把车开上了人行道，差点撞上了一个正在骑自行车的孩子。人们都在尖叫，现场一片混乱。她撞碎了一个挤满了人的商店的窗户，把车开进了那间商店，破碎的玻璃散落得到处都是，我把车横停在她的车后面以防止她逃跑。其他三名警察也下了车，跟在我后面，然后她猛地掉转车头试图硬闯出去——她掉转车头时别到了我，我和其他警察都拔出了手枪，我们都开枪了。她太阳穴中弹，瞬间死亡，子弹穿过她脑袋后嵌在了商店的墙上。另外三颗子弹留在了她的车里，所有的子弹都无法辨认了——我们无法确定是谁射出了那颗致命的子弹。

我不知道是不是我杀死了她——我觉得不知道反而让事情更糟糕。这件事会一直压在你的心里，你忍不住去想这件事。我是一名社区警戒警察，不是杀手。所有涉及此事的警察，包括我，都被强制休假——我们必须等待法医的鉴定结果。不过实际上我也必须休假了，因为被嫌疑人车辆撞倒之后我受了重伤。由于法医无法给出明确的结果，我们被告知可以返回工作岗位，但是我没有这么做。

后来我发现，嫌疑人就住在我所在的小区，我觉得非常恐惧。她是一名已经被登记在案的毒贩。我让妻子和孩子都搬到亲戚家住。但是我不能离开房子，我绝不离开我的房子。我关闭了百叶窗，并不时检查，确定门窗都已锁好。我睡在衣柜中，但是在被子下塞上东西，这样如果有人突然闯进来，会误以为我睡在床上。局长经过我家时会来看望我，看看我在干什么，后来他告诉我应该去见这位和警队有合作的治疗师。

我已经休了4年的病假。在这段时间内，我每周都去见我的治疗师。在使用时间观疗法之前，治疗师使用认知行为疗法对我进行治疗，这种疗法很有效，但是我很难做到不经常性地回想过去。因为我所在的社区事故高发，我很难不去想那次事故。我想回去工作，但是我不想再去做社区服务和社区警戒工作了——我不想和任何人接触。我担心我会不小心走进那个嫌疑人的家中。几个月之后，我的妻子和孩子回到了家里。我的孩子注意到我好像有什么地方不对，因为我不想和他们接触，不想和他们一起去逛商场或者游乐园。我还疏远了妻子。但是没过多久我觉得他们都习惯了这一切，因为他们不再抱怨了。

回到警察局之后，为了重新拿回警徽和枪械，我不得不终止治疗，这意味着我不能再去治疗了。我回到了工作岗位，重新做了巡逻警察，我觉得自己干得不错。但是我总是控制不住自己，有时候发生了一些事——我不想细说这些事——那时候我会想我是不是太急于使用武器，或者如果现在使用武器我会不会感到内疚。这份工作让我筋疲力尽，于是我找了份文案工作——做了3年，我做得不错，之后我又想重新开始巡逻工作。但是我做不到，警察局辞退了我。我需要再去看我的治疗师，并参加一个职业复原项目以便找份其他工作。离开警察队伍——我热爱并充满使命感的工作——让我感到苦恼，但也是一种解脱。

当我再次接受治疗时，时间观治疗已经成型了，治疗师想让我马上开始接受治疗。在第一个疗程，我们花时间弄清楚了过去几年发生过什么，然后他讲解了时间理论和时间观疗法。我做了一些心理测试，然后我们看了时间观治疗的放松视频，并练习了呼吸技巧。我的作业就是在下一个疗程之前每天都看那个视频。

接下来的一个疗程，我们审视了我的测试结果。我比几年前来治疗的时候要好一些，但是现在我又回到了严重的创伤后应激障碍状态。我最高的津巴多时间洞察力量表得分是过去消极和现在享乐主义。我想重新开始，好好生活。我知道我必须提高我的过去积极分数，降低我的过去消极分数。

我每天都会出现几次闪回：在我开车到事发地点，或者看到一个孩子骑着自行车，或者路过嫌疑人的家人的房子的时候。治疗师说当我开始出现过去消极记忆的闪回时，我就应该想起一件过去的积极事情，比如参加邻里守望计划、参观学校、与孩子们聊天。我还有一个问题，那就是我对事故发生后自己的过去消极想法——超级偏执、疏远我的妻子和孩子。我的自我孤立行为把家人和朋友都推得远远的。他让我明白，我很容易就能想起更快乐的时光——例如和我的孩子们在操场上玩耍，家庭聚会以及和我妻子共度时光。我有许多过去的积极回忆可以回想，我开始感觉自己想要极力应付我的闪回和消极想法。

在下一个疗程中，我们尝试着用选择性的现在享乐主义来替代现在宿命论。自从枪击事故之后，我就完全停止了训练和社交活动。去教堂做礼拜是我们家庭生活中的重要内容，它是我们主要的社交活动——对我妻子和孩子而言仍然是，但是对事故发生后的我而言不再是了。治疗师在我接受治疗的时候和我说锻炼很重要，它有助于减轻抑郁。但是只是待在家里，玩着电子游戏（现在享乐主义），我就挺高兴的。他再次提到了锻炼并且说它是选择性的现在享乐主义。他建议我请妻子和孩子也过来，并建议我还是要做礼拜。我觉得这样更加困难，因为每个做礼拜的人都认识我，我想他们可能会认为我是一个杀人犯。但是治疗师说，对我而言，去做礼拜是选择性的现在享乐主义，而且是我和家人一起做的亲社会事情。

好吧，我去做礼拜了。第一次回去做礼拜，我身上就发生了最好的事情。一个 12 岁的女孩向我走来，说她知道我是那个制止了汽车里的疯女人的社区警察。我们在那里站了一会儿，有点尴尬。我认为她会朝着我大叫——但是她的父母就微笑着站在她身后。她拥抱了我，还说她那天就和妈妈在商店里面，她说当那个女人撞进去的时候，她非常害怕。

她认为自己就快死了，是我使她感到安全。我非常惊讶，我哽咽了。然后她的妈妈和爸爸拥抱了我，我感觉我的悲伤已经被治愈了……跟相同信仰的同伴和牧师交谈，重新回到我的社交圈子中，使我感觉到自己被人们接受，更像以前那个我了。

当下一次见面我把这件事告诉治疗师的时候，他说我做得很好，我们将致力于我未来的积极经验。我试图弄明白要做些什么职业复原项目。他问我对什么感兴趣——他知道我喜欢电子游戏，但是我没有多少机会能玩电子游戏。我很喜欢与电脑有关的东西。在讨论完之后，我决定进入信息技术领域。可能在我未来的积极经验中，我会将一些感兴趣的事情与计算机和信息技术结合起来。

在其他疗程中，我们专注于确保我知道如何平衡时间观。我没有那么多过去的消极记忆闪回了，因为我在用过去的积极回忆替代它们时恢复了。嫌疑人的家人搬出了我们的社区，这很有帮助。我想我能够再次自由地呼吸了。

我和家人在一起练习选择性的享乐主义——我们慢跑，举重，骑山地自行车。要花一点时间，但是我重新拥有了我的家人，我还减掉了25磅[①]！我进入大学，顺利毕业，拿到了我的计算机/信息技术证书。我还得到了一份天主教慈

① 1磅=0.4536千克。——译者注

善会的工作。我计划着在天主教慈善会晋升，我还想成为教堂里的一名执事。我学习如何平衡时间观，并且在那一年的早些时候完成了时间观治疗。

兰德尔的认知行为治疗

兰德尔在时间观疗法产生之前接受了几年的认知行为治疗。他忍受着常年的“战斗或逃跑”反应。因为事故发生在他居住的小镇上，他无法避免地被事故提醒。兰德尔决定回去当巡逻警察，但是他不想出现在公众面前，依然把自己关在家里。妻子和孩子从亲戚那里搬回了家，他们要适应他的残疾状况。

休了 4 年病假后，兰德尔回去工作。然而，发生了几个引起他恐惧的事故——他担心自己使用武器太过草率。他要求做文案工作，并整整做了 3 年。兰德尔被警察局免去职务，他最终意识到自己再也不能回到巡逻警察的岗位，于是他接受进一步的治疗以及职业康复项目。

兰德尔的时间观治疗

时间观疗法就是在这个时期发展壮大的。在第一个疗程中，治疗师按照时间观疗法的规定对患者进行时间理论和时间观疗法的教育。治疗师实施了心理测试，包括津巴多时间洞察力量表。兰德尔观看了治疗师放映的时间观治疗放松视频，也理解了这个视频的含义。他被要求每天看这个视频，将其作为治疗的一部分。治疗师也提醒兰德尔听之前给他的放松光盘。

在时间观治疗的第二个疗程中，治疗师和兰德尔一起审视了他的心理测试结果，特别强调了津巴多时间洞察力量表的分数。兰德尔理解了将消极回忆转变成积极回忆的重要性，他想改善心理状况，他的生活也可以因此改变。

治疗师要求兰德尔唤醒能用来替代过去消极记忆闪回的过去积极回忆，解释说无论什么时候，当兰德尔的记忆闪回到枪击事故时，他就要立即用一个当警察时的积极回忆来覆盖它。因为兰德尔在事故发生前已经当了 10 年警察，他能够唤醒大量他帮助别人的过去积极场景。例如，制订邻里守望计划，到小学里演讲、详细介绍警察职业。

兰德尔也需要一些帮助，来用过去的积极回忆替代与工作无关的过去消极回忆（枪击事故后由于创伤后应激障碍的回避、孤立以及偏执症状是如何消极地影响家庭的）。他发现非常容易就能做到。无论何时，只要兰德尔产生与极端的创伤后应激障碍症状有关的过去消极想法，他就用和孩子玩耍、放松的家庭聚会以及和妻子共度二人时光的回忆来替代它们。

在时间观治疗的第三个疗程中，兰德尔和治疗师致力于用选择性现在享乐主义来替代现在宿命论。事实证明，这对兰德尔而言是一项更加困难的任务。此时，兰德尔完全是宿命论的，没有一点享乐主义。治疗师提醒他在时间观治疗以前的疗程中，他们已经讨论了锻炼对抵抗抑郁症的重要性。兰德尔没有坚持下来，而是选择待在家里玩电子游戏。当治疗师解释运动可以被看作一种选择性现在享乐主义时，兰德尔进行了反思。

兰德尔开始慢跑、骑山地自行车、举重，随后他邀请妻子和孩子加入他的选择性现在享乐主义。这个家庭重新团结起来。兰德尔决定离开沙发、走出家门，并减掉了 25 磅。

在事故之后，兰德尔——一个虔诚的天主教徒，在神学院学习过几年——不再和妻子及孩子一起去教堂做礼拜。治疗师建议他考虑重新和妻子及孩子一起去教堂做礼拜，这是一种亲社会的选择性现在享乐主义。这带来了新的友谊以及与其他家庭的社交聚会。

在第四个时间观治疗疗程中，治疗师引导兰德尔完成了通往更美好未来的努力。对未来积极经验的关注被放在了兰德尔对计算机的天赋、爱好以及执法背景上。结果是，兰德尔进入大学学习信息技术。

后续的时间观治疗疗程专注于巩固兰德尔平衡其时间观的能力。在每一个疗程中，治疗师首先帮兰德尔找到日常事务的应对策略，例如改善与家人交流状况的方法。随后，兰德尔回顾了他是如何实现了自己和家人的选择性现在享乐主义，以及他的未来积极计划是如何形成的。

兰德尔更美好的未来

兰德尔完成了一项集中强化的、历时 18 个月的计算机专业课程，并且接受了天主教慈善会信息技术部门的一份工作。现在，他与妻子和孩子的关系很稳定。在他更美好的未来中，兰德尔计划要在工作中晋升，成为教堂的执事。兰德尔成功地让生活继续下去，并且把枪击事故抛在身后。

兰德尔极端的现在宿命论让他无法享受任何乐趣。治疗师鼓励他停下来，嗅嗅玫瑰，用来实践选择性现在享乐主义，享受生活、家庭等。兰德尔在时间观治疗中感觉很自在，并且能够熟练地平衡他的时间观。通过聚焦到过去积极、选择性现在享乐主义以及未来积极，兰德尔成功地完成了时间观治疗。

兰德尔在接受时间观治疗之前和之后的测试结果

图表解释：在图 5–4 左侧图中，兰德尔的创伤分数由极度严重下降到严重。他原先处于严重和极度严重之间的焦虑，下降到轻度和中度之间。他严重的抑郁分数下降到轻度。兰德尔的临床表现和临床测试得分相符。

兰德尔的津巴多时间洞察力量表得分都降到了中度范围。他的过去消极和过去积极分数差不多。换句话说，兰德尔在过去积极和过去消极记忆上的聚焦差不多。兰德尔用家庭以及社区服务的过去积极记忆平衡了过去消极的创伤记忆。然而，兰德尔的现在宿命论要高于现在享乐主义。他的未来时间观得分最高，表明光明的未来是他现在的焦点。

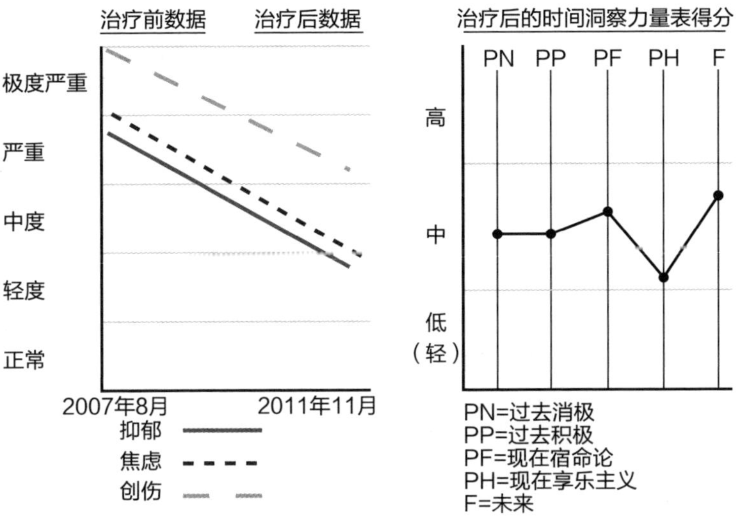

图 5-4 **兰德尔（创伤后应激障碍患者）的心理测试结果**

小结

→ 创伤后应激障碍的症状可以由大规模的灾难、身体伤害、虐待、飞机失事等原因引发。

→ 普通人创伤后应激障碍的最主要原因是机动车交通事故。

→ 时间观疗法曾成功地帮助救灾队员处理了由压力引发的创伤后应激障碍。

→ 作为一种家庭治疗的中心疗法，在家庭成员共同承担灾害损失经历的案例中，时间观疗法的应用效果非常好。

→ 同那些经受战争创伤折磨的老兵一样，时间观疗法适用于普通人的创伤后应激障碍。

第 6 章

更容易遭遇创伤的女性

“一天夜里，父亲进了我的卧室，叫醒了我，”艾里斯说，“我知道酒精的味道，因为我的父母都爱喝鸡尾酒。他闻起来就是那股味道……当一切结束后，他告诉我，如果我敢向母亲吐露半个字，他就拧断母亲的脖子，把我打得遍体鳞伤。他接着说，‘而且，无论如何，都没有人会相信你’。”

根据美国国家创伤后应激障碍中心的统计，你在路上偶遇、在杂货店看到或一起工作的两个女性中，就有一个经历过创伤事件；你认识的三个女性之中，就有一个遭受过性侵犯。“女性也更容易在儿童期经历忽视和虐待，更容易遭受家庭暴力或者遭遇所爱之人的突然离世……经历创伤之后，女性患上创伤后应激障碍的可能性是男性的两倍多。”

为何会有两倍之多？美国国家创伤后应激障碍中心明确表示：

- 女性更容易遭受性侵犯。
- 性侵犯比其他事件更容易导致创伤后应激障碍。
- 与男性相比，对于创伤经验，女性可能更倾向于自责。

在同样的背景下，女性更容易形成创伤后应激障碍，如果她们：

- 曾经患过精神障碍（如抑郁症或焦虑障碍）。
- 经历过极其严重或者生命受到威胁的创伤。
- 曾遭受性侵害。
- 在创伤事件中受了伤。
- 事件发生时反应强烈。
- 在创伤事件发生后，经历过其他压力事件。
- 没有良好的社会支持。

在本章你将阅读到由受害者描述的创伤案例，比如一个女孩躲在橱柜里，而她的母亲正在被人强奸。你还将阅读到至爱突然死去的悲剧、一位能干的女性被同事欺凌到精神近乎崩溃等。虽然上述故事包含了这些人的伤痛，读起来感觉很糟糕，但可喜的是时间观疗法帮助她们克服了严重的创伤后应激障碍，并且帮助她们找到了一条通往光明未来的坚实道路。

激素在女性创伤后应激障碍中起作用吗

在对女性和创伤后应激障碍的科学研究中，我们发现，女性的生理构造和创伤后应激障碍间存在引人关注的相关关系。

埃默里大学的克里·雷斯勒（Kerry Ressler）领导了一个科学小组，他们选取了佐治亚州亚特兰大格雷迪纪念医院里的 64 名受过创伤的患者（不是退伍军人）进行了一项研究，他们发现类似激素的分子 PACAP（垂体腺苷酸环化酶激活肽）反映了在细胞层面上人应对压力的水平。与未患创伤后应激障碍的患者相比，创伤后应激障碍患者的压力水平明显更高。只有在女性身上，PACAP 与创伤后应激障碍间存在显著相关。后续针对有创伤经验的女性的研究表明，患有创伤后应激障碍的女性的 PAC-1（一种酶激活化合物）基因更可能变异，PAC-1 是一种具有抗癌潜力的合成化合物，也会对雌激素做出反应。

这一研究对为什么女性对创伤情境和经历的反应与男性不同这一问题给出了合理答案。

雷斯勒假设雌激素，也就是女性最主要的性激素，可能会增加压力的影响。PACAP 受体基因可以通过雌激素调节控制，而 PACAP 受体基因存在一个基因突变位置对于雌激素特别敏感，并且可能改变雌激素调节基因活性的方式。按照雷斯勒及其同事的说法，“这些数据将解释创伤后应激障碍诊断、症状以及生理学上恐惧的性别差异”。

“没有人会相信你”——童年不幸的艾里斯

案例：“没有人会相信你”——童年不幸的艾里斯

艾里斯成长于一个富裕但非常不正常的家庭。她的父亲是一位受人尊敬的医生，是社区中的栋梁。她的父母“维持着表面的婚姻”，在 25 岁的时候，艾里斯嫁给了一个认识不久的男人。两年之后，她有了唯一的孩子——一个女儿。

怀孕时，艾里斯发现她的丈夫与别人私通，随后她离婚了。26 岁时，她成为一个单亲母亲，需要承担抚养女儿克拉丽斯的全部责任。她与一些男人约会，但是关系大多维持不了很久，这些人大部分是已婚男人。“但是我从不带他们回家或将他们介绍给克拉丽斯。”

艾里斯在42岁的时候已经完成了很多人可能一生都不会做的事情：登山、跳伞、骑摩托车在州与州之间穿行、参加马拉松。作为房地产企业高管，她过上了一种舒适的生活。“我一开始是想为我15岁的女儿找一个心理医生。”她解释道。

心理诊断：儿童期受性侵犯导致的创伤后应激障碍。

我在克拉丽斯的房间里发现了一些泻药——汇集了市场上所有可以买到的非处方泻药。我立刻意识到，女儿一定是患上了进食障碍。这位治疗师是我一位曾接受过他治疗的同事推荐给我的。我在网上搜索这位治疗师，并在他的网站上浏览了许久。我大学时曾上过一些精神分析疗法的课程，我感觉我需要一个有能力的、有名望的治疗师，而他无疑是个理想的人选。但是在我们会谈后，我发现需要治疗的不是克拉丽斯，而是我。

我去与治疗师进行了第一次会谈，告诉了他泻药的事情。我想尽快为女儿预约治疗师，让克拉丽斯恢复健康。但是他让我谈谈我自己——从我的背景开始。我认为他是在浪费我的时间。我试图漠视这个问题：“过去的已经过去了，而且我不认为回忆我的旧事对治疗克拉丽斯的进食障碍有帮助。”但他依然坚持——以一种巧妙的方式。

我已经很久没有回忆过去了，我已经将它们统统埋葬了，我不想谈自己，我到这儿来是为了克拉丽斯。我几乎就要起身离开。我告诉他，这不是我想要的那种方式。他说如果我想走的话，他表示理解，但是我们可能会从我的经历中发现一些克拉丽斯的行为线索。我知道他说的是什么，并且认为他说的是对的。当我开始叙述时，多年来我所压抑的事情全部涌现出来了。

我是一个拥有特权的孩子——我的父亲是社区的栋梁。我父亲是一名医生，母亲是家庭主妇。我的父亲赚得很多，而我的母亲决心成为社区最好的母亲。她不去做SPA的时候，就会在非营利组织中做公益、参加会议和筹集资金。我8岁的时候，父母大吵一架，然后父亲开始睡在客厅里。后来我知道，那是因为母亲发现父亲跟他的一个护士私通。他们开始维持表面上的婚姻——因为母亲也不想改变她的生活方式。

之后父母开始经常性地吵架。我并不常见到父亲，他总是很晚才回家，那时我已经睡着了。一天夜里，父亲进了我的卧室，叫醒了我。我知道酒精的味道，因为我的父母都爱喝鸡尾酒。他闻起来就是那股味道。我不想再回忆这件事，因为每每想到这里我都觉得恶心……当一切结束后，他告诉我，如果我敢向母亲吐露半个字，他就拧断母亲的脖子，把我打得遍体鳞伤。他接着说："而且，无论如何，都没有人会相信你。"

从那以后，我不知道他什么时候会进入我的房间——每隔几周或者几个月。一天晚上我锁上了门，但是他想办法打开了门并告诉我，如果我再那么做的话，他就会打我母亲。我的生活笼罩在巨大的恐惧中，我想我被惩罚了，但我不知道我为何要受到这种惩罚。我祈求上帝原谅我曾犯下的过错，并向上帝保证：从此以后我会成为一个好女孩。

我以为我在学校和体育运动中表现优秀，父亲就会认为我不应该受到这种惩罚。我不想回家，因为我感觉不安全，每个夜晚我都感到害怕。随后，我加入俱乐部，让自己忙碌起来。我成了一名优秀的演员，我总会在公众面前仰起开心的笑脸。我觉得我不能掌控我的身体，我的父亲控制着它。随后我发现我唯一可以掌控的是自己吃什么以及吃多少。我开始在饭后把吃的东西吐出来……我生命中的某个部分并不想活在这个世上，因为活着意味着对父亲无休止的恐惧。

我 16 岁时，我的生活发生了一些我并不能理解的事情。但是我已经受够了惩罚！我鼓足勇气向母亲讲了一些事情，并问她我是否需要去看心理医生。她随后指责了我的父亲。当然，父亲否认了他的行为。鉴于他是一个医生，他用一些医学术语告诉母亲我得了精神分裂症，而且我冲他发疯是因为他没有给我买我想要的那辆车[1]。母亲打了我一巴掌，并说我撒谎。但是我在她的眼中看到了恐惧。

我立马意识到：如果母亲相信我，如果她真的是一位“好母亲”，她会与父亲离婚，并把我从那个地狱中解救出来……但是母亲太软弱了，她热爱她的生活方式，她选择了舒适的生活而不是我。这件事发生后，母亲一直在监视父亲。因为晚上她会打开我的房门，看看父亲是不是和我在一起。但是父亲再也没有来过我的房间。我开始在晚上感觉到一点安全感，渐渐地，我停止了呕吐食物。

我向常春藤联盟的高校投递了申请，并且全被录取了。我选择了离家最远的那所学校。我的成绩很优秀。我选择了心理学专业，因为我想成为一名治疗师，以便更好地了解自己和帮助其他像我一样的人，我迅速融入了学校的各种活动……可是我还过分沉溺于药物和酒精……我试图通过与刚认识的人做爱来找到从父亲那里失去的爱。这些事情在大学里很常见，对吗？

在我参加一群刚认识的同学组织的派对后的早上，我在一间奇怪的房间醒来，紧挨着两个男人，他们喝得烂醉。我的胯部受了伤，身上到处都是精液。我能想到的就是去洗个热水澡。我回到宿舍，洗了三个小时的澡，但我还是觉得没

① 在美国，大部分州允许年满 16 岁的青少年申请驾照。——编者注

有洗干净。我想举报这起强奸，但我不确定这是不是强奸。我只记得我喝光了递给我的所有东西。除此之外，我不记得任何事情。我曾经听其他女孩议论过，知道有些时候如果你向权威部门举报，这些男孩会回来报复你。成长时期的恐惧霎时汹涌而出……他们会说那是我的主意，并说我撒谎。我只想逃避并遗忘这一切。

我停止了酗酒、药物滥用和社交。我将精力集中在学习上，我又开始呕吐，感觉自己失去了控制，而且进食障碍给予我的控制感让我体会到一种奇怪的满足。修完这一学年的学业后，我就换了学校。我告诉母亲我不能忍受那里寒冷的天气。我转到了企业管理专业，因为我觉得我连自己都帮不了，又怎么可能去帮助别人。在这所大学，我重新开始——革新自己，其中一种方式是极限运动。现在我明白了，当初我渴望死亡。那个时候我只是想让自己心跳加速。一旦我体验过一项运动（蹦极、跳伞、跨州摩托车骑行、长跑等），我就开始下一项运动。

在与索德博士第一次会面时，我发现我在逃避，我一直在逃避！

我以班级第一的成绩毕业，并在一家大型公司就职。我遇见了一个男人——我们迅速坠入爱河，随后结婚。我怀孕时发现他有情人，我们在克拉丽斯出生之后就离婚了。

我对婚姻绝望了，人并不是天生就要和另一个人绑在一起。我独自抚养女儿长大，这并不容易。幸运的是，我请到了优秀的儿童护工。有孩子也并没有影响我晋升。我开始与很多男人约会，他们大部分已婚，让我感到安全。但我从不带他们回家或将他们介绍给克拉丽斯。我与父母很少联系，实际上我已经几年没见过他们了，我不想让克拉丽斯出现在父亲的面前……克拉丽斯从没问过她的外祖父，也没有问过她的父亲。就只有我和克拉丽斯。

当她渐渐长大，她开始被善良的、来自健康家庭的朋友吸引。读书期间，她在不同的朋友家过周末。如果我想去某地出差一周，她朋友的母亲会很乐意帮忙照顾她。起初我并不理解，接受治疗后，我才知道，她想寻找一种她从未有过的家的感觉……但是这种安排对我来说很棒，我去攀岩、登山。我爱跑步的感觉……我曾跑过马拉松。成为一名企业管理人员后我变得烦躁，于是我决定转变事业方向，进入正在蓬勃发展的房地产领域。我成了一家大型房地产公司的经纪人。我觉得我为克拉丽斯和自己提供了一种美好的生活，之后我在女儿的房间发现了泻药。

听着自己讲的话，我都不敢相信这是我说出来的。我确实一直在糟蹋食物。克拉丽斯怎么可能没有问题？治疗师认为童年时我所遭受的痛苦经历让我患上了创伤后应激障碍，而我大学时的经历让情况变得更加糟糕了。但是他很乐观。我动摇了，并跟治疗师预约了第二次会谈。

下一次会谈时，我做了一些心理测试，测试结果表明，我确实有创伤后应激障碍。测试结果还表明我有严重的精神创伤、严重的抑郁症和严重的焦虑障碍！我以为我已经处理了我的创伤，忘记了曾经的伤痛，但是我没有。治疗师向我解释了时间理论以及时间观疗法，然后看了我津巴多时间洞察力量表的得分，它们都证实了这一判断——高度的过去消极和高度的现在享乐主义。我没有美好的过去也没有计划未来。很明显，在帮助女儿之前，我需要先治愈自己。他希望我可以尝试去回忆一些过去美好的事情。但是我告诉他，我的童年非常糟糕，以至于我想不起任何一件美好的事情。他坚持要我讲述一些美好的回忆。这可真是个艰难的任务，我想破了脑袋，但当我想到成长过程中的那些事情时，我感到特别难过。他让我通过一种呼吸技巧来帮助自己集中注意力。于是我开始回忆……我记得自己躺在后院的草坪上，看着天上的云变幻成各种动物的形状，我记得自己骑着自行车急驰——像只蝙蝠一样，微风吹过我的头发，腿上的肌肉一直在神奇地快速运动；我记得在平安夜，我将给圣诞老人的饼干和牛奶放在门外，我一直盯着邻居房子上五颜六色的灯看，鼻子里满是圣诞树的特殊味道。治疗师告诉我，当我想到过去那些不好的事情时，我应该转而去想这些美好的事情。我记得我告诉他“我能做到”。他给了我一张 DVD 和一张 CD，用来帮我练习能让我平静下来的呼吸技巧。

我们下一次会谈的话题集中在现在。我们制订了一种方案，让我能与克拉丽斯谈谈泻药的问题。我向克拉丽斯讲述了进食障碍曾带给我的痛苦。虽然我不能泰然自若地告诉她，是什么让我患上了进食障碍，但是我告诉了她足够多的事情，好让她明白我因遭受过的那些创伤而认为自己无法掌控自己的人生。克拉丽斯说，她用泻药是因为她不想变胖，想像我一样苗条。这简直让人心碎，因为事实上她非常完美。我们扔掉了泻药，并约定，当我们感觉自己迫切需要“释放”时，我们会告知彼此。

在这次会谈中，我发现，虽然我的职业生活井井有条，但我是我母亲的翻版！我从未关心过克拉丽斯。我一直在忙着思考——思考我与这些已婚男人维持不确定的关系有多累，我多想有一份稳定的感情，我更多地担心自己的外表……或者是我最近爱上的冲浪。我太忙了，所以当治疗师问我，克拉丽斯都在做什么时，我实话实说：我给她一些钱，然后让她去商场，或者在朋友家过周末。治疗师建议我花些时间去了解克拉丽斯，先让她和我一起去冲浪（分享选择性的现在享乐主义）。他还让我允许克拉丽斯留朋友在家过夜，并且将自己在外约会的夜晚分一些给女儿。我知道在我对她忽视多年的情况下，这些是我应该做的。于是我成了克拉丽斯朋友的“新宠妈咪”。

我的下一个疗程是在几个月之后，我需要时间去改变自己的模式。克拉丽斯和她的朋友给了我很大的乐趣，我们相处得很好。治疗师说我做得很好，然后给了我一个极其困难的任务：原谅我的父母。他告诉我，我不能改变已经发生的事情，也不能改变我的父母；但是我可以改变过去的创伤影响我的方式，以及它们伴随我的方式是积极还是消极的。他让我从另一个视角来看我的创伤——它们让我成为一个坚强的人。我创造了一个丰富的、冒险的过去。他说我并不孤单，许多人经历过相同的事情，而且我有能力去改变我的经历带给克拉丽斯的影响。

他问我是否与克拉丽斯谈论过性，她已经 15 岁了。我知道她在学校受过性教育，并且认为她已经从朋友那里学习到足够的知识。他说尽管她可能知道了很多，我也不应该缺席。他让我考虑安排一个时间与女儿谈谈性。

我完全不知所措，并且需要指导。他建议我告诉女儿，性可以是一种爱的行为，也可以是一种侵犯行为。好吧，对我来说，它更像一种运动。他说想与克拉丽斯分享多少取决于我。我需要考虑一下。我提到当只有我们两人时，克拉丽斯很难向我敞开心扉，尤其是她遇到问题时。他建议我练习倾听克拉丽斯的心声，而不是对她妄加评判，并且进行“反射”——去重复克拉丽斯曾说过的。这使我与克拉丽斯确认我明白了她的意思。他让我保持一种开放的思想，并且尝试与女儿一起完成某些事情。

我的下一个疗程全是关于未来的。在克拉丽斯去读大学之前，我还能和她共处三年。我们计划在夏天公路旅行、参观国家公园，可能的话去蹦极。我给了她我从未与母亲共有的时间——我曾渴望的时间。同克拉丽斯及她的朋友在湖边撑船时发生了一件始料未及的事情，这是一件幸事——我遇到了一个男人。他是一位大学教授，来自一个大家庭，并且不想要孩子。感谢上帝！他思维敏捷，幽默风趣，善于表达，独立性强。他是我接触过的第一个真正成熟的男人。女士们，不要放弃希望，它们就在那里！

艾里斯的时间观治疗

艾里斯的第一个时间观治疗疗程致力于揭示她的过去。她没有看到她所吐出的“旧东西”的营养价值。挖掘艾里斯的童年，治疗师发现了令人震惊的丰富信息，包括她父亲的婚外情及父母在家中分居。这段婚姻破裂不久，艾里斯的父亲开始在晚上去她的卧室对她进行性骚扰，并威胁她，如果她告诉了别人，他会如何做。艾里斯用保持忙碌、表现优异以及待在家以外的地方来应对这一切。她在学校成绩优异，加入足球队，参加田径比赛，并加入各式各样的学校俱乐部。在公共场合，她脸上洋溢着笑容，看上去是一个适应良好、过于活跃的青少年。“我觉得我不能掌控我的身体，我的父亲控制着它。”但她唯一可以掌控的是自己吃什么以及吃多少，她开始在饭后把吃的东西吐出来。“我生命中的某个部分并不想活在这个世上，因为活着意味着对父亲无休止的恐惧。”

她被几所著名的高校录取，并选择了离家最远的一所。像许多大学生一样，艾里斯沉溺于药物和酒精，并且“试图通过与刚认识的人做爱来找到从父亲那里失去的爱”。在一次与一群刚认识的同学的派对之后，她发现自己被强奸了。她的反应是孤立自己，在学校表现优异以及参加极限运动。“现在我明白了，当初我渴望死亡，”她说，“那个时候我只是想让自己心跳加速。”当她向时间观治疗师描述她的种种壮举时，她发现“我在逃避，我一直在逃避”。

艾里斯独自抚养她的女儿克拉丽斯，作为一个单身母亲，艾里斯像自己的母亲一样忽视了自己的女儿。但当克拉丽斯 15 岁时，艾里斯在女儿的卧室里发现了大量袋装及瓶装的泻药，并猜测女儿像自己年轻时一样，患上了进食障碍。“我不想让她像我一样，但我不知道我做错了什么。”

在随后的疗程中，治疗师教给艾里斯时间理论以及时间观疗法。艾里斯的津巴多时间洞察力量表结果显示，她有高度的过去消极和现在享乐主义倾向。时间观治疗师解释道，在艾里斯可以帮助女儿之前，她必须通过把过去消极转化为过去积极来治愈自己。他们讨论了 8 岁之后，创伤后应激障碍给予艾里斯的痛苦。治疗师建议，当艾里斯开始想到过去消极的事情时，她应该尽快用一个过去积极的想法来替代它。“我能做到！”她回答道。

当讨论现在时，艾里斯发现，虽然她的职业生活风生水起，她却“是我母亲的翻版，我从未关心过克拉丽斯”。治疗师建议，为了给她自己及女儿创造一个积极的未来，艾里斯必须致力于改善她与女儿的关系。之后，艾里斯开始与女儿分享她的选择性现在享乐主义时间，喜欢与她一起撑船，两人相约共进晚餐或一起去看电影。当治疗师建议艾里斯让女儿的朋友来家中玩时，艾里斯扩大了她分享的选择性现在享乐主义的时间。

然后时间观治疗师摆出了艾里斯所面临的最困难的任务：原谅她的父母，从而放下她极其痛苦的过去消极经验。治疗师解释道，虽然艾里斯无法改变她的父母曾做过什么或没做什么，但她可以改变创伤经历影响她的方式以及她怎样让这些经历伴随她——对未来产生积极还是消极的影响。艾里斯被要求明白，这些生命中的创伤经历是促使她成为一个坚强的、有丰富冒险经历的人的主要因素。

时间观治疗师指明，艾里斯并不孤单，许多女人也经历过相似的创伤，而且艾里斯有能力改变她的经历带给女儿的影响。可以成功完成这件事的一种方式是与她的女儿讨论性，讨论性可以是一种爱的行为，也可以是一种侵犯行为；另一种方式是通过积极倾听（指一种不加评判及重复所听到的话的倾听行为）拓宽与女儿的交流。艾里斯重复道：“我会努力做好。”

艾里斯更美好的未来

关于艾里斯所猜想的女儿的进食障碍，她平静地面对女儿，并告诉女儿她的进食障碍曾让她遭受怎样的折磨。然后她们一起扔掉了泻药，并且约定：不管什么时候，当她们中的任何一个感觉迫切需要“释放”时，她们会告知彼此。通过这些困难却非常重要的步骤，艾里斯帮助她女儿用分享的未来积极替代了现在宿命论。通过选择性现在享乐主义方式，她们加强了感情联系。艾里斯也成了女儿朋友的“新宠妈咪”。更为惊喜的是——艾里斯还认识了一位与她般配的大学文学教授，她与他建立了一份成熟、稳定的婚姻。

艾里斯更美好的未来包括享受在女儿离家去读大学之前与女儿共处的时光。她们计划在夏天公路旅行，参观国家公园，可能的话还要去蹦极。“我想让我与克拉丽斯在一起的时间变得不同。在某种程度上，我给了她我从未与母亲共有的时间——我曾渴望的时间。”

艾里斯在接受时间观治疗之前和之后的测试结果

图表解释：图 6–1 左侧图说明了时间观疗法对患者的典型改善。艾里斯抑郁、焦虑和创伤分数显著降低；她的抑郁分数从严重下降到轻度，她的焦虑分数从严重下降到轻度，她的创伤分数从极度严重下降到轻度。

右侧艾里斯的津巴多时间洞察力量表分数显示，她较高的现在享乐主义分数与她倾向于成为一个现在享乐主义者有关。她过去积极和未来的分数都在中度范围内。她中度偏下的过去消极和现在宿命论分数显示，艾里斯有时仍会与她过去创伤的痛苦斗争。

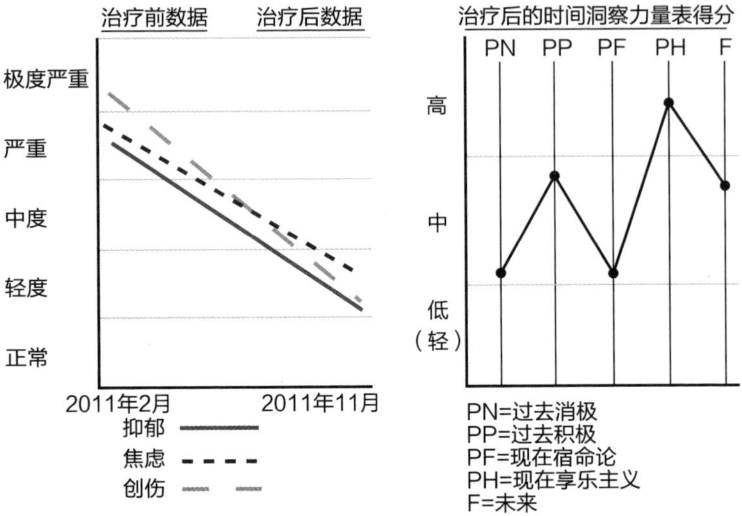

图 6-1 **艾里斯（患有创伤后应激障碍的女性）的心理测试结果**

“被强奸在我的脑中挥之不去”——抑郁与焦虑的伊芙

案例：“被强奸在我的脑中挥之不去”——抑郁与焦虑的伊芙

伊芙 33 岁，是一位非常聪明的年轻女性，成长于一个军人家庭。她曾同父母在世界各地居住，并且热爱不同的文化。在大学期间，她遇见了一个“来自美国中西部的可靠年轻男人”。他们毕业之后就结婚了，生活得很舒适。但是当经济衰退后，伊芙丢了工作，她用去军队的各种好处说服丈夫同意她去军队做一名管理人员。在基础训练结束后，伊芙和丈夫搬到了离丈夫工作地点最近的军事基地，这样丈夫就能每天往返两地上下班。

伊芙认为，偶尔在下班之后与同事出去喝几杯可以与同事建立良好工作关系。有一次，伊芙的上司请伊芙喝了一杯酒。伊芙从来没听说过“约会迷奸药”。但当她喝完上司给的那杯酒之后，她被带出房间，遭到强奸，之后上司又把她送回家。

伊芙好几年都没有告诉任何人关于强奸的事，特别是她的丈夫。当上司发现伊芙压根不想与他发生关系时，他运用自己的职权——嘲弄伊芙的工作及告诉伊芙她永远不会升迁等——让伊芙的生活痛苦不堪。伊芙的性格改变了，这个曾经无忧无虑，喜欢与人交往的年轻女性被吓坏了。在与创伤后应激障碍抗争了几年之后，她开始寻求治疗。

心理诊断：军事性创伤导致的创伤后应激障碍。

我成长于一个军人家庭……我的父亲是一名职业军人，因而我有了在世界各地居住的机会。我热爱不同的文化。我是个优秀的学生，在大学里也表现优异。在那里，我认识了一个来自美国中西部的可靠年轻男人，毕业之后我们结婚了。我在一个工厂里担任管理人员，丈夫在附近的一所高校上班。我们生活得很舒适。当经济急速衰退后，工厂开始裁员。他们决定削减中层管理人员，然后我就失业了。我跟父母讲了这件事，父亲建议我去军队——好处颇多。我知道的。那里很安全，而且如果我在管理部门，我不会真的置身险境。我说服了丈夫。我完成了基础训练，然后我们搬到一个离他工作地点最近的军事基地，这样他就能每天往返两地上下班。

我获得了一份管理工作，我工作起来非常高效有序，与同事及上司都保持着良好的关系。有时，下班后我会与同事一起去士兵俱乐部。在军队里，俱乐部分为士兵俱乐部及军官俱乐部，并且规定军官禁止去士兵俱乐部，士兵禁止去军官俱乐部。

有天夜里，我的上司来到士兵俱乐部。他买了一杯酒给我，当时我没有想太多，但是他在里面放了东西。我喝酒很慢，但只喝了三分之一杯，我就已经神志不清了。他告诉我的同事，他要送我回家。我已经无法正常说话和走路。他把我带进他的车里，并把车开到一个地方——我不知道是什么地方，那里很黑。他强奸了我，之后把我送回了家。我记得我回家后洗了澡，并和丈夫说了会儿话。他认为我喝醉了。他并没有生气，因为他知道我和同事去了俱乐部，他让我赶紧去睡觉好醒醒酒。

我对已经发生的一切深感困惑。在网上搜索之后，我得出结论：我肯定是被下了氟硝西泮（一种安眠药）或者其他迷药。我没有跟任何人谈论这件事，尤其不想让我丈夫知道。

第二天，上司向我走来时，我感觉自己被困在了岩石和坚硬的大地之间。我无法心平气和地面对他——我非常生气！我不知道我该去埋怨谁，于是用言语顶撞了他。无论如何，我都认为，如果谁报告自己遭遇了军事性创伤，那么他的职业生涯也就结束了。我要确保任何时间都有其他人和我在一起。我从未告诉丈夫工作中发生了什么，也不再和同事一起出去了。我的上司最终意识到我对他不感兴趣，然后他开始让我的生活变得痛苦不堪……他在同事面前诋毁和批评我的工作表现……他告诉所有人，我的工作表现这么差，我永远也不可能升职。我感觉自己吓呆了。

简直是一团糟……压力特别大。我逃避我的丈夫，我没有朋友可以倾诉。我害怕离开公寓，并且每天早上必须强迫自己起床去工作。我的工作表现更加令人痛苦，我没有升迁的希望。我害怕男人，特别是那些有权力的男人。我最终告诉了丈夫我被强奸的事，但是已经太晚了。我害怕与他做爱……被强奸在我的脑中挥之不去。我们离婚了。

当我完成这段时间的工作之后，我申请了调动，并且得到了批准。我搬了家，和我的新同事、新上司成为朋友。我与同事一起参加各种活动，并且开始感觉与他们很亲近。我知道我是一名出色的员工。然后我的新上司邀请我一起出去，我委婉地拒绝了他。但是我开始重新感到紧张、害怕，循环重新上演了，新上司开始在背后说我的坏话。他会为别人的错误责备我，并把我的工作业绩奖励给别人。我的心理创伤突然恶化：我极度警觉、害怕、孤立自己、逃避。我需要帮助。

虽然我与同事成为朋友，但是我不想与他们谈论在工作上发生的事——虽然他们都看到了上司是怎么对待我的。我还处在试用期。我又回到孤立状态——一直待在公寓，看一些教人自己在家练习瑜伽的视频、读书。

我花大量的时间在网上搜索文章，包括其他女性遭人强奸或者受人歧视的情况。我唯一离开公寓的时间就是去杂货店或者书店。我一直打电话请病假，直到我意识到军队并不适合我，所以我向上级要求离职。

我在退伍军人那里听说过这位治疗师。在我们的首次会谈中，我回顾了我的军事性创伤，并且解释了为什么我没有报告这起事件。我曾研究过身处权力阶层的人的人格特征，我与治疗师分享了我的发现。看起来第二次的军事性创伤要比第一次更糟糕，虽然这次我不曾受到身体上的伤害。这种处境会产生副作用——当你在某人的强权控制下喝酒——并且被上司强奸后，这种害怕会放大十倍。

治疗师解释了时间理论以及时间观疗法，我做了四份心理测试，包括测试创伤、抑郁、焦虑的量表以及津巴多时间洞察力量表。他说下个疗程我们会详细探讨这些量表的结果，然后我们就开始实施时间观疗法。

在下一个疗程中，他解释说我有慢性的、严重的创伤后应激障碍，然后我们讨论了为什么军事性创伤会导致创伤后应激障碍。我的测试结果显示我有极度严重的创伤、严重的抑郁、极度严重的焦虑。他让我关注过去积极的关系和经验，来替代我脑中的过去消极经验。过去消极经验让过去积极经验蒙上阴影的时间太久，以至于我花费了一些时间试着去回忆它们。但是最终我做到了……我记得当我完成一个项目时我曾多么开心；我有一只猫，我爱它就像爱自己的孩子一样；我的学术成就；人们如何称赞我——为我的外表或者我完成的工作。这是一个开始。当一个过去消极的事情开始出现在我的意识中时，我用这些过去积极的事情替代它们。治疗师给了我一个时间观疗法放松视频，我每天都看它，来帮助自己面对创伤。我每天都练习治疗师给我示范的呼吸技巧。

在下一个疗程，我们聚焦于我现在的回避和孤立倾向，并向选择性的现在享乐主义努力。我过去有着良好的社交技能，治疗师想让我利用这一点去结识新朋友。他邀请我去他办公室参加战争创伤团体见面会，以此作为开始。这需要我迈出重要的一步，周围全是男人，但那是一个安全的环境。

第一次参加见面会时，我感觉自己像一只待宰的羔羊。我非常害怕，并且想起了在军队时那些男人对我做的坏事。但是当治疗师介绍我也是一名退伍军人时，我的恐惧消散了。他们十分尊重我，并且尽管他们不知道是什么造成了我的创伤后应激障碍，他们还是给予了我很大的同情。我感到很安全。我继续一个月参加一次这种见面会，并且开始交到真正的朋友，这真的很有帮助。我感觉自己很棒——我交到了男性朋友，并且不害怕他们。这大大提升了我的自尊。

在随后的几次时间观治疗中，我们继续讨论我的现在宿命论倾向，以及为什么我被强奸后，就很难与女性建立友谊……所有人，包括女性，并不理解你在情绪上、精神上、身体上经历过什么——除非这些事情在她们身上发生。她们认为在某种程度上是你导致了事情发生，或者你在说谎。她们并不相信你会那么天真地相信别人，或者你是清白的。她们对你指指点点。人们不同情你、不理解你，这会让你不想去相信任何人。我意识到这是现在宿命论的想法，我必须想办法改变它。

治疗师希望我能进一步地发展选择性现在享乐主义，而且他建议我寻找机会去结识一位女性并和她成为朋友。当我决定去做这件事之后，它发生得相当迅速。在书店，我与跟我看中同一本书的女性通过聊天建立了友谊。我们聊了很长时间，然后发觉我们在很多地方都很相似，所以我们就一起去喝了杯咖啡。她邀请我去上瑜伽课，然后我去了！

在我最近的几次时间观治疗中，他帮助我制订了我曾放弃的未来短期和长期计划。我决心走出公寓，并且每周都去书店逛一逛。我已经好几年没有见到父母了，所以我准备回家看一看。通过时间观疗法，我开始对爱情有所期待。我并没有恋爱，但是我再也不拒绝这种想法了。我开始规划我的更光明的未来……我想为所有经历过创伤的人提供咨询服务，由于我拥有硕士学位，我正在考虑考社会工作的执照。我通过时间观疗法认识到了自身许多重要的方面，其中一点就是与各种各样性格的人相处——特别是权力阶层——已经对我没有什么影响了。所以我未来的计划中包括开一家自己的公司！

伊芙的时间观治疗

伊芙的口才很好。她曾研究过约会强奸的心理影响以及身处权力阶层的人的人格特征，并且与时间观治疗师分享了她的发现。她回顾了她创伤后应激障碍的起源，并且解释了为什么她的症状会在新的工作岗位上表现得更加严重。伊芙感觉自己被同事疏远了，并且她感觉她不能告诉同事自己遭受的性骚扰。不幸的是，她是一个临时工，并且没能通过试用期。

时间观治疗师专心地聆听了伊芙的倾诉。她的过去消极创伤发展成为一种害怕男人的现在宿命论，并且害怕她所认为的“喝醉了的上司”。这些感觉意外地侵袭了她，以至于她封闭了自己。她不再参与任何社交活动，将自己孤立在公寓中，仅在去杂货店或者买书的时候才离开家。她被过去消极的经历折磨得心神不宁。在上网搜索了一些关于其他被强奸或歧视的女人的文章之后，她的现在宿命论更加严重了。

治疗师把引导伊芙对自我教育的兴趣放在心上，并且让她去网站上找菲利普·津巴多的书《时间的悖论》。他也让伊芙做了心理测试，包括津巴多时间洞察力量表。

在下一个时间观治疗疗程中，治疗师和伊芙浏览了她的测试结果。她遭受着极度严重的创伤、严重的抑郁、极度严重的焦虑（包括惊恐障碍）——慢性的、严重的军事性创伤/创伤后应激障碍。她的津巴多时间洞察力量表的测试结果显示她在过去消极和现在宿命论上得分高，而在过去积极、现在享乐主义以及未来上得分低。治疗师建议伊芙用过去积极的关系和经历来替换过去消极的往事和回忆。伊芙起初认为这是不可能的，但最终她做到了，当她重度的过去消极闪现时，她能够利用过去积极的经验来替代它们。

第三个疗程强调伊芙逃避社交和自我孤立的现在宿命论倾向。治疗师建议她利用个人资源及社交技能去建立新的友谊，并且进入积极的社交循环（选择性现在享乐主义）。她被邀请参加由经历过创伤的退伍军人组成的小组。起初，她顾虑重重。“我感觉自己像一只待宰的羔羊。”她说。但是当那些退伍军人对她表现出尊重和同情时，她放松下来，开始享受这个小组带给她的安全感。她发现自己可以与退伍军人相处，并且开始与男人建立友谊——这些男人将她当作家庭成员而不是一件物品。当恐惧褪去时，她的自尊回归了。

伊芙的第四个时间观治疗疗程继续探索她的过去积极和现在宿命论倾向，并研究它们是怎样影响到伊芙与女性交往的能力的。她感觉被议论和误解。为了进一步加强伊芙选择性现在享乐主义的社交生活，时间观治疗师建议她结识一位女性朋友。对于选谁做朋友，她有充分的自主权。让治疗师感到特别高兴的是，在最近的一次时间观治疗中，伊芙告诉治疗师她是怎样主动与一个女人成为朋友，并且她们是怎样计划着一起去上瑜伽课的。

伊芙更美好的未来

第五个时间观治疗疗程聚焦于伊芙更美好的未来，包括长期计划和短期计划：每周都去书店而不是独自待在公寓、回家探亲以及继续研究她的业余爱好。她很配合治疗：勤奋地观看放松视频，行为表现得更加亲社会，并且让自己的生活转向一种积极的、可持续的方式。

伊芙继续参加一对一的时间观治疗，并且每月参加一次战争创伤团体见面会。她通过交到一位新的女性朋友，享受与退伍军人朋友间的情谊等证明了自己有能力扩展选择性现在享乐主义。这些与他人之间重要的联系，为她创造一个更大的社交圈提供了可能。她拥有了对艺术的鉴赏力，并且开始重新相信别人。她甚至不排斥未来浪漫爱情的发生。

事业方面，伊芙想成为一名顾问，去帮助那些曾经受过创伤的人。这是一种用未来积极与她过去消极创伤斗争的健康的、亲社会的方式。通过帮助别人，她可以用积极的交流以及进一步提高自尊将她过去消极的创伤完全覆盖。由于她无法在日常的办公环境——“有各种各样性格的人，特别是存在权力阶层”——下工作，她未来美好的计划中包括自己做老板。她正朝着目标努力前进。

伊芙在接受时间观治疗之前和之后的测试结果

图表解析：图 6–2 左侧图说明了时间观疗法对患者的典型改善。伊芙的抑郁分数从严重下降到轻度；她的焦虑分数从极度严重下降到中度；伊芙最显著的改善体现在创伤分数上，它从极度严重下降到轻度和中度之间。

右侧她的津巴多时间洞察力量表的分数显示，她现在享乐主义的分数提高到高度，几乎与她得分最高的过去积极一样高。伊芙较低的现在宿命论分数以及中度偏下的过去消极分数表明，她在用过去积极回忆以及未来积极取向替换过去创伤经验方面已经有了巨大的进步。

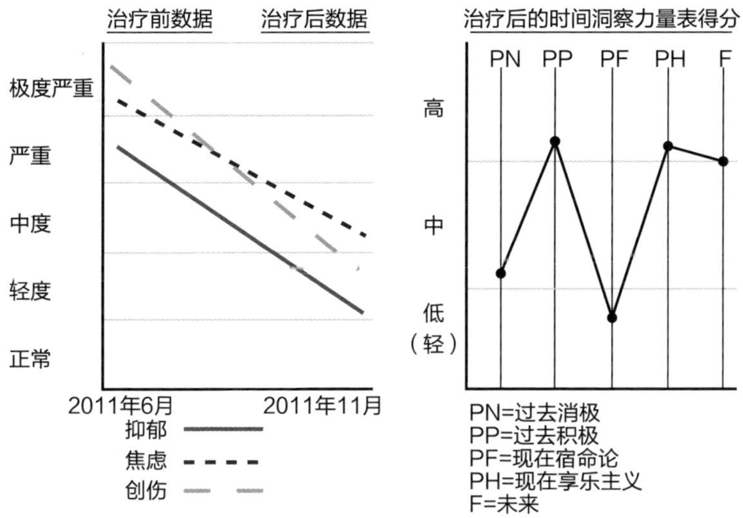

图 6-2　**伊芙（患有创伤后应激障碍的女性）的心理测试结果**

“我感觉自己只剩下一半”——丈夫突然离世的费思

案例：“我感觉自己只剩下一半”——丈夫突然离世的费思

费思是一位50岁左右的漂亮女人。在一个“严格的罗马天主教”家庭中长大。她在教会学校中上学，并且被认为是一个“好女孩”。中学时期，她曾与几个男孩约会，“但是我甚至都没有亲过他们”。暗地里，她被一个叫彼得的年轻男孩深深吸引了，彼得是她的学长。“但是我从没想过他会对我感兴趣，因为他是那么受欢迎！”让费思非常高兴的是，在她高三的时候，彼得约她出去。恋爱三年之后——其中因为费思要离开小镇去商业大学读书，他们经历了两年异地恋的考验——他们结婚了。“我感到非常害怕——我之前只在家里和父母、在学校和闺蜜一起住过……我从来没和男人一起住过。但是我实在太爱彼得了。”

费思和彼得截然相反：费思是个内向、沉默寡言的人，彼得却是个外向、善于言辞的人。他们的生活很美满，并且大部分时间都待在一起，包括每周出去与彼得众多朋友的社交聚会，“彼得的朋友以及他们的妻子都成了我的好朋友”。彼得在政府部门工作，慢慢地升到了管理职位，费思则是一家大型公司的会计。他们的两个孩子在学校的课余活动以及体育运动上表现得十分活跃。他们延续着对彼此、家庭以及宗教的忠诚近 30 年。后来，彼得退休了，与他已长大成人的孩子开了一家公司。

在 2009—2010 年的那个寒假中，彼得突然去世了。这是一个巨大的打击。费思强大的精神信念支撑她度过了彼得去世后的最初五个月。但是她的悲痛与日俱增，一位朋友开始担心费思有某些创伤后应激障碍的症状，她建议费思寻求治疗。

心理诊断：目睹丈夫的突然离世而引发的悲痛加剧了创伤后应激障碍。

我的丈夫彼得非常有男子气概——他是一名消防员，并且拥有紧急医务救护的背景。当他生病时，他不会去看医生。如果他需要缝针，他会直接自己来！所以2010年元旦过后的那一天，他让我带他去医院时，我感到非常吃惊。我知道，他肯定是患上了严重的流感。医院里排队的人特别多，所以我们一直等待，彼得也变得越来越虚弱。等了差不多五个小时，我们终于见到了医生。他说彼得患上的是肠胃炎，所以我就带彼得回家了。但是在开车回家的途中，彼得的双眼都黯淡无光……那时才下午4点钟，他说天黑了。

回到家后，孩子把他扶到我们的房间。我一直在发愣，对到底发生了什么感到很迷茫。我一直在想，医生为什么让我带着一个快死的人回家。孩子想让我从卧室出去，因为我猜我看起来——好吧，我不知道我看起来怎么样，但是他们很担心我。当我准备离开房间时，我看了一眼彼得。他非常虚弱，但是他让我到他面前去。此时，他已经不能说话了，但是他一直在向我打手势，所以我觉得他一定是想跟我说什么。他深深地望着我的眼睛，眼里饱含着爱，然后我把耳朵贴到了他的嘴边。他侧了下身体，吻了我的脸颊……我知道他想传达某些东西给我——我只是不知道这是道别。

救护车到了，彼得被送进了医院。几个小时后，他因急性阑尾炎停止了呼吸。

你不能想象一个与你同床共枕28年的男人再也不在那里了……他被提前带走了……他不会在那里让我去亲吻、去触碰、去爱。你从未想过将来再也不会一家人一起度假了……孙子孙女来到家里也不会知道他们曾有一位多么出色的爷爷……我崩溃了。我怎样处理和彼得做的所有事情？我无法想象。

彼得去世几周之后，我回到了工作岗位上——我并不认为我已经完全准备好了，但是我不想丢掉工作。我认为我所有的事情都处理得很妥当，但是之后我开始严重的胸痛。我做了一系列检查，医生说我的心脏没有问题。他说我是惊恐障碍，让我去看可以开抗焦虑和抗抑郁药物的精神病科医生。我拿了这些药，但是认为它们对我没有多大作用。你要知道，预约去医院对我来说非常困难……因为就是医院里的医生让我带彼得回家的。每次我去医院，我的脑中就会重现彼得死去的情形……他们怎么能让我带着一个快死的人回家？

彼得去世后四五个月，我碰到一个朋友，她告诉我一位治疗师曾帮助过她在车祸中丧失年轻丈夫的女儿。我已经去医院寻求过帮助，但我认为，去别的地方看看是一个好主意。

第一次见时间观治疗师时，我一直在哭。我告诉她彼得发生了什么以及我再也不是自己了——我感觉自己只剩下一半。她解释了悲痛的几个阶段（否认、愤怒、迷茫、沮丧和接受）。在否认阶段，我可能伴随着创伤后应激障碍，因为丈夫去世的时候我就在那里。她告诉我时间理论以及时间观疗法，然后她给了我一盘有关时间观治疗放松的录像，让我经常观看——那里有一种呼吸技巧可以帮助我冷静下来。我应该每天看它。我做了一些心理测试，然后我们约好每周见一次面。

下一个疗程时，我承认我没有看 DVD。我想说说彼得，说说医院，说说在医院里发生了什么。我没有准备好停止悲痛。

在随后的疗程中，我告诉时间观治疗师，我的工作没有进行得很好，因为我的思绪总是跑得很远，总是重现当时的情形。她帮助我明白，我正被创伤后应激障碍的症状折磨。我仍然没有看 DVD。我晚上睡不着觉——我特别想念我的丈夫！我枕着他的 T 恤入睡——它们闻起来还是他的味道。我让女儿贝尔和我一起睡。有时我半夜醒来，发现她不在我的床上，我发现她回到自己床上去睡了——她告诉我她不能忍受我所有的哭泣和祈祷。但是每天晚上，她都会待到我睡着才离去。

彼得的所有私人物品都在当初他离开时的地方。他的手表在床头柜上，他的洗漱用具都在浴室，他最后一次进门脱的鞋仍放在靠近门口的地方。很多天过去了，但是我没有移动或者扔掉任何他的东西。我的某个部分仍在等着他下班回家。

我仍然停留在否认阶段——我想我现在做得比我原来要好得多，所以我将治疗减到一个月两次。但是我开始痴迷于找到彼得被带走的答案……我去教堂——不仅是我信仰的，而是所有我能找到的信仰的。我非常非常生气——并不是针对那个误诊彼得的医生，我知道他只是想早点结束工作，然后回家。我愤怒的是诊所人手不够……我意识到由于彼得离开了我，我已经发疯了！

整个疗程中，时间观治疗师一直在倾听。她试图让我集中于彼得去世前，我生命中曾发生过的积极的事情，但我做不到——它实在太令我痛苦了。之后她建议我与女儿一起做些简单、快乐的事情。我告诉她我认为自己不应享受快乐——我的丈夫去世了，我的生活终结了，我很害怕。我甚至没有想过没有彼得的未来。但是我会去尝试——然后那段时间我确实与贝尔一起出去了，我暂时忘记了伤痛。但是它总会回来，因为我会想起彼得。我拥有了一段没有他的美好时光。

时间观治疗师很关心我的孩子，在每次治疗中，她都会询问他们现在怎么样。我的儿子很像彼得——是一个认为该自己处理事情的男人。但是贝尔曾告诉我，她需要一些帮助，所以她也开始了治疗。她与时间观治疗师见过四次面。我不知道在这些会谈上发生了什么，但是贝尔看起来自信多了，并且学会了一种让我冷静下来的方法。我后来发现，贝尔是在学习帮助我和其他家庭成员的方法。

我开始绝食——食物索然无味。我会一个人去彼得的墓地，在我的想象中，我会看见他躺在那里，他会与我说话。我感到特别伤心——他看起来想要把我一起拉进坟墓。事情变得如此糟糕，以至于有一天我自己去医院的精神病科检查并住院四天。

你知道，那些在精神病科的人跟你我一样。他们并没有疯，只是处在生命中一个特别困难的时期。我的精神病科医生每天都来看我，我们在一个小组中碰面。他告诉我，我已经发展为“情境型精神障碍”，这对我来说并不正常。我沉溺在彼得的死里太深了。由于我中断了治疗疗程，他有点生气。然后他给我加大了药量，并告诉我，我应该每周都去见治疗师。我没有告诉治疗师我来医院了，但是我的精神病科医生给她打了电话，告诉了她曾发生的一切。

在我离开医院后的第一次治疗中，治疗师解释了我们为何会有自杀的潜意识。我的信仰不允许我自杀——但是绝食，以及想象彼得试图把我拉进坟墓表明了我不想继续活下去。

她解释道，彼得的死引发的创伤并没有使我产生精神障碍，而是产生了精神创伤。通过去医院，我证明了自己仍然想活下去。

她让我谈一谈所有美好的事情——彼得去世前，我生命中那些过去积极的事情。她告诉我，这些美好的事情都还在我心里，而彼得过世后那些创伤和痛苦会让我成为一个更加坚强的女人。她知道我相信有一天我会再次看见彼得，我们可以继续保持一种不同的关系，彼得也不希望看到我难过或者轻生。她还说在我这个年纪，我的经历与同龄人相比是非常丰富的。我听到并且相信了。

每当我重现或者开始有消极的想法时，我就用生命中曾与彼得共有的一个美好回忆替换它。我仍然感觉我不应该享受快乐，但是每个周末我都会和贝尔去某个地方——水族馆、酿酒厂，或者仅仅是开车兜风。走出家门置身于人群或者自然中的感觉很好。然后我开始注意到治疗师办公室里的那些画——它们一直在那儿，但我从未注意过它们！我开始欣赏花，注意到天空是那么蔚蓝……我好像突然重生了。

在这之后，我生命中发生了许多消极的事情。彼得和我们孩子的公司快要破产了，我工作了30年的公司倒闭了。但在治疗过程中，治疗师告诉我的是一些更好的东西：不仅可以把柠檬变成柠檬水，还可以把柠檬变成一些更好的东西——也许是柠檬蛋白酥皮派！她开始帮我规划未来。

事情开始有所改变，我也开始改变事情。我和孩子拯救了公司，我也在离家很近的地方找到了一份新工作。我重新粉刷了室内外，并且重新整理了主卧室。我保留了一些彼得最珍爱的东西，但把他的大多数衣服和工具都送给了朋友。每年彼得的生日我都会准备一个蛋糕来庆祝。每到假期，我开始用餐时都会感谢彼得，而不是忽视他。一段时间之后，我的治疗师认为我做得很好，所以她减少了我用药的剂量。（写这本书时，费思已不再服药了。）

我为将来做的积极计划产生了一系列问题，其中之一就是我是一个单身女人。从小到大，从父亲家搬到彼得家，我从未和任何人约会过，并且我不想被认为是一个“荡妇”或者第三者——那不是我！但随着我的改变，我不再害怕了。所以我约了一个男人喝咖啡！

彼得和我认识他30年了。他是除了家人唯一一个让我感到和他待在一起很舒服的男人。他是一个令人尊敬、成熟稳重的男人。他从未给过我压力。他拥有自己的家人，而且退休了。他不需要什么或者不想从我这里得到公司的什么。我认识他大半生了，他一直是一个很好的朋友。我们一起去教堂，一起学习《圣经》，一起看电影，一起出去吃饭，一起开车游览。我非常开心！

我的未来？很光明！

费思的时间观治疗

费思曾有过严重的胸痛，心脏病科医生将其解释为惊恐障碍。她的初级保健医生建议她去看能开抗抑郁和抗焦虑处方药物的精神病科医生，但她感觉这些药并没有多大帮助。她解释说，对她来说到医院去寻求救助非常困难，因为是医院里的医生让她带着一个快死的男人回家的。由于这个原因，她选择去看私人治疗师，她宁愿支付费用也不愿每两周去一次医院。

在第一个疗程中，时间观治疗师讲述了悲痛的基本过程、创伤后应激障碍、时间观疗法，并让费思每天都观看时间观治疗的放松视频，一直到下个疗程。在前两个月的治疗中，费思的悲痛和创伤后应激障碍症状就像坐过山车一样。她既不听从精神病科医生的建议，也不听从时间观治疗师的建议。她承认她没有看视频，而且她的强迫症越来越严重。费思参加每一个她可以参加的宗教活动，并且不停地祈祷。治疗师给她做了心理测试，结果如下：她的创伤和抑郁很严重，而且她的焦虑极度严重。费思的津巴多时间洞察力量表结果显示她有高度的过去消极、轻度的过去积极、高度的现在宿命论、轻度的现在享乐主义以及中度的未来时间观。

她继续工作，但是由于无法集中注意力，她的表现变得很糟。她仍然特别生气，不是生那个因超负荷工作而误诊了她丈夫的医生的气，而是生那个让丈夫离开她的医院的气。每次医生要她预约进行例行检查，或者她去看精神病科医生、心脏病科医生、妇科医生及眼科医生，她都不得不去医院。每次去医院，费思脑中都会重现丈夫去世的那一幕。极度绝望的情况下，费思去医院的精神病科进行了检查。

与此同时，费思的女儿贝尔开始进行时间观治疗。贝尔与治疗师分享了她富有洞察力的观点——关于母亲创伤后应激障碍和悲伤，以及其他家庭成员的情况。贝尔很聪明，并且拥有良好的心理学背景。她说母亲和父亲很像，看不到治疗的作用。然而，她很兴奋可以学到应对充斥他们整个家庭的悲伤、压力以及焦虑的新方法。贝尔明白积极的重要性远胜于消极。她很快理解了时间理论以及时间观治疗，并且立刻开始实施她学到的东西。四个疗程下来，她掌握了帮助自己、妈妈以及其他家人的技术，她感觉自己具备了处理未来情境的能力。

经过四天的团队和个体治疗之后，费思主动进行自我分析，并重新开始配合她的精神病科医生的治疗——就是那个给她增加了抗抑郁和抗焦虑药剂量的医生。她也重新开始了每周至少一次的时间观治疗。

在她进医院治疗后的第一个时间观治疗疗程中，她讲到她一度变成“疯子”一般，并描述了当去丈夫的墓地时，她是怎样感觉丈夫在拉她进入坟墓去陪伴他。她绝食以及极端的生活方式——表明她潜意识里有自杀倾向。她还有幻听症状。

时间观治疗师论述了为什么费思的痛苦不是来自精神障碍，而是来自精神创伤——她的丈夫不必要的死亡悲剧。他们一起回顾了费思的过去积极事件。在丈夫离世之前，她生活惬意，并且她与丈夫及已成年的孩子间有着强烈的精神联系。她曾是一个富有活力的年轻女性，而且现在的她身上仍有这个女性的影子。她近期忍受的这些令人心碎的经历会充实她本就丰富的人生，并且会让费思成为一个在她的年龄少有的、具有深刻见解的坚强女性。

费思现在已经准备接受她的过去积极事件，并且努力变得有一点现在享乐主义倾向。由于丈夫去世，费思不认为她应该有乐趣或者享受生活。每当她开始享受生活时，她都会让自己停下来，并感到愧对彼得。为了提升她的过去积极倾向，时间观治疗师建议费思开始用过去积极的记忆替换消极的想法。之后，为了提升她的现在享乐主义倾向，费思每周都和女儿一起进行一次短途旅行。时间观治疗师也建议她们为费思计划一个更美好的未来。

在随后的几个月中，费思遭受了额外的个人灾难：她丈夫和孩子开的公司濒临破产，她也丢掉了已从事 30 年的工作。治疗师努力让费思专注于未来积极，就算所有事情看起来都在变糟，费思也要努力做到这一点。她的孩子用智慧和技巧挽救了公司。由于费思本人是个模范职工，她在离家很近的一家公司找到了一份工作。在住宅方面，她重新粉刷了室内外，整理了主卧室，并把丈夫的大多数衣服和工具都送给了朋友。

在治疗师的建议下，她每年都做蛋糕来庆祝丈夫的生日，并且在庆祝他们关系延续的节日大餐中向他表示感激。治疗师解释道，虽然她丈夫已经去世了，他们的关系却在心灵层面上延续。

费思更美好的未来

费思只和一个男人在一起过，那个男人就是彼得，因此她异常害怕单身。在最近的一次时间观治疗中，当费思告诉治疗师，现在她每周都会与一位认识了 30 年的单身男人一起出去喝咖啡时，治疗师感到很惊讶。治疗师鼓励费思与她的新同伴建立亲密关系，并且鼓励她在这一疗程之后去跳吉格舞。费思以每月一次的频率继续时间观治疗。她感觉非常棒，因为她生活的一个篇章已经完成了，一个新的、令人激动的篇章开始了。

费思在接受时间观治疗之前和之后的测试结果

图表解释：图 6–3 左侧图说明了时间观疗法对患者的典型改善。费思的抑郁分数从严重下降到正常范围内；她最大的改善体现在焦虑上，它从极度严重下降到接近正常；创伤分数也从严重下降到轻度。

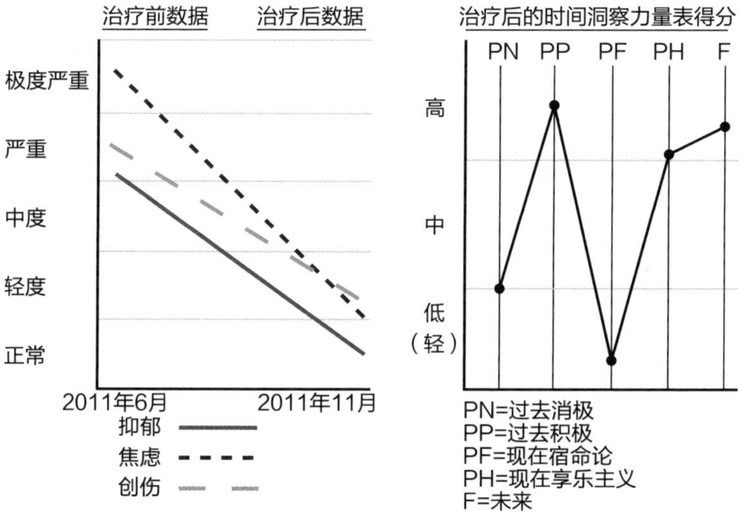

图 6–3 **费思（患有创伤后应激障碍的女性）的心理测试结果**

右侧的津巴多时间洞察力量表的分数显示，费思具有高度的过去积极得分、现在享乐主义得分，以及未来得分。她处于轻度和中度之间的过去消极得分，以及更低的现在宿命论得分表明，费思正迅速、积极地朝着新生活迈进。

“我仿佛永远藏在了衣柜里”——备受原生家庭困扰的惠子

案例：“我仿佛永远藏在了衣柜里”——备受原生家庭困扰的惠子

像许多离异家庭的孩子一样，惠子在工作日时待在母亲家，周末的时候则去父亲那里。6岁时，对惠子来说，所有的事情都变了：母亲被她的虐待狂男友反复侵犯时，惠子害怕地藏在衣柜里。等到惠子作为一个青少年去治疗时，她开始自残。惠子母亲的男朋友早已离去，她开始关心她抑郁的孩子（但是没有发现惠子自残）。她曾送惠子去看另外两个治疗师，但是惠子在几个月之后就中断了这两个治疗，她感觉治疗师都是“保守派”，与她没有关系。

心理诊断：产生于童年时反复创伤的创伤后应激障碍。

我对父母离婚之前的生活没有太多记忆——那时我才5岁。我的姐姐肖妮10岁。她记得“分裂”，而我记得分离——工作日和妈妈在一起，周末和爸爸在一起。

毫不夸张地说，我在一对名人父母的熏陶下长大，我的母亲是著名的艺术家。我们不管去哪里，都有人拦下她询问这幅油画、那幅壁画，或者她能不能为慈善拍卖、学校募捐等捐赠一些东西。这些人总是想从母亲那里得到一些东西。我的父亲是一个智商超高、极富语言和音乐天赋的“隐士”。他是一个超级孤独的人。我的父亲确信，没人想从他那里得到任何东西。

这两种截然不同的生活方式都充满了艺术感，对我来说拥有巨大的吸引力。我喜欢和妈妈一起画画，学习色彩的搭配，把一块黑色的帆布做成糖果。我从未做错过什么，我做的所有东西都是“完美的”。爸爸会带我去诗歌朗诵会。我坐在房间最后面的一个小角落里，让自己尽可能渺小，看着他。他双眼紧闭，诵读着爱与欲望的区别。有时爸爸的隐士朋友会到家中来，他们从古典音乐一直玩到蓝草音乐，直到我像只小狗一样蜷缩在父亲打拍子的脚下睡着。

这样的生活是很幸福的，直到我6岁时，妈妈甩了她的新男朋友。我对他一无所知。她之后向我和姐姐解释说，她不想让他加入我们的生活，除非她认为他是一个好的监护人，而事实上他是个喜欢吹牛和暴力的家伙。一天他在我家门口出现了——一个头发毛茸茸的、可怕的大家伙，一直在喊我妈妈的名字。姐姐不在家，当他踢门时，妈妈让我藏起来。我仿佛永远藏在了衣柜里。我能听见妈妈恳求他不要伤害她。东西被乱砸一通。然后我听见床吱吱作响以及妈妈的啜泣声。我太小了，以至于不明白发生了什么。当姐姐敲衣柜的门让我出来时，天已经快黑了。妈妈正坐在客厅的长沙发上喝茶。那个夜晚，妈妈给我和姐姐读了很长时间的儿童故事。她忘记了给我们做晚饭。

妈妈是个非常聪明的女人，她竟然与这个喜欢吹牛和暴力的家伙保持这种病态的关系，这超出了我的理解范围。我们很少见到他，也许几个月见一次。但这并不意味着妈妈不曾偷偷去见他。我想每当她晚上精心打扮，说她要“出去”时，可能就是去与他见面了。

当他出现在我家时，我通常都躲在衣柜里。同样的场景反复上演：妈妈告诉他，一切都已经结束了。他脏话连篇，妈妈会求他离开。他会骂得更凶，把东西扔得到处都是，妈妈不断地恳求他和哭泣。他就会把她扔到床上——或者沙发、地板上——强奸她，然后离开犯罪现场。我被丢在衣柜里，用手指堵住耳朵，静静哭泣。直到妈妈敲敲衣柜的门，告诉我安全了，可以出来了。

有时我并不想出来。我开始喜欢待在衣柜里，在那儿我感觉很安全。我用妈妈的羊绒毛衣给自己做了个小巢。我在那儿放了一些我的宝贝，这样当我堵住耳朵时，我就觉得可以平静下来。然后我偷偷地拿了一个手电筒、一些书以及一些零食，并把它们放在了衣柜里——我决定留在那儿直到确定他离开了。有时我直接在衣柜里睡着了，早上醒来的时候基本都是全身酸疼地睡在地板上。我真的特别像哈利·波特，在《哈利·波特》第一部中他的“房间”是一个楼梯下的储物柜。我在衣柜里待了数年时间，直到那里再也装不下我了。

我爱妈妈，直到那个喜欢吹牛和暴力的家伙出现，我都认为她是一个天使，因为那就是她看起来的样子——全身散发着耀眼的白金光芒，漂亮无比。但是在她一次又一次地遭到侵犯之后，我开始用不同的眼光看她：她变成了一个迟钝的、黑暗的堕天使。如果我成熟一些，我会学会宽恕她，而且也会有许多机会去学会宽恕她。当你还是一个孩子时，你会把父母想象为完美的；你想把他们奉为偶像，顶礼膜拜；你想在长大后成为像他们一样的人。很多时候，在那个喜欢吹牛和暴力的家伙来过之后，我可以把母亲重新捧回那个偶像的位置。但是随着侵犯次数的增加，她堕落得越来越深，停留在那儿的时间也越来越久，直到我已经无法捧回她。难怪我害怕打扮考究、头发凌乱、声音洪亮的男人，难怪隐藏成为我第二天性。

我一直是个腼腆的孩子，但是妈妈认为我肯定有一些问题。她带我去看了心理医生，医生诊断我患有早期儿童抑郁。

我开始思考，是的，我觉得我一直都挺抑郁的。妈妈拿到了医生的诊断，但她并不想让我进行药物治疗。我变成了一个抑郁的孩子应有的样子：从来不笑，如果别人跟我讲话，我就把头扭向别处。在学校时，我几乎不说话，没有朋友。我多次假装生病，这样我就不需要去学校了。我想待在家里看书。在儿童保护协会来我家之前，我尽可能地让自己被允许不去上学的天数多一些。我不想在外面做任何事情，外面的世界让我害怕。

我 13 岁时，姐姐获得了奖学金，去了一所私立艺术大学念书。那时我决定做一些改变，由我的名字开始。妈妈用她小时候住过的街道的名字给我命名……那是一个好名字，但是我感觉它不适合我。我不是日本人，但是我一直对日本文化很感兴趣，所以我把名字改成惠子，它的意思是“被保佑的孩子”。接下来，我决定改变我的外表。我有自然的北欧金发，眉毛颜色很淡。我刮掉了自己的眉毛，并把头发染成各种各样的颜色。如果我厌倦了赤褐色，我就染成金黄色；如果不喜欢金黄色了，我就染成深褐色。当我感到盒装染发剂的颜色过于常规时，我开始自己调配染发剂。深黑色和蓝绿色、漂白色和鲜艳的粉红色都是很棒的颜色。

姐姐有一种本事，那就是她可以在二手店里淘到最酷最炫的衣服和配饰。她还收藏了大量的化妆品。对我来说幸运的是，她几乎把所有的东西都留在了家里。我把她的东西全部翻找一遍，然后找到了身上这些古怪的装备——我每天都穿不同的衣服。作为一名成长期的艺术家，我有一双巧手，我的脸和身体就是我的画布。

接下来，我用圣诞节攒下来的一些钱，去做了人生中第一次文身——文眉。我打过很多次耳洞。我一直期待着姐姐回家，但我并没有等到。一个电影公司的经理到姐姐的艺术学校去之后，很喜欢她的作品，所以他聘请姐姐去公司为主流电影设计服装和化妆。姐姐只在假期或者夏天才回家——她有了一份令人激动的新事业，而我有的是她的一堆旧衣服。

自残成了我新的好朋友，如果说我以前是在假装抑郁，那我现在再也不是假装了。当我和爸爸在一起时，我留在他家里，而不是去诗歌朗诵会。如果他带他那些玩音乐的朋友回家，我就躲在卧室里不出来。在妈妈那里，我不认为我做过任何出格的事情——最起码对我而言是这样的。但是她说我睡觉的时间太长了。我反驳说那是因为我是一个正在成长的青少年。她回应道："一直睡到下午3点是不正常的。"我承认自己从来不做家务，但是那对青少年来说是很正常的，对吗？

妈妈再次开始担心我。当她送我去看另一个心理医生时，她并不知道我在自残。为了取悦她，我去了几个月。那个心理医生是一个很好的老男人。他努力表现出没有被我的行为吓到，但是你可以在他的眼睛中看到那种震惊——或者是眼部周围的皮肤——眉毛紧绷的样子。人们情不自禁地这样做。

他让我想起了爷爷，他也有同样的反应。我告诉了他关于自残的事情，这让他无法招架。他带我去看了另一名医生，一名可以开抗抑郁处方药物的医生。在他们那里我花了一些时间，但是我不喜欢他们的治疗方式带来的感觉——好像我不受控制。所以我停止了看医生，继续自残。

我假装自己状态不错，所以妈妈认为我好多了。我与另一个古怪的人成为朋友，我们是在我最爱的地方——超级书店认识的。周末的时候，爸爸会把我丢在书店，给我一些钱，然后6小时之后回来接我。朋友和我会漫步在书库中，找最新的日本动漫、古典文学、怪诞文学，听另类音乐、高科技舞曲或者世界音乐的样片。我们坐在那里，喝着印度奶茶，吃着百吉饼。那是我的避难所，也是我的天堂。我在书店里度过了无数个周末。

我欺骗了父母整整3年，让他们认为我是一个正常的，而不是古怪的青少年。平心而论，父亲很自然地做自己的事，他甚至觉得我是他的缩小版。妈妈去看了一位治疗师，最终彻底地结束了与那个喜欢吹牛和暴力的家伙的关系。由于她现在有时间管我了，她发现，当别的孩子早已经有驾照的时候，我对学开车并不感兴趣。妈妈又开始了她“你必须去看治疗师”的战略。她给我预约了治疗师。

妈妈把她漂亮的跑车停在车道边，和我一起进了办公室。办公室很漂亮，有许多的艺术作品。她拥抱了治疗师，在她耳边说了一些话，告诉我要“吐露实情”。

然后她就迅速地离开了。治疗师握着我的手，问我是否要来一杯茶或者其他甜点。在我仔细观察展示架上放着日本米饼的篮子时，她为我们准备了两杯茶。我选择了米饼。我们进了那个小办公室，我坐在那里，盯着我的米饼。

我记忆力很好，至今仍能清晰地回忆起第一次会面。我觉得既然妈妈信任这个女人，那么我并不需要信任她——我又不了解她。她打量了我的头发和妆容。我记得自己当时穿了一身黑色，画了埃及艳后那种烟熏妆。她说她喜欢我的样子，她的眼睛没有任何轻视的意思。我很好奇妈妈跟她说了什么，于是我问了她。“她说，‘请帮帮我的孩子’。”我并不经常哭，通常我只会待在自己的房间哭。但是她说完这句话后我感觉很想哭。我问她有没有孩子。她的确有，有男孩也有女孩，年龄从11岁到24岁不等。可能她知道一些关于孩子的事情。

她让我跟她谈谈自己，我照做了。我告诉她我有一个干净的人生——不吸毒也不酗酒。我曾经很腼腆，有两个家庭，有一个成绩很好的姐姐，除了去书店我不喜欢做任何事。她问我喜欢读什么类型的书，我告诉她之后，她说她知道一位我没听过，但可能是我喜欢类型的作家。我觉得这很棒，但是有一点奇怪。然后她就转移了话题，告诉我她知道那个喜欢吹牛和暴力的家伙的事情，知道对我来说，目睹母亲被侵犯是多么的痛苦。我告诉了她我藏在衣柜里的事情。

然后我告诉了她自残的事情。她问我妈妈知不知道我自残这件事。妈妈当然不知道。她问我其他的治疗师是否知道我自残这件事。是的，但那位治疗师是一个老学究，并且看起来并不知道该怎么处理这件事。他的答案是药物治疗。我告诉她我常常割自己的腿，因为它们比较容易被隐藏，但是有时候我也会割自己的胳膊。我卷起了袖子，给她看了一些伤疤。她评论了我刚在前臂上文的日本部落文身——她知道那是什么，并说她的几个儿子也有文身。

她问我割的时候疼不疼，我告诉她其实真的不疼，更多的是兴奋。它带走了我精神的痛苦……我的注意力集中于自己身体里的骨骼、肌肉和血液是如何包裹在这层薄薄的皮肤下的。当我从伤口中看到血液时，我想到的是如何让自己体内的一些东西出来，那好像释放了一点点我的精神痛苦，而且它让我感觉好多了……有时我总是达不到所有人的期待，或者被他们的期待压垮了。我感到生命了无希望，并且看到了我的现在所代表的未来——一直在躲藏。唯一能帮助我的就是自残。

当我告诉她这一切时，她一直在点头。然后她告诉我，我确实很善于表达自己，而且她很感谢我能对她这么坦诚。她告诉了我她的电话，并告诉我，当我想要自残时就给她发信息或者打电话。但最奇怪的事情是，她告诉我，如果我实在忍不住要自残，那么我一定要把伤口清理干净，别让伤口感染了。我当然一直在这么做，但是她能想到这一点，我感觉很好。

妈妈在这次会谈结束时进来了。治疗师问我是否会回来进行下一次“会谈”。妈妈替我回答了：当然，但我们会打电话的。然后她让妈妈稍等一会儿，因为她有一些东西给我。她跑进去，回来的时候手上有一本书。她说即使我不读这本书，也不会伤害她的感情；但是如果我读了这本书，那么将来我们会讨论它。我认为，这是一种让我再次来到治疗室的巧妙方式。

下一次会谈是在两周之后。治疗师一开始就问我是否喜欢读那本书。我读了并且确实很喜欢。我把书从包中拿出来还给了她。我们聊了一会儿书中人物的性格，还聊到了音乐。她说她有大量可供我阅读的书，如果我想借的话。然后她解释了时间理论以及时间观疗法，我做了一些心理测试。创伤量表表明我经受着严重的创伤、严重的抑郁、极度严重的伴随着惊恐障碍的焦虑。我确实患有创伤后应激障碍。然后我们一起看了我的津巴多时间洞察力量表得分，结果如下：过去消极和现在宿命论的分数高到已经无法在图中表示，我从未想过未来。她解释说，在她们工作中遇到的青少年中，这是一种正常的情况——很显然，孩子们都不会为未来考虑太多，大部分都是现在享乐主义。

我了解了创伤后应激障碍以及时间观疗法，感觉自己好了一点。我开始做一个古怪但正常的孩子，但由于我早期的创伤，我已经变成了超级宿命论者，并且确实总是很恐惧。早期创伤的闪回少了很多，但是它们依然会出现，尤其是当我看见有毛茸茸头发的老男人时。时间观治疗师告诉我，当我感觉回忆将要闪现时，我应该去想一些过去积极的想法。我最爱的过去积极想法包括与妈妈一起画画，与姐姐玩装扮游戏，听爸爸玩音乐，以及我在超级书店时所做的那些事情。

然后她转移了话题，说她有一系列可能性要告诉我。我早期的儿童抑郁，可能是由那个喜欢吹牛和暴力的家伙对我妈妈所做的事情所引发的创伤后应激障碍的一种症状。患有创伤后应激障碍的人们会有抑郁症和焦虑障碍，而且当一个人特别抑郁时，他们可能会有自杀的念头。自杀的念头表现为多种形式，也许我的自残就是一种小型自杀。可能我无法帮助母亲的无力感引发了我的躲藏行为，可能我对那个喜欢吹牛和暴力的家伙的害怕变成了我害怕自己之外的所有东西。这对我来说都讲得通。

我们致力于解决我的现在宿命论倾向，治疗师说它源于我看到妈妈受伤害，并且这使得一种观念在我的脑海中深深扎根：人很容易成为受害者。我也适应了作为一名受害者。所以我们讨论了帮助我成长为自己的支柱的方法。治疗师告诉我其中一种办法是我停止待在家里，去上学。这不是我想听到的。她说知识很重要，但更重要的是社会交往。在这一疗程的最后，我告诉她在过去的两周中，我就自残了一次。她拥抱了我，并给了我另一本书。

我的下一个疗程是在差不多一个月之后。在聊了那本书和音乐之后，我们继续讨论了我的现在宿命论以及感觉自己是受害者的倾向。我已经深陷在那里很久了，很难走出来。我告诉她我被欺负的事情。这并不新鲜。我自我表达的方式并不被同学或者老师欣赏，但是老师从来没有说过什么。我们制订了一个计划，如果有人对我指指点点，我就做我往常做的事情——走开。但是如果有人动手动脚，即使只是暗示要动手动脚——比如吐口水——我就应站出来复述我们国家建立的基础：自由表达自己和尽可能不伤害别人的权利。如果这不奏效的话，那我就可以报告这个该死的事情！我感觉自己十分强大。整整一个月，我都没感觉自己需要自残。我做得很好，我们决定当我觉得需要会谈时就见面。

我每两个月进行一次治疗，时间观治疗师帮助我变得越来越强大。我有过一段短暂的恋爱。确定关系后不久，男朋友开始吸毒。我觉得我可以改变他，但在治疗中我认识到，我能改变的只有自己。当我意识到他是一个失败者后，我与他分手了。我在学校表现很好，并且顺利毕业了。

在每个疗程中，我们都致力于为我的光明未来制订计划。就像我之前说的那样，我从未想过未来——它看起来太遥远了——所以很显然我需要帮助。她帮助我确定自己想要什么，这既简单又困难，简单是因为当我真正去思考这个问题时，我知道我想要什么，困难是因为我不知道怎样才能得到想要的东西。

我的一个未来计划是在户口上改掉我的名字。时间观治疗师帮助我做了文书工作，所以现在我是合法的“惠子”。另一个未来计划是变得更加独立——搬到洛杉矶和姐姐住在一起。我想得到一份像她一样的工作。我的治疗师指出，肖妮之所以能得到工作，是因为她在学校接受了教育，但是我对去学校一点儿兴趣都没有。后来我就很担心这个。

另一个未来计划是与一位非常好的、不同寻常的男人组成一个家庭——这对我来说确实很重要。妈妈想让我去考驾照，但是我仍然对学习驾驶没有任何兴趣，我选择坐公交车。治疗师告诉我，当我搬去洛杉矶后，我并不需要车，因为那里有完善的公交系统。我有了计划，开始努力实现自己更美好的未来。我需要钱来搬家，所以我热切地期望自己可以找到一份工作——我找到了！我搬过来和妈妈住在一起，攒钱，然后买了去洛杉矶的单程机票。

我与姐姐住在一起一年多了，并在一家位于好莱坞的卖高端经典服饰和配饰的精品屋工作。有时，有些名人会进来，告诉我他们很喜欢我穿衣服的方式！有时我帮姐姐做一些电影和电视秀的特殊项目。这非常有创造性，而且乐趣无穷。

在离家差不多一年之后，我回家探了一次亲。除了父母，我唯一想见的人是我的治疗师。我们更新了疗程，我与她保持联系。我的妈妈独居，她正在写自己的回忆录，并且享受她第一次完全独立的时光；我的爸爸继续他的单身生活，看起来对他的生活很满意；我的姐姐的事业蒸蒸日上，她喜欢我与她住在一起，成为她的密友——我们成了非常亲密的朋友。

我把最好的消息留到了最后说。在我在好莱坞工作不久以后，我在公交站等车的时候，一个高大帅气、有着一头飘逸黑发的男孩迎面撞向了我。他叫米克，是一名大学生。我们聊了一会儿，我告诉了他我在哪儿工作。我虽然很希望，但并不真的认为我会再见到他。后来，他来到了精品店，我们就在一起了。

我从来没有在真实的《天才小麻烦》那种类型的家庭中生活过。我不相信它的存在。但是米克的家中有特别多的爱……他们都在上班或者上学；家务不用吩咐，家庭成员都会主动去做。我也有我自己的家务！他们讨论遇到的问题，并帮助其他家庭成员解决问题。他们每天都一起吃晚饭。这是我从未经历过的事情，而且我喜欢这样！我们聊到有朝一日我们会结婚……

未来，我想为自己的家庭营造一种健康的环境。没有害怕，没有躲藏，只有爱。

惠子的认知行为治疗

有些人天生就有内源性抑郁症，这是一种遗传性的抑郁倾向。内源性抑郁症背后的生理机制是，这些人的神经递质供应少于常人，这导致他们倾向于压抑认知功能——引起抑郁。精神病科医生用抗抑郁药物来治疗这种内分泌失调，希望能够平衡大脑神经递质的化学传导过程，通过信号传输，提高大脑功能运行的速度。本质上，这为系统创造了更多的润滑剂，所以系统可以运行得更加顺畅。

惠子是在时间观治疗发展之前开始治疗的。第一个疗程中，惠子描述了在她“儿童抑郁”之前的生活及个性。她曾是个聪明、幸福，但是有点腼腆的孩子，对一切艺术的事物感兴趣。治疗师帮助她正确找出了（引发抑郁情绪的）那个特殊事件，惠子6岁时，她妈妈的前男友总来恐吓她妈妈，这使得惠子每次都不得不躲在衣柜里。这样的性侵犯频繁发生。最终，惠子选择把自己孤立在衣柜中。初次会谈后，治疗师判断，惠子所遭受的内源性抑郁的痛苦，远没有持续的恐惧经历以及无力感带给她的儿童创伤后应激障碍痛苦。

治疗师采用了认知行为治疗、积极心理学以及患者教育和反应常态化，帮助惠子面对和处理生活中的情况。惠子向治疗师坦白了自己的自残行为，惠子解释说，这是一种让她的思想从精神痛苦中解脱的表达方式。治疗师让惠子下次想要自残时，给她打电话，并想想那些让自己想自残的事件，努力把它们挑选出来。但是如果惠子发现自己无法控制自己的自残行为，那么她应该把伤口清理干净、包扎一下，以免感染。同情而不是羞辱、理解而不是指点以及治疗师乐于和她交流，都对减少惠子自残的次数产生了立竿见影的效果。

惠子的时间观治疗

在时间观治疗开始之前，治疗师帮助惠子在时间观的框架里审视自己的经历。治疗师解释了时间理论、时间观治疗，以及惠子的过去消极可以怎样替换为过去积极，怎样转移惠子的现在宿命论。然后惠子和治疗师开始计划惠子的未来。

这时候，惠子已经高中毕业了，并且在一个离她妈妈家很近的古玩店里兼职。这家店的主人是她妈妈的一个朋友，并且不介意她古怪的穿着。但是惠子的梦想是在她经常去的超级书店工作。不幸的是，她对驾驶依然没有兴趣，而且害怕坐公交。她开始与一个生活混乱的中学生交往。惠子通过治疗学会了一些应对技巧，想去“改变”他和他的生活。几个月之后，随着男朋友陷入毒品中，惠子意识到她没有能力控制别人的生活，开始将心思全部放在自己身上。

她的想法变得更加实际，并且意识到如果她想要拥抱生活、展示她多种多样的才能，她需要离开那些曾依靠的人，也就是妈妈、爸爸以及治疗师。她放弃了在超级书店工作的梦想，她觉得自己没必要参加州立学院提供的大学课程，计划搬去离姐姐近的洛杉矶，看看最终能否在娱乐领域得到一份工作。

现在惠子开始认真地为她更美好的未来努力。她全部时间都和妈妈住在一起，这样她就可以给予工作更多的时间。她的一个目标是将她的名字在法律意义上改为“惠子”，而时间观治疗师在这个过程中帮助了她。她只在少数的几个周末去看爸爸。她过得很节俭，把赚的钱都攒了下来，直到有一天她攒够了买一张去洛杉矶的机票，以及支付几个月的房屋租金的钱。

惠子更美好的未来

现年 21 岁的惠子，已经两年没有自残了。她在一家好莱坞的时尚经典服饰精品店工作。在那里她古怪的装扮更像是一种优势而不是劣势。她对妆容和服装的挑选能力被许多经常来店里的名人大加赞赏。她大胆地乘坐公交车上下班，或去其他感兴趣的地方。她与事业蒸蒸日上的做妆容和服装设计的姐姐住在一起。惠子偶尔帮姐姐做一些项目，并希望能把自己多样的才能尽快用到一份全职的工作中。

一天下班之后，在公交站等车时，她遇到了米克，一名年轻的大学生。一段美好的恋情在很短的时间内发生了。米克积极的人生观、雄心勃勃的志向以及他的背景，与她回忆中好奇的艺术精神产生了共鸣。米克稳定的家庭张开双臂接纳了惠子。他们在一起已经一年了。他们商量着在米克大学毕业之后就结婚。“未来，我想为自己的家庭营造一种健康的环境。没有害怕，没有躲藏，只有爱。”

惠子在接受时间观治疗之前和之后的测试结果

图表解释：图 6–4 左侧图说明了时间观疗法对患者的典型改善。惠子的抑郁分数从严重下降到正常范围内，焦虑分数从极度严重下降到正常范围内，创伤分数从严重下降到中度。她是我们治疗最成功的案例之一，是所有案例中获得改善最大的一个。

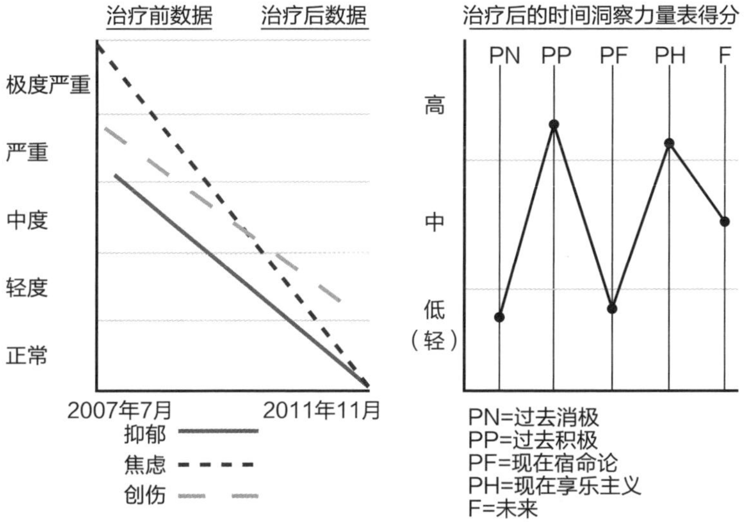

图 6–4 **惠子（患有创伤后应激障碍的女性）的心理测试结果**

右侧她的津巴多时间洞察力量表的分数显示，惠子高度的过去积极和高度的现在享乐主义平衡了她轻度的过去消极和轻度的现在宿命论。她的未来时间观稳固位于中度，虽然比理想值略低，但表明她已取得了很大的进步。这些都暗示惠子已经接受了她生命中积极的部分，并勇敢地朝着更美好的未来迈进。

“想起这些对我来说太痛苦了”——78岁的贝蒂

案例：“想起这些对我来说太痛苦了”——78岁的贝蒂

贝蒂今年78岁，她18岁时怀孕，然后辍学。在孩子5个月时，她嫁给了罗伊——孩子的父亲。尽管罗伊是个虐待狂并且到处拈花惹草，他们还是在一起度过了40余年的时光，并且有了5个孩子。贝蒂是在严重抑郁的情况下前来治疗的，抑郁的原因是她的两个成年儿女还有一个孙女相继突然死于吸毒。

贝蒂的小女儿迪，带她进行了第一次治疗。因为贝蒂对治疗不是很熟悉，并且对可能会发生的事情感到害怕。“医生说我需要去看治疗师，因为他觉得我过度依赖止痛药，并且我的记忆力衰退得很快。我想让迪和我一起来，因为我不知道会发生什么，”她解释道，“我认为去看治疗师的人都很疯狂，并且需要去找精神病科医生拿药，就像你在电视广告上看到的那些人一样……我感觉自己并不疯狂。”

心理诊断：两个成年儿女和一个孙女相继突然死于吸毒导致的创伤后应激障碍。

第一次见治疗师时，他跟我和迪解释了精神病科医生与心理治疗师之间的不同。他说精神病科医生是药物医生，他们治疗的是患有精神障碍的人，比如精神分裂或者精神病，而且给病人开药。他说有时候精神病科医生会花一些时间和你交谈，但更多时候精神病科医生会让病人去求助心理医生。心理治疗师的工作对象是那些经受精神创伤的人，并且通过与他们交谈、提出帮助人们面对创伤的方法等来帮助他们。

治疗师看起来人很好，但我并不想说话，所以迪告诉他我为什么来到这里。她告诉了治疗师我所有的药物治疗经历，我怎样遭受没人知道原因的痛苦，我怎样不能像以前那样记住事情了。我认为这只是因为我年龄大了。治疗师一直倾听着，然后他告诉了我们时间理论，并解释了时间观治疗。他向我们演示了一种缓慢深呼吸以及间隔呼吸的方法，并说我应该每天都试着按这种方式呼吸以放松下来。然后我做了一系列心理测试，他说下次他会告诉我们我在这些题目上的表现。

下一次会谈，还是迪和我一起来的。治疗师告诉我们，测试结果表明我患有严重的创伤后应激障碍（严重的创伤、严重的抑郁、中度和严重之间的焦虑），而且我可能已经患上它很长时间了。他说一些患有创伤后应激障碍的人，像我一样，他们的记性会不好——这与他们的年龄无关；有时尽管他们身上没有什么毛病，他们也会感到疼痛。他说当你真的抑郁时，一个小小的疼痛也可能会让人感觉很剧烈，一些小的坏消息也会让人感觉是一件大坏事。

治疗师说其中的一个测试表明我有大量过去消极的事情、不好的记忆，这使我成了一名现在宿命论者。然后迪开始告诉他一些我生命中发生的坏事。当她告诉治疗师，我去世的孩子时，我哭了。想起这些对我来说太痛苦了……我的哮喘开始发作，我就像真的患病一样不能呼吸。治疗师说这是惊恐障碍，并用呼吸技巧帮助我，它使我的心跳降了下来，我可以正常呼吸了。我想我的哮喘可能真的是惊恐障碍。

当我感觉好多了时，我想倾诉……我告诉他，我的孙女，之后是我的儿子、我的女儿去世了，全是因为吸毒过量，这时我想去忘记所有事情。我为我的孙女的死感到难过……我可怜的曾孙！然后我的儿子——在他去世后，我在床上躺了一年半。我刚开始感觉好点了，我的女儿去世了……这些给我造成了很大的创伤。

我深深地爱着孩子们——这变得如此困难！治疗师提醒我注意呼吸，并说这会帮到我。

我现在感觉舒服多了，所以下次会谈时，我没有叫迪陪我一起。这一次，我说了很长时间，包括我在一个大家庭里长大，照顾我年幼的弟弟妹妹，然后结婚有了自己的孩子。在高二时，我怀孕并辍学了。当儿子5个月时，我和他爸爸结婚了。罗伊劣迹斑斑——他常常打我，整日东奔西跑、游手好闲，又是一个花花公子。但是我很爱他！

我们又有了两个孩子。我是一名家庭主妇，罗伊开始创办垃圾收集公司，我是办公室经理。他做得很好。我们一共生了五个孩子。

我的女儿梅拉妮在她九年级的时候开始吸食大麻，她还带她哥哥汤米一起吸——那时我并不知道。但是随着时间的推移，他们上了高中，我知道他们还在继续吸食大麻。我知道许多孩子都吸食大麻，所以……

每当这时候，罗伊都会冲我大吼大叫，打我，而且他会将另一个女人带在身边——但是我爱他。他是一个会养家的人，也是一个好父亲。他把气都撒在我身上。但是最终，在44年的婚姻之后，我受够了他的其他女人。我已经想了好几年要和他离婚。有一天我特别生气，我告诉他永远也不用回来了——我把他的衣服扔在草坪上，告诉他自己回来捡。

我的儿子汤米结婚了，有了三个孩子。但是他和他的妻子都吸毒——不管是处方药物，还是可卡因、冰毒、海洛因。梅拉妮结婚后有了两个孩子，她开始沉溺于滥用处方止痛药。我知道我的孙女（汤米的一个孩子）肯定出问题了——她会在凌晨两三点钟打电话给我。然后有一天，汤米打给我说，我的孙女死在了她自己的房间里，里面还有她的两个小孩，他们一直哭并试图唤醒他们的妈妈。

汤米离婚了，他在大街上流浪。他需要钱时，会跟我联系。我很担心他——我晚上睡不着觉。所以四年前，我出去找到了他，并带他回家，让他住在我家里的一个房间里。我不能放任他不管。但是他又去吸食海洛因，他死于一次吸毒过量。我在房间里发现了他，但已经太晚了。

我的女儿梅拉妮和一个虐待狂男人住在一起并且怀孕了。外孙出生时我在那里，并且带了外孙一个月，因为那个男人一直打她，我很担心我的外孙。梅拉妮又开始吸毒，当她的儿子 13 岁时，她开始吸食可卡因——汤米介绍她吸的。我们都有所怀疑，但是我不能确定她是否上了瘾——我了解得不够多。我只知道，她的眼中失去了一些东西。

之后，她开始吸食冰毒。毒品让她的心脏出现了问题，她做过心脏手术。然后她就被处方药物困住了，因为她被告知不能再吸食非法毒品了。但是在汤米去世 1 年半之后，梅拉妮死于一次用药过量。警察来告诉我梅拉妮已经死亡。我震惊了。

我刚从汤米去世的抑郁中走出来，现在我的女儿也去世了。

我曾想过很多年：我到底做错了什么，发生过什么？我想因为我生活的方式，我的孩子曾有过一段很艰难的时期——他们的父亲如此虐待我。他是一个劣迹斑斑的人，经常酗酒。每当他把我们赶出来时，我会把孩子都塞到车里，然后去我妈妈或者朋友家。我们会离开两三天，然后他会来找我。我最终鼓足勇气离开了他，但那时孩子们都已经长大并且有了他们自己的孩子。伤害已经造成了。我的丈夫在经济上给我们支持，但从没在感情上关心过我们。

我告诉了治疗师我所有孩子的生活，以及我的孙子、孙女和曾孙。我诉说着过去消极事件。我告诉他，我感觉自己不再知道自己是谁，我感到很痛苦、很抑郁。

我告诉了他一件积极的事——我有一个同居了 12 年的男朋友，我们小学时就认识了。然后我告诉他，我男朋友患了病，不能离开房间。治疗师问我是否做了放松和呼吸练习，我很诚实地告诉他，我做得很不好，我只做过两次。我告诉他我记事情很困难。

治疗师说我们将要做的工作是改变我思考的方式，他让我告诉他一些过去积极的事情。这对我来说很简单。我热爱养育孩子们，在节假日时和我的大家庭——我的弟弟妹妹和他们的孩子——共度时光，我爱我生命中的这些时光……然后他告诉我，当我开始想到那些过去消极的事情，比如我的孩子怎样死于毒品，或者我的丈夫怎样欺骗我，我应该立刻想想这些过去积极的事情：想想我的孩子小时候的样子，或者我们有过的大家庭聚会。他使我对这些美好时光的感觉很好。我感觉好多了，我的肩膀好像卸下了重担。

下次我见治疗师时，他跟我解释了我的记忆。他说创伤后应激障碍会让一些人的记忆不是很好……他告诉我，大脑中的路径是有限的，当事情正确运行时，你可以很轻松地从过去穿越到现在以及未来——你可以记住事情。但是如果你有严重的创伤后应激障碍，你被困在了发生在过去消极路径中的糟糕事情上，然后你就会认为现在的生活确实很糟糕——也就是现在宿命论——就像我一样；或者你仅试着去忘掉所有的事情，这可能会让你喝很多酒或者吸毒，于是变得太沉溺于现在享乐主义。当他告诉我这些时，我想到了我死去的孩子。他们都沉溺于现在享乐主义，沉溺于毒品。

治疗师问我是否喜欢玩游戏，我告诉他我在网上玩纸牌游戏。他说这对我的记忆很好。我应该找一些填字谜和数独的书，并且每天做一些题来提升记忆力。我告诉他我有时要照看 4 岁的小外孙。所以他让我与外孙玩一些简单的纸牌游戏，尤其是锻炼注意力的游戏。他说我和外孙一起做事情是件好事，这是一种亲社会行为，也是一种现在享乐主义行为。我告诉他我们上次会谈后，我的疼痛没有那么厉害了，也不需要吃那么多药了。治疗师很高兴，并说我应该告诉我的医生，这样他就能知道接下来该怎么做。

在接下来的疗程中，我们讨论了未来。治疗师帮我规划了更美好的未来，它十分简单。我想我可能只剩下大约12年的时间，我想让余下的时光尽可能轻松和快乐……我现在很快乐，我的生命很奇妙。在我更美好的未来中，我会活着、看着我的外孙长大……他是一个有治愈能力的礼物。我失去了两个孩子和一个孙女，但是现在隔壁房间就有我聪明的外孙。我盼望着能看到他成长为一个健康、聪明的年轻小伙……我男朋友和我一起住，我是他主要的照料者。在我更美好的未来中，我会尽我所能长时间地照顾他……治疗师帮助我学习去感激我生命中所有过去积极的事情，并且不去想那些过去消极的事情。

我有了一个女人想要的所有东西。我住在自己的房子里，有可爱的女儿帮我，我每天都能看见自己的外孙。与家人和我男朋友在一起，我很开心。大多数时候，我对自己感到满意。我已经走了很长的路，我最终找到了我自己——一个完整的贝蒂。

贝蒂的时间观治疗

贝蒂的医生让她为记忆力衰退寻求治疗，同时学习一些能帮助她减少止疼片摄入量的技巧。贝蒂的小女儿迪，参加了第一次时间观治疗的会谈。在这次会谈中，贝蒂很内向，几乎没有说话。迪给治疗师讲述了全部的事情，包括贝蒂来寻求治疗师帮助最初的原因，贝蒂吃了多少处方药，而且她妈妈并不是真的需要它们的原因。她还提到了贝蒂衰退的记忆力。

治疗师解释了时间理论和时间观治疗，同时展示了一种简单的呼吸技巧。他让贝蒂每天都练习这种呼吸技巧。治疗师还给她做了一些心理测试，并告诉她，在下一次会谈时，他们会讨论一下这些测试结果。

迪也参加了第二次时间观治疗会谈，在这次会谈中，治疗师解释了贝蒂心理测试的结果，以及诊断她患有慢性的、严重的创伤后应激障碍。他强调创伤后应激障碍可能也是她记忆力衰退的一个原因，而且可能会在心理上增加她正经受的生理疼痛。她的津巴多时间洞察力量表分数表明她有非常高的过去消极和现在宿命论的时间观。迪说她妈妈在生活中的确有许多的创伤经验，包括死于吸毒的孙女、儿子和女儿。贝蒂患有惊恐障碍，她把它解释为哮喘，治疗师帮助她练习呼吸技巧直到她恢复镇静。

在剩余的疗程中，贝蒂详述了吸毒至死的过去消极事件——首先是她的孙女，接着是她的儿子，最后是她的女儿。很显然，她曾努力用自己的方式摆脱痛苦，而她的处理机制就是“忘记事情”。治疗师向贝蒂介绍了一种包含时间观治疗的放松视频，并且建议贝蒂每天都看它，学习处理她极端过去消极和现在宿命论倾向的技巧。

迪没有参加第三次及之后的会谈。贝蒂解释说，通过先前的治疗，与治疗师在一起她感觉很轻松，不需要为了舒服一点而让迪坐在那里了。贝蒂想更多地聊一些她过去消极的事情，而且被允许聊了会谈差不多一半的时间。她说她感觉自己在那么多过去消极的事情中迷失了自己，不再知道自己是谁。

贝蒂并不怎么配合治疗，她只练习过两次放松和呼吸技巧——当她记得的时候。治疗师解释了用过去积极的事情替代过去消极事情的重要性。她说记起过去积极的事情对她来说不困难，并且回忆了一些；“我热爱养育孩子们，在节假日时和我的大家庭——我的弟弟妹妹和他们的孩子——共度时光，我爱我生命中的这些时光……”治疗师要求她，不论何时她发现自己回想起过去消极的记忆，她应该用她诸多过去积极事件中的其中之一来替代它。她可以很容易地描绘这些积极的经历和良好的感觉，这是一个重要的迹象——她一直是一个可以忍耐巨大灾难和压力，拥有乐观心态的人。她感觉用过去积极覆盖过去消极是可以做到的。这一次，她离开时的心情更加轻松。

第四个疗程中，他们强调了贝蒂衰退的记忆力。治疗师详细地解释了创伤后应激障碍会怎样影响人的记忆。大脑中本应在过去、现在和未来之间来去自如的想法，如今被困在了过去消极或者现在宿命论的时间观中，在贝蒂的案例中，她或许是被困在了现在享乐主义的时间观中。贝蒂很快掌握了这种概念，并意识到她已故的孙女、儿子和女儿是被困在了极端的现在享乐主义中，并且死于他们享乐主义的毒品成瘾。

为寻找帮助贝蒂锻炼记忆力的方法，治疗师问她是否爱玩游戏。他建议贝蒂继续保持在电脑上玩纸牌游戏的习惯，并指明她可能需要做一些填字谜和数独游戏。他还建议贝蒂带她的小外孙做一些简单的记忆力游戏，比如集中注意力。这些不仅会帮助她解决自己的记忆力问题，而且会使她开始从事亲社会行为和选择性现在享乐主义。

治疗师注意到，通过前面的几个疗程，贝蒂的生理疼痛水平已经减轻了许多，并且已经减少了处方药物的摄入量。他很高兴，并让贝蒂与她的医生讨论这种改善。

贝蒂更美好的未来

第五个疗程聚焦于贝蒂更美好的未来，治疗师与贝蒂一起做了一个简单的计划。贝蒂与同住在一个房子里的迪、迪的丈夫以及小外孙关系很亲密。她美好未来的计划包括成为外孙生命中完整的一部分，并看着他长大。她热情地表达了对他的感情："他是一个有治愈能力的礼物。我失去了两个孩子和一个孙女，但是现在隔壁房间就有我聪明的外孙。我盼望着能看到他成长为一个健康、聪明的年轻小伙……"

她生命中另一个重要的人是她小学就认识，但中间有 40 年未见的男人。在过去的 12 年里，他们一直在一起。他糟糕的健康状况使他无法离开房间，贝蒂是他最主要的照料者。她未来的积极计划中包括尽她所能地满足他的需求。她 78 岁，感觉自己可能只有 12 年左右的生命。"我想让余下的时光尽可能轻松和快乐……我现在很快乐，我的生命很奇妙。"

贝蒂成功地学会了用过去积极经验替换过去消极经验，用感激的心情替换了过去的痛苦和抑郁。她与外孙一起练习现在享乐主义，并且聚焦于一个更美好的未来。通过时间观治疗，贝蒂重新发现了自己。她基本每月进行一次时间观治疗。

贝蒂在接受时间观治疗之前和之后的测试结果

图表解释：图 6–5 左侧图说明了时间观疗法对患者的典型改善。可以看到，贝蒂最显著的改善是她的抑郁，抑郁分数从严重下降到正常范围。她的焦虑分数从中度和严重之间下降到轻度。她的创伤分数从严重下降到中度。

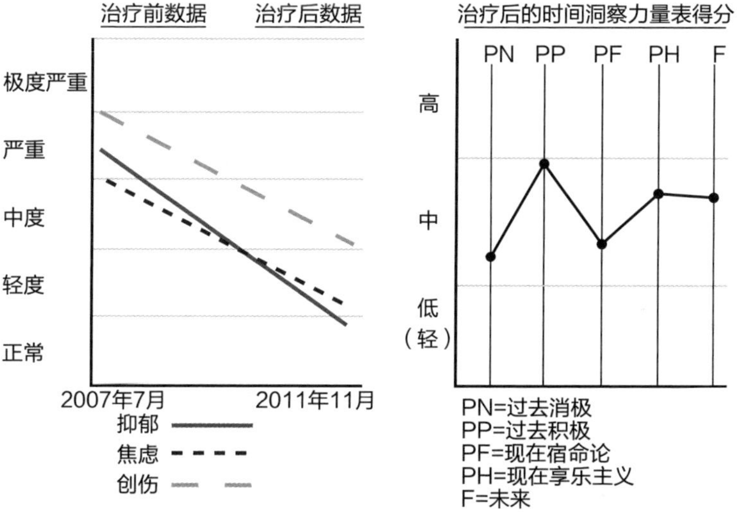

图 6–5　**贝蒂（患有创伤后应激障碍的女性）的心理测试结果**

在右侧她的津巴多时间洞察力量表的分数中，鉴于贝蒂的年龄以及她创伤的严重性，她的分数全部处于中度是可以理解的。她的过去积极分数最高，处于中度和高度之间。她中度的现在享乐主义和未来分数平衡了她中度的现在宿命论和过去消极。虽然她需要继续与失去孩子的创伤斗争，但她将勇敢地朝着未来积极努力。

“我真的很害怕”——被欺凌的格蕾丝

案例：“我真的很害怕”
——被欺凌的格蕾丝

格蕾丝，47岁，曾在一座监狱工作了25年。她很珍视她的工作及与同事间的亲密关系，因自信、才能和多线程工作的能力而出名。但是她的上司在格蕾丝不知情的情况下，雇用了工会助理海伦，并在格蕾丝本就狭小的办公室里放了一张新桌子，让海伦坐在那里。

海伦是一个极端宗教主义者，她似乎感觉她真正的工作是拯救格蕾丝的灵魂，而不是减轻她的工作负担。格蕾丝尽自己最大的努力忽视海伦的布道，但她的努力并未奏效。当她向上司汇报时，不知怎么被海伦发现了，她开始威胁要杀死格蕾丝，说她会把格蕾丝的房子点着，杀了里面的每个人。格蕾丝的行为开始反常，她晚上睡不着觉，也吃不下东西。她变得极为警惕并且非常害怕，像她描述的那样已经“崩溃”。最终，她离开了工作岗位，转而接受治疗。

心理诊断：一个同事的极端欺凌导致的创伤后应激障碍。

我一直认为自己是个坚强、有能力的人，这些品质伴随着我在一家监狱工作了25年。我与同事的关系真的很好，从来没出过任何问题，我们像一家人一样。

我爱养育我的孩子们，从未觉得为满足他们的需要和为他们担心会花费我很多时间。他们长大后，我从他们身上转移出的精力和想法正好放到了我与丈夫、工作的关系中。我们热爱牛仔竞技表演，并且有自己的马。我们会在周末露营，休假……

我有了一个新上司，他说我很能干，所以给了我更多的工作。这对我来说没什么，但不久之后，他说我需要帮助。一天我去工作，一个叫海伦的女人坐在一张挤进我狭小办公室的桌子前。我很吃惊，我知道上司的初衷是好的，但是我至少应该被提前告知谁将与我一起工作。

我是一名教徒，每周日都会去教堂。但是由于我并不完全相信海伦所相信的东西，她试图使我皈依。刚开始我还倾听，后来我就努力忽视她的布道。海伦很容易在工作中分心，工作完成也不及时，我经常需要完成她的工作。布道花费了她大量的时间，而且她上班开始迟到，午饭后也迟到，一直在打私人电话，并且因为一些急事不得不提前下班。

我的工作效率越来越低。海伦本应该是我的助手，她却没有尽到职责。我不得不在周末加班，补上所有她未做的工作。我不再有时间与丈夫在一起。我写下所有海伦本来应该做却没有做的事情，这样我的上司就会有永久解雇她的依据。当我给他这个清单时，他说不能让她离开，因为她是一名工会雇员。

我不知道是怎么做到的，但是海伦发现了我的清单，她非常非常生气。她变本加厉地试图使我皈依。她全天祈祷。她告诉我她是上帝派来的使者，如果我不认为她是在做一项伟大的工作，那么我肯定是被恶魔迷住了。她会大声地跟自己说话，并说如果没有我，这个世界将会更美好。然后她就开始威胁要杀死我——她曾告诉我，她要来点着我的房子，烧死里面所有的人。

我真的很害怕。我晚上睡不着，因为我害怕海伦会来实施她的威胁。每当有车经过我家，我都会跑到窗边看看是不是海伦。我发疯地锁住所有的门窗——不管是在家还是在车里。我不再去上班，因为我害怕海伦会跟踪我，或者在办公室等着我。我跟上司谈了海伦的问题，但是他说我反应过度了。他也用他的方式威胁了我——他说我必须赶上工作进度。

我跟丈夫说了这件事，他去和我的上司谈了谈。上司告诉我丈夫，海伦和我有私人矛盾，而且我最好私下与海伦解决。我的精神崩溃了，我根本就没有办法让海伦和我一起解决任何问题。一天我去上班，上司把我叫到一边，让我休几天假。

我休了两周假，感觉自己回到了以前，所以我回去上班了。我走进办公室，看到海伦坐在我办公桌前。她诡异地对我笑了一下，开始大声祈祷，说上帝会罚我下地狱……她说她有一把刀，当我转过身去，她就会捅我。我又崩溃了。我的上司告诉我海伦会暂时接替我的位置……他让我休假，并给我工伤赔偿，让我离开去接受心理治疗。

时间观治疗刚开始的两个月，我每周去见两次治疗师，因为我的精神创伤非常严重。我记得第一次会谈持续了它本该有的两倍时间长……我能做的只有哭泣。当我告诉治疗师海伦以及她怎样威胁要杀死我时，我止不住地颤抖。我告诉治疗师我感觉自己就像回到了学校，被别人欺凌而且不知道怎样才能不被欺凌。我告诉他，我的上司不相信我，并给海伦撑腰。我告诉他，我在哪里都感觉不安全，以及我做的所有奇怪的事情，例如跑到窗边看她是不是在我家门外。我告诉他，精神崩溃毁了我的婚姻。他问我有没有吃什么药。

我告诉他，医生给我开了些处方药，但我不想吃，因为我害怕它们会让我变成一具行尸走肉。

治疗师给我测了血压，我的血压很高。然后他指导我进行呼吸，并告诉我怎样使呼吸慢下来，这样心跳也会慢下来。然后他又测了我的血压，它降低了 20%。我对呼吸能降低血压这件事感到很吃惊。

然后他给我做了一些心理测试，并告诉我，我患有极度严重的创伤后应激障碍、极度严重的抑郁症以及极度严重的焦虑障碍和惊恐障碍。他解释了时间理论和时间观治疗，并说我的津巴多时间洞察力量表得分表明，我在现在宿命论和过去消极上的得分很高。他很担心，因为我在现在享乐主义和未来时间观上的分数很低。然后我们观看了包含时间观治疗的放松视频。他给了我一盘 DVD 让我回家看，并给了我一些放松的 CD 让我回家听。离开时，我感觉自己冷静多了。

接下来的疗程以及后来的几周，我都不能摆脱海伦带给我的过去消极或者现在宿命论的行为。这是所有我想说的事情。他试着让我聚焦于过去积极的回忆，但我没有准备好。我就像喝了毒药，它必须从我的体内排出。

每次治疗师让我想一件过去积极的事情，我就开始谈海伦带来的过去消极，以及我怎样害怕和她怎样毁掉了我的生活。我只有在赴约治疗时才离开家，丈夫和孩子为我做所有的事情。我睡不着，吃不下。我认为我不可以再去工作，所以我丢掉了所有的职业装——它们不再合身，因为我瘦了很多。我有许多化妆品，我把它们全扔了。我被恐惧、被我的现在宿命论折磨着。我的情绪非常激动。治疗师会让我闭上眼睛，并让我随着他的言语指示想象。有时我们会练习呼吸技巧，它会让我冷静下来。

在几个月的时间观治疗后，我不再从恐惧中惊醒，取而代之的是，我会从愤怒中醒来——生我自己的气！一些念头突然进入我的大脑，我意识到是我让海伦接近我的。我不能再做一名受害者了！当治疗师让我用过去积极的事情替换过去消极的事情时，我已经做好准备了。我告诉他，当我完成工作中的任务时，我的感觉多么好，我看起来非常专业，这也让我为自己感到骄傲，还有我与孩子共度的那些美妙的时光，以及我有多爱我的丈夫。整个会谈，我都在谈论我全部的重要过去积极事件——我感觉自己有了一个真正的突破！

然后是将我的现在宿命论改为选择性现在享乐主义的时间观。治疗师知道我曾整天窝在家里，只因会谈走出家门。他提醒我，我的丈夫对我真的很有耐心，我应该和他重建关系。他建议我从早晨与丈夫一起去照顾马开始。我非常想念我们的马——它们曾是我生命中十分重要的一部分！我每天早晨与丈夫一起去喂马、洗马。然后丈夫和我开始出去兜风，我们偶尔也出去约会。所有的这些都需要花费时间，但是我感觉我离丈夫越来越近，离恐惧越来越远。

我在过去积极和选择性现在享乐主义上做得很好，之后我有一点挫败感。我原来认为自己发疯了，但是在接下来的时间观治疗疗程中，我告诉治疗师我特别生气！自从海伦替代了我，她有了一名新助手。她的新助手打电话给我，说海伦欺负她！当我和这个可怜的女孩说话时，她十分害怕。我想，那就是我！为什么我们要让海伦威胁我们？为什么我们要生活在恐惧中？再也不能了！海伦的助手不得不开始休假。我们决定一起向公共安全机构提出起诉，起诉海伦威胁我们。

我的时间观治疗的目标一直是案子了结后，我能回去上班。在治疗疗程中，我们回顾了我怎样把过去消极替换为过去积极以及实践选择性现在享乐主义后，治疗师开始为我的未来积极努力。我们不知道我回去之后会做哪种类型的工作，但是我知道我必须维护自己的权利，让自己不受欺负。

当案子结案后，我停止去见治疗师。法院发现了海伦恐怖威胁的罪证，但是她一直在认罪求情，她的判决由重罪降为无关痛痒的轻罪。她被允许继续工作！海伦的助手决定去参军，而不是回去工作。

法律上，海伦不能在任何地方靠近我。所以她搬到了另一个办公室，我则继续做原来的工作。但是我坚持了不到一周……海伦和我每天的上班时间一样。我们把车停在同一个停车场，经过同一个安检口，并且需要共享一个休息室……我在任何时间、任何地点都能遇见海伦。我害怕她会比以前更生我的气，并且会实践她的威胁，在背后袭击我！我又走向分裂。我去看了精神病科医生以及心理治疗师，他们都说我不能在这样一种恶性环境中继续工作了。

我又开始了休假，这次休假了几个月。

现在我每两周参加一次时间观治疗。每次治疗，我们都会回顾我做得怎么样。我与丈夫、家庭、朋友甚至我的马，保持着亲社会的选择性现在享乐主义。我的一个未来积极计划是回到牛仔竞技赛道。我丈夫和我开始与一对认识了很多年的夫妇来往。那家的丈夫是一名退伍军人，他在很久之前接受过创伤后应激障碍的治疗。有一个同样患有创伤后应激障碍的人交流真是太好了！

我最终实现了美好未来的计划，我到一个新的部门上班了。我以临时工的身份被雇用，但是我做得特别好，以至于我的新上司说要无限期雇用我。

我现在有了个孙子，他是我生命中的一盏灯！我喜欢与他共处，我重新学会了开怀大笑。我看见了环绕在身边的美好，生命是美好的。我与同事建立了新的关系。我知道该怎样平衡我的时间观，并且对未来感到乐观。我有了一项新的亲社会的选择性现在享乐主义活动——尊巴舞！我每周去三次，那里的女孩子都非常有趣，我们一直在笑！

我不知道如果我每周没有做好处理消极事情的精神准备的话，我将会做些什么。时间观治疗挽救了我的生活。

格蕾丝的时间观治疗

格蕾丝在第一个时间观治疗疗程中，哭个不停，并且不由自主地颤抖。当她说到那些与海伦有关的过去消极创伤时，很明显，她的脑中闪过了那些片段，她的呼吸变得急促，同时她的脸和眼睛变得红红的。甚至提到她的工作状况都是很困难的，因为她会崩溃。

她将海伦的行为描述为一种极端的“校园欺凌”。她在小学之后就没遇到过这种类型的行为，并且她不知道该如何处理这种状况。她的上司，不知道为什么，并不支持格蕾丝的提议，没有开除欺凌她的海伦。她的上司似乎认为只有男性会成为欺凌者，这种观点使他完全没有注意到海伦对格蕾丝的欺凌。

当格蕾丝解释她美满的婚姻怎样因创伤后应激障碍出现裂痕——特别是她现在宿命论的过度警惕，使她与别人隔离以及对所有社交活动都感到害怕，她极端的过去消极以及现在宿命论倾向让她的血压陡升。她甚至在自己家中都感觉不安全，害怕海伦会来烧毁她的房子。她先前喜爱马匹的过去积极时间观，她与丈夫一起做的其他现在享乐主义的快乐事情都不再在她的考虑范围内了。

她的精神病科医生给她开了一些药，但是格蕾丝拒绝使用它们，因为她害怕它们会让她变成“一具行尸走肉”。治疗师给她使用了一种引导性的呼吸程序，这让她的血压下降了 20%。她做了一些心理测试，这些测试表明她有极度严重的创伤后应激障碍、极度严重的抑郁症，以及极度严重的焦虑障碍和惊恐障碍。

格蕾丝的津巴多时间洞察力量表结果表明，她有高度的现在宿命论、高度的过去消极以及很低的未来时间观。治疗师向她介绍了时间理论以及时间观治疗，并让她每天观看一段时间观治疗放松的视频。

格蕾丝极端的创伤后应激障碍症状让她成了一个特别棘手的患者。她在两个月中每周参加两次时间观治疗，在那段时间中，她不能放下她的过去消极和现在宿命论倾向。她不能把她的焦点从过去消极转移到过去积极上来。她深陷在过去的泥潭中，这甚至限制了她考虑未来的能力。在这些治疗中，格蕾丝不顾时间观治疗的进程，以叙述她的过去消极经验。她是个极为感性的人，每次治疗的大部分时间都需要通过引导想象和放松性呼吸技巧来让她冷静。

在这个时候，用过去积极来替换过去消极的尝试看起来是不可能的。所以治疗师决定允许格蕾丝卸下她多种多样的生活在现在宿命论中的理由：她经受着长久的恐惧折磨，拉上窗帘把自己孤立在家中，只有在赴治疗师的预约和参加治疗时才离开家，她丈夫和孩子承担购物和所有需要跑腿的工作；她经受着失眠和没有胃口的折磨。在海伦的威胁之前，格蕾丝对她的外表感到自豪，但是现在宿命论的她已经不再关心自己看起来怎么样。她扔掉了她所有的职业装和化妆品，开始穿大码的 T 恤、肥大的牛仔裤和靴子。

在两个月每周两次的时间观治疗之后，格蕾丝在接下来的一年中每周参加一次时间观治疗。治疗师的目标是让格蕾丝能够回去工作。在与过去消极和现在宿命论斗争两个月后，格蕾丝已准备好在会谈中继续她的时间观治疗了。她思想中作为受害者的感觉已经被她对自己的愤怒替代，她疑惑为什么她要允许恐惧控制她的行动。当她被要求用过去积极的片段替代海伦各种极端的欺凌做法时，格蕾丝发现她有大量关于工作美好时光的过去积极记忆，她因工作能力、完成的工作量以及整洁的外表而受到赞美。在剩余的疗程中，她不仅回忆起了过去积极的工作事件，而且回忆起了她个人生活中的过去积极事件。

在接下来的疗程中，治疗师建议格蕾丝通过与丈夫修复关系以及做她以前喜欢做的活动，来努力用亲社会的选择性现在享乐主义替换她的现在宿命论。慢慢地，她开始走出家门，她关注的焦点从她的恐惧聚焦到她先前所关心的一些事情：她的马。治疗师建议她每天早上和丈夫一起去喂马、洗马。格蕾丝建立起这种循环后，她开始与丈夫一起开车出去，偶尔也出去约会。格蕾丝逐渐开拓了她的兴趣，并将恐惧抛之脑后。

下一个疗程用来主动计划格蕾丝的光明未来。近期，海伦的新助手打电话给格蕾丝，用惊恐的声音告诉格蕾丝，海伦在欺凌她。格蕾丝感到十分愤怒，而不是回到现在宿命论的孤立和恐惧中。她真的受够了欺凌。她和海伦的新助手主动出击，就海伦的威胁向公共安全机构提起了诉讼。海伦最终依照法律被认定为犯了恐怖威胁罪。然而，由于海伦的认罪，她的判决由重罪降为不痛不痒的轻罪，她被允许回到原来的岗位。

在随后的疗程中，时间观治疗又回到了原来的轨道中，包括为格蕾丝的未来积极制订计划。她主要的未来积极计划是当案子了结后回到岗位。她也开始通过增加与家庭成员以及老朋友的社会交往来拓展亲社会的选择性现在享乐主义。格蕾丝感觉她已经为在案子了结后结束治疗做好了准备。

当案子了结后，海伦的助手没有回去工作，而是去了军队。禁止接触的判决意味着海伦不能在格蕾丝的附近出现，或者以任何途径、任何形式、任何手段联系格蕾丝。格蕾丝回到了原来的位置，海伦则搬到了另一个办公室。然而可能遇见海伦让格蕾丝感到紧张，于是她又开始休假。格蕾丝的精神病科医生认为，她不应该在这样一种有害的环境中工作。精神病科医生和治疗师都感觉格蕾丝回到这样的环境是有违法院的判决的，这被证明是一个棘手的案例。

在这时，格蕾丝又继续时间观治疗。治疗师帮助格蕾丝在另外一个政府部门获得一份工作。格蕾丝一边等待她的新工作开始，一边继续为选择性现在享乐主义努力，并重新开始花大量的时间与丈夫、马以及其他家庭成员在一起。她也开始通过与那些她之前由于太紧张而不敢说话的老朋友在一起，来实践亲社会的现在享乐主义。有一对夫妇对格蕾丝的恢复特别有帮助——这对夫妇中的丈夫，在帮助格蕾丝克服创伤后应激障碍症状时起到了支持作用。他是一名我们接待过的创伤后应激障碍退伍军人患者，曾参加过越南战争。通过这种平衡时间观的新态度和能力，格蕾丝找到了一份新的临时工作。

格蕾丝更美好的未来

格蕾丝目前徜徉在她更美好的未来中。格蕾丝开始新工作的第一周结束时，她来参加时间观治疗，她看起来很好：她的皮肤晒得黑黑的，声音洪亮，穿了一套精致的职业装。她告诉治疗师，新老板在她上班第二天告诉她，她已经达到了老板期望她三个月达到的水平。她与新上司和新同事相处得很愉快，她感觉自己的能力被尊重和欣赏。需要重点强调的是，格蕾丝从创伤后应激障碍中恢复以及成功地回到工作岗位，都是在没有药物治疗的情况下完成的。

格蕾丝更美好的未来包括在工作中做到最好。鉴于她出色的工作表现，领导们正讨论给她一个永久职位。她选择性的现在享乐主义以及未来积极的计划包括在接下来的几个月里回到马术赛道上。她和丈夫都积极努力拓展他们的社交圈，格蕾丝在她每周参加三次的选择性现在享乐主义的有氧运动课上找到了快乐。格蕾丝计划的未来充满欢笑。

格蕾丝在接受时间观治疗之前和之后的测试结果

图表解释：图 6-6 左侧图说明了时间观疗法对患者的典型改善。格蕾丝的抑郁分数和焦虑分数都从极度严重下降到轻度，而且她的创伤分数从极度严重下降到中度。

右侧的津巴多时间洞察力量表的分数有了显著提升。她最高的是过去积极，紧跟着的是她高度的现在享乐主义和未来时间观。这些提高的积极分数平衡了她处于中度偏下的过去消极和现在宿命论，表明格蕾丝知道该如何平衡她的时间观。

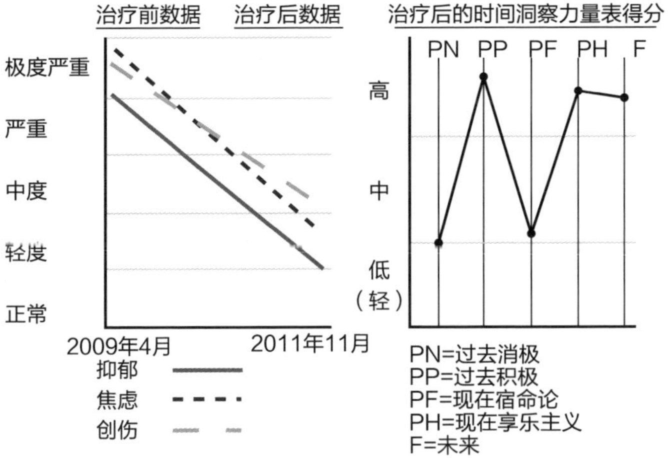

图 6-6　**格蕾丝（患有创伤后应激障碍的女性）的心理测试结果**

小结

→ 经历创伤之后，女性患上创伤后应激障碍的可能性是男性的两倍多。

→ 对女性来说，引发创伤后应激障碍的主要因素是性侵犯。

→ 依照最近的科学研究，女性的主要性激素——雌激素——可能会放大压力的影响。

附录 A　时间观疗法与其他疗法的对比

自 1980 年起，临床心理学领域就一直在寻找治疗创伤后应激障碍的最佳方法。在过去的 30 年里，很多理论和疗法已被付诸实践，也显现了效果。以下是对其中三种治疗方法——时间观疗法、认知行为疗法和延迟暴露疗法的疗效所进行的对比。

认知行为疗法

认知行为疗法是通过一种目标导向的系统性程序来解决与功能失调的情绪、行为和认知相关的问题的谈话疗法。它被认可并广泛用于治疗许多精神障碍（例如焦虑障碍、心境障碍、失眠、抑郁症和创伤后应激障碍）。

已发表的有限的对照实验结果表明，认知行为疗法比其他对照的疗法在治疗上更有效。最近对用于治疗焦虑障碍的认知行为疗法研究进行的元分析研究（结合了几项研究结果）发现，使用认知行为治疗的患者要比没有治疗或者“期待控制”（使用安慰剂药丸、注意力安慰剂或者非特异性治疗）的控制组患者有更大的改善。无论如何，我们可以预料到，任何干预治疗都会比安慰剂有更加显著的效果。

对被诊断为创伤后应激障碍的患者而言，一项对于认知行为治疗结果的元分析发现，在后期治疗和随访中，完成治疗的患者中有 67% 的人不再符合创伤后应激障碍的诊断标准，进入治疗的患者（包括中途放弃的）中有 56% 的人也不再符合创伤后应激障碍的诊断标准。可以看出，认知行为治疗组的患者要比等待名单或者支持治疗控制组的患者恢复得更好。谢尔曼在一项元分析中研究了 17 组对照实验，发现 43% 接受认知行为治疗的患者病情有所好转且不再符合需要对其创伤后应激障碍进行后期治疗的诊断标准。不过，心理学界的最大缺陷之一是，缺少了解这些治疗的长期疗效的纵向研究。

尽管大多数治疗在短期内的表现是成功的，其长期结果也还是未知的，很少有认知行为疗法研究的随访会超过 2 年。不管怎样，有一项研究表明认知行为疗法无法维持治疗后的效果。德拉姆等人跟进了治疗焦虑障碍的认知行为治疗的长期效果。其研究发现，接受认知行为疗法和非认知行为疗法的群体之间在治疗后立刻产生了明显差异；但是，这种差异会随着时间的推移而变小，且正面疗效在消失。在接受认知行为疗法治疗后的 2~14 年里，34% 接受广泛性焦虑障碍治疗的患者以及 55% 接受创伤后应激障碍治疗的患者达到了《精神障碍诊断与统计手册》（第 4 版）中他们所要治疗的病症的诊断标准。此外，52% 的广泛性焦虑障碍患者和 74% 的创伤后应激障碍症患者被确诊其有多种精神障碍症状（患上一种或多种精神障碍，例如，创伤后应激障碍再加上成瘾），66% 的患者还需要进行额外的治疗。这种疗法对于解决当前症状而言是一种快速有效的方式，但不能解决患者所有与创伤后应激障碍有关的长期问题。

延迟暴露疗法

延迟暴露疗法是认知行为治疗的一种方式。它是一种叫作“机体内暴露”的治疗方法，让患者再次感受创伤事件，通过反复地记忆和面对创伤，而不是回避，从而消减患者的触发机制。这并不能表明他可以解决潜在问题——“精神障碍”根源上的创伤体验——它也不能解决患者可能会有的旧病复发和闪回。

比较

与延迟暴露疗法和认知行为疗法不同，时间观疗法通过让患者承认过去的消极创伤，知道它是如何导致个人享乐主义和宿命论的；然后致力于识别和实现目标来为患者制订可实现目标的计划，从而使患者能掌控局面，并产生一个积极的未来时间观。通过调整和平衡患者的时间观，时间观疗法帮患者获取在短期和长期的日常生活中都能使用的重要工具。

认知行为疗法显著降低了中途退出治疗的比率（9%），低于药物疗法（包括处方药治疗）（25%），这表明它具有更好的耐受性。尽管没有针对创伤后应激障碍的特定药物疗法，但研究表明，多种药物结合使用（例如，阿米替林、奈法唑酮和抗惊厥的卡马西平）可能会减轻症状。先前的研究表明预计有70%的患者受益于某种药物治疗。

与时间观疗法不同的是，就治疗成功性而言，认知行为疗法对患者具有被广泛推荐的先决条件。在《急性应激障碍：理论手册》中，布赖恩特和哈维列举出了不适合对创伤后应激障碍患者进行干预的情况。换言之，如果来访者拥有以下任何一种状况，认知行为疗法都可能是无效的：过度回避、解离、愤怒、悲伤、极端焦虑、失去信念、早期创伤、伴随疾病、滥用药物、抑郁症和自杀风险、缺乏动力、持续的压力、文化影响、未能区分适当和不适当的回避（例如，“适当回避”意味着回避伤害或危及生命的情况，“不适当的回避”或许意味着回避家庭聚会或纳税）或来访者是灾难幸存者（例如，在自然灾害或交通事故中受伤）。需要指出的是，这个信息已被同意发表在美国国家创伤后应激障碍网络中心的网页上。在布拉德利及其同事所做的一项元分析中，研究人员注意到大多数研究因为参与者患有精神障碍（85%）、器质性异常（77%）、滥用或依赖酒精或药品（62%）、不明病因的严重疾病（62%）以及自杀（46%）而排除了他们。认知行为疗法的一系列约束条件限制了治疗师和患者治疗成功的可能。

相较而言，时间观疗法治疗后的效果在我们的试点研究结果以及患者随访中都得到了证明，也显示出了将它作为一种长期解决方案的可能。时间观疗法也可以用来治疗创伤后应激障碍，我们相信，它也可以治疗除了精神障碍和器质性异常以外被列出不适合进行认知行为治疗的大部分病症。时间观疗法的试点研究结果（见附录 B）显示了，治疗后患者的病情好转。总的来说，87% 的患者报告创伤和创伤后应激障碍症状的减少；令人惊喜的是，100% 的患者抑郁水平减低了。这些正面结果表明时间观疗法对治疗创伤后应激障碍而言是有效和持久的。

附录 B　临床试验：时间观疗法试点研究数据

Z 团队于 2009 年 6 月成立，完成了一项临床试验来测试时间观疗法的重要性，从而判断时间观疗法是否可以帮助来访者。图 B–1 显示了这一研究的结果。

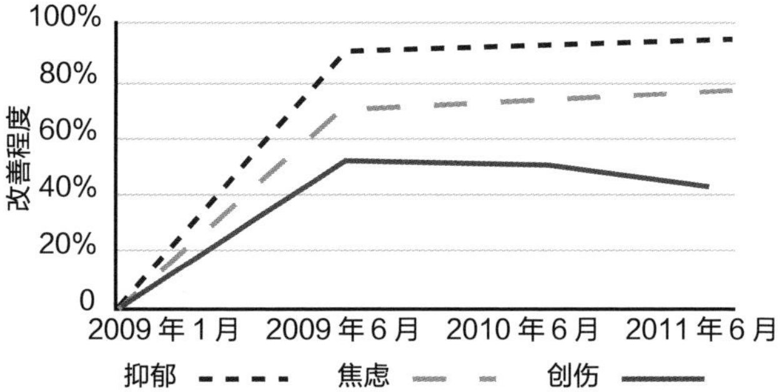

图 B–1　时间观疗法试点研究结果（2008—2011 年）

在 2008—2010 年的临床测试中，有 32 位索德接诊的退伍军人提供了数据，其中有 2 位退伍军人在 2011 年 6 月与 Z 团队失去了联系。在所有来访者中，有 26 位来访者具有美国退伍军人事务部的 100% 与服役有关的创伤后应激障碍伤残评定，所有人都有美国退伍军人事务部的与服役有关的创伤后应激障碍伤残评定。在试点研究持续期间，没有人自杀。这清楚地表明，与治疗前的测试分数比较，时间观疗法帮助来访者取得了改善。

方法

这是一项正在进行的临床试验，每年6月都要收集数据。目前的研究详细分析了从2009年6月到2011年6月收集的数据。试验的参与者及试验程序会在以下小节中详细叙述。

参与者

关键符号

M：平均数或所有数据的算术平均值。

N：研究中参与者数量或样本大小。

p：概率；获得至少与被实际观察到的检验统计量一样极小统计值的可能性，也提供了对某事发生的概率的定量描述。概率的范围从0到1；小概率事件发生的概率接近0，而常见事件发生的概率接近1。

r：相关系数；测量变量间是否存在相关关系及相关程度的一种统计方法；应用最广泛的相关系数的类型是皮尔逊系数。

SD：标准差，数字的变化或者数字的离散程度。

t：双侧检验的统计符号；*t*检验是利用两组数的平均值来评估它们间的差异。

研究的样本由30位男性退伍军人组成，他们的种族、年龄（M=64.77，SD=10.35）、婚姻状况以及军事作战史不同。所有人都经历过一场美国参与的战争（包括二战、朝鲜战争、越南战争、海湾战争以及伊拉克战争，但不包括阿富汗战争，因为当前在诊所接受治疗的来访者中没有人曾在那个国家服役）。他们都生活在毛伊岛，并且都是索德接诊的来访者。2011 年，有 2 名退伍军人中途退出了治疗（由于这项研究的目的，他们的报告并未包含在内）。

程序

在开启时间观疗法项目之前，所有来访者都有一份完整的临床评估报告，它至少包括以下内容中的三项：伯恩斯焦虑量表、伯恩斯抑郁症清单、创伤后心理诊断量表、创伤后应激障碍量表军人版、创伤症状量表、汉密尔顿焦虑量表以及贝克抑郁量表第 2 版。研究者根据来访者进入时间观治疗的时间给予了他们不同的测试。因为多年来，测试已经发生了变化。除了津巴多时间洞察力量表以外，这项试点研究中研究者选择运用最新的量表来确保所有来访者都受到了相同基准的临床评估测试（即伯恩斯焦虑量表、伯恩斯抑郁症清单以及创伤后应激障碍量表军人版）来了解每位来访者的时间观。为了将它们和先前的评估结果比较，所有的分数都被转换成了标准的李克特量表（注：李克特量表是一种运用调查问卷评定同意或者不同意程度的评级工具）。

该纵向临床试验分为四个阶段，来访者每年 6 月都会在毛伊岛接受测试：时间阶段 0——先期测验（2009 年 1 月以前，已接受治疗且没有津巴多时间洞察力量表时来访者的分数）；时间阶段 1——2009 年 1 月至 2009 年 6 月；时间阶段 2——2009 年 6

月至2010年6月；时间阶段3——2010年6月至2011年6月。时间观治疗的平均疗程数：时间阶段1，M=44.00，SD=31.12；时间阶段2，M=8.67，SD=6.92；时间阶段3，M=6.03，SD=6.35。其整体平均数是M=58.70，SD=39.11。所有来访者都在时间阶段1接受了时间观治疗。在时间阶段2（时间观治疗的平均疗程数，M=11.30，SD=5.72），只有23名来访者积极地接受了治疗。在时间阶段3（时间观治疗的平均疗程数，M=9.53，SD=5.51），有19名来访者仍在参加时间观治疗。其整体临床试验平均数是M=7.35，SD=6.83。由于这19名患有创伤后应激障碍的退伍军人的创伤后应激障碍严重性，他们选择继续接受时间观治疗。

结果与讨论

治疗前数据和治疗后数据存在显著差异，创伤后应激障碍水平（t=4.19，p=0.001），抑郁水平（t=7.08，$p<0.0001$），焦虑水平（t=5.29，$p<0.0001$）。清楚地表明了相对于时间观治疗前的测试来说，时间观治疗帮助来访者在临床试验中取得了改善。

现在享乐主义与来访者参加的时间观治疗的疗程数呈负相关（r=−0.43，p=0.02）。来访者参加的时间观治疗疗程越多，他“通过寻找娱乐活动以活在当下”的可能性就越小。

未来取向与治疗后数据的创伤后应激障碍水平呈负相关（r=−0.36，p=0.04）。来访者对未来的认知或把握越大，那么他现在的创伤后应激障碍水平就越低。

现在宿命论和过去消极时间观的核心作用

现在宿命论与年龄呈负相关（$r=-0.45$，$p=0.01$）。来访者年龄越大，就越能理解现在的生活在自己的掌控中。

现在宿命论与治疗前的创伤后应激障碍水平呈正相关（$r=0.56$，$p=0.013$）。来访者越能理解现在的生活在自己的掌控中，而非未知命运的一部分，那么他进入项目时的创伤后应激障碍水平就越低。

现在宿命论与治疗后数据的焦虑障碍水平呈正相关（$r=0.54$，$p=0.002$）。来访者越感觉到他对现在的生活失去了控制且自己的一部分命运是未知的，焦虑水平就越高。

现在宿命论与治疗后数据的抑郁症水平呈正相关（$r=0.70$，$p<0.001$）。来访者越感觉到他对现在的生活失去了控制且自己的一部分命运是未知的，抑郁水平就越高。

现在宿命论与治疗后的创伤后应激障碍水平呈正相关（$r=0.36$，$p=0.046$）。来访者越感觉到他对现在的生活失去了控制且自己的一部分命运是未知的，创伤后应激障碍水平就越高。

研究发现，过去消极与治疗后数据的创伤后应激障碍、抑郁症和焦虑障碍水平呈正相关（$r=0.47$，$p=0.006$）。这表明来访者现在对过去的观点越消极，那么目前他的创伤后应激障碍水平、抑郁症水平和焦虑障碍水平就会越高。

未来的测试

作者希望每年都能够继续开展这个项目，并修改了原来的临床试验方案，将津巴多时间洞察力量表作为一个固定的量表包含在内。临床试验的目标是每年夏天都坚持进行测试以收集患者改善的系统化、纵向数据。同时监控任何情况恶化，例如产生比治疗前分数更高的过去消极、现在宿命论以及未来消极分数，或者是更低的过去积极、现在享乐主义以及未来积极分数。

亲社会行为

伴随着他们的军旅生涯，许多患有创伤后应激障碍的退伍军人在寻求通过加入美国退伍军人事务部和非政府（退伍军人的）组织来重塑他们强烈的亲社会军事经历；但还有另一些人，其症状体现为完全回避亲社会行为。

患有创伤后应激障碍的退伍军人的社交回避是他们的创伤后应激障碍的一种常见症状。社会接纳和他们尊敬并认同的同辈的鼓励是解决问题的方法。团体治疗已经在减少孤立和社会污名方面表现了其有效性。在以往的研究中，当接受这一治疗方法时，曾表现出的退缩、创伤后应激障碍症状或者两者兼有的来访者表现出了好转的迹象（和家人及医务人员关系的增进、症状得到控制、更少的情绪障碍以及社会支持方面的提升）。

我们已经发现最好先用一种来访者教育方式对患有创伤后应激障碍的退伍军人进行单独治疗，他们能在这种方式中确认、理解和平衡自己的时间观。下一步是通过社交将他们介绍给其他患有创伤后应激障碍的退伍军人，那些人明白未来积极时间观的价值。治疗就会向着一个积极强化和有活力的未来时间观的方向发展。

归属感和集体感是减少人们面临不幸时的消极、暴力、自我毁灭式的应对以及增加亲社会性公民参与的核心。认识、了解以及应对不公也是重要的。根据杜兰特等人和格罗弗的研究，应对不公的目标感和行动途径是提升社会抗逆力、减少心理症状和年轻人参与暴力行为的重要因素。

在军队，经验丰富的美国士兵把秘诀传授给经验少的士兵，退伍军人也是这样。多亏了他们社会网络的强度，对患有创伤后应激障碍的退伍军人来说，相信那些使用了这种方法并取得成功的其他患有创伤后应激障碍的退伍军人比相信治疗师容易得多。

按照达席尔瓦及其同事的观点，亲社会的态度和行为是从现实的亲社会参与、参与获得的报酬感知、对他人的依恋以及对亲社会价值的信念中演变而来的。对于患有创伤后应激障碍的退伍军人来说，这种积极强化在激活和运作的时候就变成了自我强化。发现了一个更美好未来（并且改善了他的现状以及对过去的想法）的患有创伤后应激障碍的退伍军人向其他患有创伤后应激障碍的战友推荐这一方法。当患有创伤后应激障碍的退伍军人在为自己创建一个更美好的未来，并且帮助他们的退伍战友跟随他们进入那个更美好的未来的时候，他们是极幸福的。

出于这些原因，社会因素对患有创伤后应激障碍的退伍军人实施时间观治疗的影响是不容忽视，应当拿来使用的。他们很容易想起那些他们能否活命取决于对战友信任的时光，他们的战友现在退伍了，他们曾是经验更加丰富也知道如何活下去的军人。这个强烈有力的社会联盟已经被证实是时间观治疗的成功实施中最有效的工具之一。随着人们趋向平衡的时间观，能够在一个能给予支持的团体结构中共享积极的形象和策略，单纯的个体治疗就要转化为个体治疗辅以团体治疗。

附录 C　来访者心理测试分数

下列测试分数对应第 2 部分案例中的来访者，这些测试反映了他们在时间观治疗前和时间观治疗后的心理测试分数变化。

使用缩写如下：

BAI：伯恩斯焦虑量表

BDC：伯恩斯抑郁症清单

BDI-II：贝克抑郁量表第 2 版

HARS：汉密尔顿焦虑量表

PCL-C：创伤后应激障碍量表普通人版

PCL-M：创伤后应激障碍量表军人版

TSI：创伤症状量表

ZTPI：津巴多时间洞察力量表

PDS：创伤后心理诊断量表

N/A：不适用（来访者没有进行测试，通常出现在没有在时间观治疗前进行津巴多时间洞察力量表测试的情况）

PN：过去消极

PP：过去积极

PF：现在宿命论

PH：现在享乐主义

SPH：选择性现在享乐主义

F：未来

在以下每位来访者心理测试分数部分，列出了他们津巴多时间洞察力量表中得分最高（如果某一时间观得分在图表中均高于其他时间观）、前两高（如果有两种时间观得分要高于其他时间观）或者前三高，因为它们是来访者测试时的主要时间观。

在战争创伤中的应用

表 C-1　**阿杰（二战退伍军人）在接受时间观治疗之前和之后的心理测试分数**

时间观治疗之前	时间观治疗之后
HARS：52[①]（严重）	BAI：12（正常）
BDI-II：46（极度严重）	BDC：7（正常但情绪有点低落）
TSI：74（严重和极度严重之间）	PDS：18（中度）
ZTPI：N/A	ZTPI：F/PP

表 C-2　**阿杰的治疗次数**

总治疗次数	66
总时间观治疗次数	8

① 此处“HARS：52”表示该来访者在汉密尔顿焦虑量表中得分为 52 分，此后同样格式均表示该来访者在某一量表中的得分，不再赘述。——编者注

团体治疗次数	100以上

表C-3　**迈克（朝鲜战争退伍军人）在接受时间观治疗之前和之后的心理测试分数**

时间观治疗之前	**时间观治疗之后**
HARS：54（极度严重）	BAI：8（正常）
BDI-II：34（严重）	BDC：1（正常）
TSI：95（极度严重）	PCL-M：28（正常）
ZTPI：N/A	ZTPI：F/PP

表C-4　**迈克的治疗次数**

总治疗次数	95
总时间观治疗次数	19
团体治疗次数	36

表C-5　**艾德（越南战争退伍军人）在接受时间观治疗之前和之后的心理测试分数**

时间观治疗之前	**时间观治疗之后**
BAI：61（极度严重）	BAI：27（轻度和中度之间）
BDI：37（严重）	BDC：3（正常）
PDS：47（严重）	PDS：9（轻度）
ZTPI：N/A	ZTPI：PN/SPH

表 C-6　**艾德的治疗次数**

总治疗次数	15
总时间观治疗次数	6
团体治疗次数	19

表 C-7　**肖恩（海湾战争退伍军人）在接受时间观治疗之前和之后的心理测试分数**

时间观治疗之前	**时间观治疗之后**
HARS：45（严重）	BAI：24（轻度和中度之间）
BDI-II：39（严重）	BDC：16（接近正常）
TSI：130（严重和极度严重之间）	PDS：34（中度）
ZTPI：N/A	ZTPI：F/SPH

表 C-8　**肖恩的治疗次数**

总治疗次数	59
总时间观治疗次数	17
团体治疗次数	12

表 C-9　**埃弗里斯特（伊拉克战争退伍军人）在接受时间观治疗之前和之后的心理测试分数**

时间观治疗之前	**时间观治疗之后**
HARS：55（极度严重）	BAI：4（正常）
BDI-II：47（极度严重）	BDC：4（正常）
TSI：185（极度严重）	PDS：3（正常）
ZTPI：N/A	ZTPI：N/A

表 C-10　**埃弗里斯特的治疗次数**

总治疗次数	13
总时间观治疗次数	9
团体治疗次数	7

在日常创伤中的应用

表 C-11　**玛丽在接受时间观治疗之前和之后的心理测试分数**

时间观治疗之前	**时间观治疗之后**
BAI：48（严重）	BAI：19（轻度）
BDC：42（严重）	BDC：15（正常和轻度之间）
PCL-C：63（严重）	PCL-C：30（轻度）
ZTPI：PN/PF	ZTPI：PP/F

表 C-12　**玛丽的治疗次数**

总时间观治疗次数	14

表 C-13　**詹妮在接受时间观治疗之前和之后的心理测试分数**

时间观治疗之前	**时间观治疗之后**
BAI：83（极度严重 / 恐慌）	BAI：14（轻度）
BDC：31（严重）	BDC：6（正常但情绪有点低落）
PCL-C：68（严重）	PCL-C：26（轻度）
ZTPI：PN/PF	ZTPI：PP/PH/F

表 C-14　**詹妮的治疗次数**

总时间观治疗次数	10

表 C-15　**谢尔曼在接受时间观治疗之前和之后的心理测试分数**

时间观治疗之前	**时间观治疗之后**
BAI：64（极度严重 / 恐慌）	BAI：53（中度和严重之间）
BDC：24（中度和严重之间）	BDC：19（轻度和中度之间）
PDS：35（严重）	PCL-C：37（中度）
ZTPI：PN/F	ZTPI：F/SPH

表 C-16　**谢尔曼的治疗次数**

总治疗次数	32
总时间观治疗次数	14

表 C-17　**兰德尔在接受时间观治疗之前和之后的心理测试分数**

时间观治疗之前	**时间观治疗之后**
BAI：严重和极度严重之间	BAI：27（轻度和中度之间）
BDC：严重	BDC：22（轻度）
PDS：极度严重	PCL-C：57（严重）
ZTPI：N/A	ZTPI：F/PF

表 C-18　**兰德尔的治疗次数**

总治疗次数	132
总时间观治疗次数	26

更容易遭遇创伤的女性

表 C-19　**艾里斯在接受时间观治疗之前和之后的心理测试分数**

时间观治疗之前	时间观治疗之后
BAI：45（严重）	BAI：21（轻度）
BDC：40（严重）	BDC：17（轻度）
PCL-C：53（极度严重）	PCL-C：18（轻度）
ZTPI：PN/PH	ZTPI：SPH/PP/F

表 C-20　**艾里斯的治疗次数**

总时间观治疗次数	7

表 C-21　**伊芙在接受时间观治疗之前和之后的心理测试分数**

时间观治疗之前	时间观治疗之后
BAI：62（极度严重）	BAI：29（中度）
BDC：32（严重）	BDC：19（轻度）
PCL-C：73（极度严重）	PCL-C：24（轻度和中度之间）
ZTPI：PN/PF	ZTPI：PP/SPH

表 C-22　**伊芙的治疗次数**

总时间观治疗次数	10

表 C-23　**费思在接受时间观治疗之前和之后的心理测试分数**

时间观治疗之前	时间观治疗之后
BAI：69（极度严重）	BAI：19（接近正常）

续表

时间观治疗之前	时间观治疗之后
BDC：5（严重）	BDC：10（正常但情绪有点低落）
PCL-C：55（严重）	PCL-C：22（轻度）
ZTPI：PN/PF	ZTPI：PP/F

表 C-24 **弗思的治疗次数**

总时间观治疗次数	13

表 C-25 **惠子在接受时间观治疗之前和之后的心理测试分数**

时间观治疗之前	时间观治疗之后
BAI：78（极度严重）	BAI：4（正常）
BDC：35（严重）	BDC：4（正常）
PCL-C：60（严重）	PCL-C：18（中度）
ZTPI：PN/PF	ZTPI：PP/SPH

表 C-26 **惠子的治疗次数**

总时间观治疗次数	8

表 C-27 **贝蒂在接受时间观治疗之前和之后的心理测试分数**

时间观治疗之前	时间观治疗之后
BAI：31（中度和严重之间）	BAI：15（轻度）
BDC：41（严重）	BDC：12（正常）
PCL-C：58（严重）	PCL-C：34（中度）
ZTPI：PN/PF	ZTPI：PP/SPH/F

表 C-28　**贝蒂的治疗次数**

总时间观治疗次数	10

表 C-29　**格蕾丝在接受时间观治疗之前和之后的心理测试结果**

时间观治疗之前	**时间观治疗之后**
BAI：89（极度严重）	BAI：23（轻度）
BDC：45（极度严重）	BDC：14（轻度）
PCL-C：83（极度严重）	PCL-C：35（中度）
ZTPI：PN/PF	ZTPI：PP/SPH

表 C-30　**格蕾丝的治疗次数**

总时间观治疗次数	32

后记

拉里·博林斯是一位多伦多的年轻心理健康专家，他在2009年后期参加了在毛伊岛举办的时间观治疗研讨会。这个研讨会在我们的办公室进行，为期一天。拉里是一位婚姻与家庭治疗师，他擅长认知行为疗法和正念疗法，用来治疗焦虑障碍和抑郁症，也开展精神障碍复发的预防治疗。他和津德尔·西格尔一起培训正念认知疗法，并和乔恩·卡巴特－金恩博士一起培训正念减压疗法。从2008年开始，他在多伦多组织正念认知治疗和正念减压治疗。

拉里很快就把他在研讨会上学到的东西运用到多伦多的研究中。不久，他和我们分享了下面这个故事。

昨天，我和一位来访者有了重大突破，我想把我的经历分享给你们。过去的六个月中，我和一个二十八九岁的年轻女来访者一起工作。她有严重的惊恐障碍，住在多伦多，有交友困难，并对艺术、写作、表演或者唱歌不再有任何兴趣。她很焦虑，所以她打电话咨询成为来访者。

我把认知行为疗法、暴露疗法和正念疗法介绍给她，但是我发现我们陷入了困境。几周后，她的焦虑有所改善，但是情况很快出现了倒退，而且她患上了多发性的惊恐障碍。这差点儿让她的丈夫疯掉。

三个星期前，我刚从毛伊岛回来。那时候我把时间观疗法介绍给她，我们针对这个疗法展开了有趣的讨论。作为家庭作业，我建议她去津巴多教授和博伊德的网站观看他们的演讲。此外，我用津巴多时间洞察力量表测量了她的时间观。昨天是我这些天第一次见到她，她说她的惊恐障碍已经好了。我请她解释一下为什么有这样的效果。

她解释说，仅仅是由于她意识到了自己的时间悖论，就促使她的时间观发生了转换。与此同时，认知行为疗法帮助她识别出了自动化的思维。正念疗法帮助她更好地处理那些让人困窘的躯体和情绪上的感受，更好地应对它们而不是简单地做出反应。当时间观治疗成为一种治疗形式时，它帮助来访者识别自己何时处于消极过去经验的“那时候”。这种方式的标记是一种很有效的方式，能够帮助她回归现在并重新关注未来。这个新的技术帮助她改善了自己的情绪，并且提高了她的自主性。她不仅开始意识到自己的优势和能力，还把这些要素有效安排到自己的日常生活规划中。为了使她对未来更加积极，我问了她水晶球的问题：“假设我们有一个水晶球，你能看到你未来一年的样子，你希望看到什么？”这引发了一个非常有趣的讨论，她说她期望获得一份工作、拥有更多的朋友以及改善与丈夫的关系。

在应用时间观疗法的这些年里，我们也开始接触其他的治疗师，像拉里·博林斯，他和他的来访者实践这个疗法。通过他们和我们的有效的研究结果，我们深受鼓舞，时间观治疗必将获得心理学群体的认可，也必将成为认知行为治疗之后的革命性进步。我们要在此强调，我们所有的思想和治疗应用，虽然在某种意义上是非常新颖的，但仍然坚实地扎根于认知科学和业已得到论证的社会强化理论之中。

今天，心理学正处于一个转折点。19 世纪以来，弗洛伊德建立的有关精神障碍和医患治疗模式，已经成为非常核心的理论基础，连同其心理健康服务的传输系统已经运行了 100 多年。不可否认，这一模式获得了成功，但是其中的一些方法还不够有效——特别是对创伤后应激障碍的治疗而言。

如果我们想拓展心理学的领域，为那些持续增加的遭受精神痛苦的人提供帮助，我们必须考虑新的、有效的、便于使用的方法来帮助他们。正如本书清晰阐述的，时间观治疗在创伤后应激障碍治疗上更加有效。但是我们还鼓励对这种模式的应用开展其他形式的研究和探索，将心理治疗应用的范围扩展至罪犯改造、愤怒管理、工业与组织发展、家庭治疗、跨文化心理学、儿童心理学和运动心理学。当然，这些只是时间观治疗的一些可能的应用。

时间观疗法正处于襁褓期，但是它预示着心理治疗范式的转换，突破了关于精神障碍的狭隘的医学隐喻，开始在个体时间观的人文情境中开展工作，用以获得实践方案和功能改善。这是非常现实的情形，它意味着我们能够用更为积极的思想观念来代替各种过去的消极观念；也意味着我们将通力合作，为我们的来访者、为他们的家庭，也为作为治疗提供者的我们自己，创造一个更加美好的未来。

译后记

图书是一条道路，阅读是一种人生，翻译则是一种幸事。

好的图书引人思考，它是一条便捷的道路，既让图书的作者梳理和总结专业实践的经验和人生历练的体悟，也让读者在有限的时间里，认知和了解不曾经历的生活方式。

呈现在大家面前的这本书，关注一个非常普通的现象——创伤。我们每个人都曾经历过创伤；而且我们知道，生理上的创伤相对易于康复，心理上的创伤则难于治疗。这本书关注的主题，就是精神创伤的治疗。不过，时间观疗法所关注的精神创伤较为特殊，主要是较为严重的和非常严重的精神创伤，例如，战争经历造成的创伤。在时间观疗法出现之前，“创伤后应激障碍尚未有任何完全奏效的治疗方案”（Zimbardo, 2012）。心理治疗师及临床心理学家采取不同的治疗方案，包括认知疗法、行为脱敏疗法等。索德夫妇作为临床心理学家尝试开展了以时间理论为基础的治疗方案，他们得到了津巴多的鼓励，依据时间理论模型，开始进行样本较多的治疗实践，并对治疗效果进行有效测量。他们的工作取得了重大进展，新的成熟的时间观疗法开始形成，针对创伤后应急障碍的治疗效果非常显著。难能可贵的是，这种疗效是可持续的！

正是在这些重要实践的基础上，津巴多和索德夫妇共同写作了这本书，系统阐述了时间观治疗方案的理论背景、实践案例和操作技术。可以说，这本书汇聚了三位当代心理学家的心血和智慧，富有启迪意义。按照津巴多序言里的说法，就是“你将发现陈述清晰的治疗计划和尽可能多的支撑证据，这些证据来自清晰的、容易记忆的案例研究和坚实的量化数据”。

好的文字应该具有可读性。在本书里突出地表现在两个方面：具有一般学术著作的严谨性，具有科普读物的易读性。在这本书里，作者们把时间观治疗的理论和方法，用通俗的文字和精简的术语，进行了有效表达。而且，他们在每个章节都安排了非常典型的案例分析内容。使得文字的表达既严谨和精确，又具有很好的可读性和充分的说服力。学生、大众和专业研究人员，都可以从这本书中接触和了解一种关于精神创伤的崭新理解，也可以通过它来反思自己的时间观，甚至反省个人的生存方式。

通过阅读，读者们不仅能够了解一种治疗方法，更为重要的是，还能够获得一种审视自我的全新视角；那就是通过时间理论的视角，重新回顾我们过去的记忆，现在的判断和对未来的期望。对于那些罹患创伤后应激障碍的来访者而言，时间观的转换给了他们一个重要机会，让他们得以重新组织自己的自我概念。这个意义自然是非常重大的。对于日常生活中的我们，了解一种审视自我的新方法，会让我们拥有更为清晰的自我意识，具备更为有效的时间规划能力，让我们的目标更为明确、动力更为充沛，让我们在生活和工作更加得心应手。

通过翻译，作为翻译者的我也收获颇丰。首先，这让我有了一个向心理学前辈致敬的机会。津巴多是当代众所周知的心理学家，心理学领域的学生和学者尤其熟悉这位心理学家。早在20世纪90年代读大学的时候，我就已经开始阅读津巴多的著作书。在不同的心理学课程尤其是社会心理学课程里，我也了解了津巴多所做的著名实验。阅读他的图书，不仅给了我新的体验，而且也让我回忆起我的学生时代。津巴多在多个领域都颇有建树，与多名心理学家合著或合编过很多书籍。这些书籍包括教材、学术著作和科普读物，涉及的领域也非常宽泛，包括普通心理学、社会心理学等领域的几乎所有主题。《心理学与生活》一书的中文版出版后，津巴多更是名噪一时，他的名字日渐为国内的大众所了解。现在有机会翻译津巴多的这本著作，我十分感慨。我希望翻译本身能够表达我的尊敬和感恩，向津巴多教授致敬。

我还要向临床心理学家索德夫妇致敬。索德先生主要专注于创伤后应激障碍的治疗；索德女士则是一名从事个体咨询的治疗师；在很长一段时间里，他们夫妇都在用时间观疗法治疗创伤后应激障碍，而且富有成效。很显然，没有他们的努力和扎实的临床实践，就不会有这本如此出色的书；关于创伤的心理治疗的方法，也不会"突破了关于精神障碍的狭隘的医学隐喻"，更不会"预示着心理治疗范式的转换"。没有他们的工作，也就不会有我在翻译过程中的良多收获。

其次，我还收获了很多良师益友。在翻译过程中，我得到了很多人直接或间接的帮助。最后，当然还不是全部，我还要感谢我的工作单位和我的家庭的支持，他们在时间方面给了我很多宽容，也给了我重要的精神动力。2025年，这本书得到再版的机会，要感谢中信出版社的邀约，周家翠编辑给予了周到且宽容的支持和帮助，在此一并感谢。

就翻译的过程而言，整个翻译过程，我努力做到术语准确、文风平实，尽量忠实于原文的风貌。同时兼顾可能阅读的人群的需要，把较长的句子一般都拆分成更易读的短句，希望在不损害原意的基础上增强可读性，让读者能够更为便捷地进入时间观的理论中。

当然，译者水平有限，恳请读者朋友批评指正。

赵宗金

于中国海洋大学崂山校区工作室

2025 年 2 月 25 日